MODELOS DE NEGÓCIOS
ABERTOS

C524m Chesbrough, Henry.
        Modelos de negócios abertos : como prosperar no novo cenário da inovação / Henry Chesbrough ; tradução: Raul Rubenich ; revisão técnica: Jonas Cardona Venturini. – Porto Alegre : Bookman, 2012.
        xvii, 220 p. ; 23 cm.

        ISBN 978-85-7780-955-4

        1. Administração – Inovação nas organizações – Modelos de negócios abertos. I. Título.

        CDU 005.591.6

Catalogação na publicação: Ana Paula M. Magnus – CRB 10/2052

HENRY CHESBROUGH

MODELOS DE NEGÓCIOS ABERTOS

Como prosperar no novo cenário da inovação

Tradução:
Raul Rubenich

Consultoria, supervisão e revisão técnica desta edição:
Jonas Cardona Venturini
Mestre em Administração/UFSM
Professor da Faculdade Metodista de Santa Maria

bookman

2012

Obra originalmente publicada sob o título
Open Business Models: How to Thrive in the New Innovation Landscape
ISBN 9781422104279

© Harvard Business School Corporation, 2006.
Publicado conforme acordo com Harvard Business Press.

Capa: *Rogério Grilho*

Preparação de original: *Maria Cecília de Moura Madarás*

Assistente editorial: *Viviane Borba Barbosa*

Gerente editorial – CESA: *Arysinha Jacques Affonso*

Projeto e editoração: *Techbooks*

Reservados todos os direitos de publicação, em língua portuguesa, à
ARTMED® EDITORA S.A.
(BOOKMAN® COMPANHIA EDITORA é uma divisão da ARTMED® EDITORA S. A.)
Av. Jerônimo de Ornelas, 670 – Santana
90040-340 – Porto Alegre – RS
Fone: (51) 3027-7000   Fax: (51) 3027-7070

É proibida a duplicação ou reprodução deste volume, no todo ou em parte, sob quaisquer formas ou por quaisquer meios (eletrônico, mecânico, gravação, fotocópia, distribuição na *web* e outros), sem permissão expressa da Editora.

Unidade São Paulo
Av. Embaixador Macedo Soares, 10.735 – Pavilhão 5 – Cond. Espace Center
Vila Anastácio – 05095-035 – São Paulo – SP
Fone: (11) 3665-1100   Fax: (11) 3667-1333

SAC 0800 703-3444 – www.grupoa.com.br

IMPRESSO NO BRASIL
PRINTED IN BRAZIL

O Autor

Henry Chesbrough leciona no programa de Management of Technology na UC Berkeley, sendo uma renomada autoridade em inovação. Seu primeiro livro, *Inovação Aberta* (Bookman, 2011), articula um novo paradigma para organizar e gerenciar a P&D. *Open Innovation* foi escolhido um dos melhores livros sobre negócios de 2003 no *All Things Considered* da National Public Radio e a revista *Scientific American* o nomeou um dos 50 maiores líderes em Business and Technology.

Chesbrough é o diretor executivo fundador do Center for Open Innovation na Haas School of Business da Universidade da Califórnia em Berkeley. Anteriormente, ele foi professor assistente de administração e Fellow da Turma de 1961 na Harvard Business School. Possui Ph.D em Business Administration da UC Berkeley, MBA na Stanford University e BA na Yale University, *summa cum laude*.

A abordagem aberta de Chesbrough para os negócios é proveniente da sua experiência de dez anos na indústria de computadores. Ele ingressou em uma empresa *start-up* fabricante de unidades de discos rígidos, a Quantum Corporation, que superou competitivamente a IBM vendendo em canais OEM que essa outra empresa evitou. Ele ajudou a fundar uma subsidiária para o usuário final da Quantum que foi pioneira na comercialização de produtos de armazenamento em massa diretamente para os usuários finais. Ele aconselhou muitas empresas líderes sobre os benefícios da maior abertura, incluindo a IBM, Procter & Gamble, 3M, Unilever, Philips, Genentech, General Mills, Kimberly Clark,

Intel, Hewlett-Packard, EMC, Dell, Microsoft, SAP, e Xerox. Ele ocupa uma cadeira nos conselhos consultivos de uma série de empresas de inovação. Recentemente, ele fundou o Berkeley Innovation Forum, uma comunidade de gestores que se reúnem para compartilhar problemas comuns e práticas eficazes de gestão da inovação.

Seu trabalho acadêmico foi publicado na *Harvard Business Review, California Management Review, Sloan Management Review, Research Policy, Industrial and Corporate Change, Research-Technology Management, Business History Review,* e the *Journal of Evolutionary Economics.* Recentemente, ele publicou *Open Innovation: Researching a New Paradigm* (Oxford University Press, 2006) com Wim Van- haverbeke e Joel West. Ele é autor de mais de vinte estudos de caso sobre empresas dos setores de TI e biociências, disponíveis pela da Harvard Business School Publishing.

Ele e sua família residem na região metropolitana de San Francisco. Mais informações sobre o seu trabalho podem ser encontradas em http://openinnovation.haas.berkeley.edu.

Para Emily e Sarah

Agradecimentos

Este livro resulta do fato de ter ouvido e aprendido com muitas pessoas, tanto na indústria quanto no meio acadêmico, as quais reagiram no meu livro prévio, *Inovação Aberta*. Esse livro argumentava que as empresas deveriam usar mais as ideias externas em seus próprios negócios e permitir que aquelas não utilizadas fossem empregadas por outras empresas. Aprendi que isso também funciona no nível pessoal. Muitas das ideias deste último livro surgiram de discussões com pessoas diferentes, enquanto outras foram refinadas e melhoradas. Espero que o texto faça justiça a essas introspecções, combinando-as com as minhas próprias e produzindo algo mais valioso para todos nós.

Muitos dos meus colegas na Universidade da Califórnia, em Berkeley, deram contribuições substanciais para o trabalho contido neste livro. Dentro da Haas School of Businesss, de Berkeley, aproveitei as ideias de David Teece, Robert Cole, Jerry Engel, Bronwyn Hall, Drew Isaacs, Ray Miles, David Mowery e Jihong Sanderson. Muitos alunos de Berkeley deram um excelente auxílio à pesquisa, incluindo Elsie Chang, Alberto Diminin, Helen Liang, Xiaohong Quan, Cengiz Ulusarac e Simon Wakeman.

Fora da Haas, na comunidade acadêmica nos arredores de Berkeley, também mantive encontros úteis com Robert Glushko, Robert Merges, Rhonda Righter, Anna-lee Saxenian e Pam Samuelson.

Porém, nem todas as pessoas inteligentes do mundo trabalham em Berkeley. Dois acadêmicos que testaram essas ideias e contribuíram para elas são Joel West e Wim Vanhaverbeke, meus coautores em um outro texto mais acadêmico: *Open Innovation: Researching a New Paradigm* (Oxford University Press, 2006). Outros acadêmicos que me ajudaram a pensar nas muitas questões deste livro foram Melissa Appleyard, Ashish Arora, Jens Froeslov Christensen, Oliver Gassmann, Michael Jacobides, Peter Koen, Keld Laursen, Kwanghui Lim, Ikujiro Nonaka, Gina O'Connor, Andrea Prencipe, Richard Rosenbloom, Ammon Salter, Stefan Thomke, Chris Tucci, Max von Zedtwitz e Rosemarie Ziedonis.

Uma fonte de informação fundamental para este livro veio dos gestores que lutam com o processo de inovação em suas próprias empresas. Muitas dessas pessoas são identificadas e citadas neste texto e não prolongarei esta seção de agradecimentos repetindo os nomes de todas elas. Contudo, a ajuda e o aconselhamento especiais, que foram além do que o dever obriga, merecem uma menção especial: Alpheus Bingham da Eli Lilly; Julie VanDerZanden da K2 Sports; Gil Cloyd, Martha Depenbrock, Larry Huston e Jeff Weedman da Procter & Gamble; Ed Kahn e Michael Kayat da EKMS; John Amster, Peter Detkin, Nathan Myhrvold e Laurie Yoler da Intellectual Ventures (Laurie Yoler saiu da Intellectual Ventures enquanto eu produzia este manuscrito); Jim Huston e David Tennenhouse, ambos ex-Intel; Michael Friedland e John King da Knobbe Martens; John Wolpert da InnovationXchange; Joel Cawley, Mark Dean, Paul Horn, Jean Paul Jacob e Jim Spohrer da IBM; Suzanne Harrison e Pat Sullivan da ICMG; e Eric Hahn, ex-Collabra e Netscape.

Apesar de toda a sua ajuda e *feedback*, sem dúvida ainda existem muitos erros neste texto. Porém, são erros novos e melhores do que aqueles que teria cometido, se não tivesse falado com essas pessoas.

Meus amigos Rich Mironov, Ken Novak, Arati Prabhakar e Pat Windham aguentaram pacientemente minhas primeiras tentativas de explicar o conceito neste livro. Também sou grato ao meu editor, Jeff Kehoe, da Harvard Business School Press, por seu apoio e orientação no decorrer da elaboração do manuscrito e do processo de edição.

Os alunos da minha turma foram uma parte vital do meu próprio processo de reflexão sobre inovação industrial. Embora ainda não tenham os anos de experiência que as minhas fontes empresariais têm, eles trazem uma perspectiva nova desafiando a sabedoria convencional que sempre acompanha a experiência profunda. Suas perguntas, seus argumentos e conclusões me ajudaram a testar e revisar minhas próprias ideias a respeito da inovação.

Minha esposa, Katherine, mais uma vez leu todo o manuscrito e expôs cuidadosamente as omissões, os erros e o raciocínio incompleto dos rascunhos iniciais. O livro ficou muito melhor por causa de sua leitura paciente. Também sou grato aos meus pais, Richard e Joyce Chesbrough, por seu apoio para que escrevesse este livro.

Este texto se propõe a construir um futuro mais aberto e melhor para nossas empresas e para nós mesmos. Minhas filhas, Emily e Sarah, são as duas "inovações" das quais mais me orgulho. Cada uma delas é muito aberta comigo (queira eu ouvi-las ou não) e cada uma delas promete dar uma contribuição maravilhosa para o mundo de amanhã. Dedico a elas este livro como um pai orgulhoso.

—Henry Chesbrough
Berkeley, Califórnia
chesbrou@haas.berkeley.edu

Prefácio

Todos sabem que a inovação é uma necessidade fundamental do negócio. As empresas que não inovam morrem. Isso não é novidade.

No ambiente atual, porém, para inovar com eficiência, você deve inovar cada vez mais abertamente. E, para isso, deve-se fazer mais do que buscar novas ideias externamente ou ceder os direitos sobre as suas próprias ideias. Você também precisa inovar no seu modelo de negócio, na forma como cria valor e captura uma parte desse valor para si próprio. Isso *é* novidade. Este trabalho não pode ser delegado ao chefe do departamento de P&D ou ao diretor de tecnologia. A inovação no modelo de negócio é tarefa de todo executivo, especialmente os de administração geral, *marketing*, desenvolvimento de negócios, jurídico (particularmente em relação à propriedade intelectual), financeiro e desenvolvimento de novos produtos e processos.

Muitas vezes a inovação é cara, mas considere o quanto seria caro fazê-la parar. A chave está em torná-la mais eficiente em relação ao custo, tempo e gestão de risco, estendendo-a aos modelos de negócios. Este livro descreve como as organizações podem prosperar em uma Era de Inovação Aberta. Inovação aberta significa que as empresas devem usar muito mais as ideias e tecnologias externas em seus próprios negócios, e deixar as ideias não aproveitadas serem usadas por outras organizações. Isso exige que cada empresa, ao abrir o seu modelo de negócio, permita que mais ideias e tecnologias externas fluam de fora para dentro e que mais conhecimento interno flua de dentro para fora. Com um modelo de negócio mais aberto, a inovação aberta oferece a perspectiva de custos mais baixos para a inovação, tempos mais curtos para entrar no mercado e a chance de dividir os riscos com as outras empresas.

Entretanto, esses benefícios também acarretam custos. Quanto mais as empresas aprendem sobre esse conceito, mais elas percebem o quanto têm de mudar suas próprias atividades de inovação para tirar seu máximo de vantagem. Assim como em qualquer mudança significativa, para que a inovação aberta funcione, existem barreiras reais a serem ultrapassadas.

Este livro descreve o panorama atual da inovação e se concentra nas mudanças necessárias para que ela aconteça. Essas mudanças vão além do processo de inovação de uma companhia em seu modelo de negócio. Para prosperar nesta era, as companhias têm de adaptar os modelos de negócio, tornando-os mais abertos às ideias externas e caminhos para o mercado. Aqueles que forem eficientes em trazer ideias de "fora para dentro" vão explorar o enorme potencial de identificar e criar novo valor; do mesmo modo, as empresas que passarem as ideias "de dentro para fora", permitindo que outras utilizem essas ideias não aproveitadas, perceberão uma nova maneira de capturar mais valor e de se manterem nesses tempos de mercados cada vez mais globais e de concorrência crescente.

Este texto não presume uma familiaridade com o meu livro anterior, *Inovação Aberta* (embora o recomende a você!). Escrevi *Modelos de Negócios Abertos* não só para informar os novos leitores que não estão familiarizados com a inovação aberta em relação ao seu poder e valor, mas também para instruir os leitores que conhecem a inovação aberta a como darem os próximos passos para fazer que ela se pague.

O livro começa examinando, no Capítulo 1, por que a inovação aberta faz muito mais sentido econômico em um mundo de conhecimento amplamente distribuído, com mercados intermediários emergentes e ciclos de vida de produtos cada vez mais curtos. Os mercados para o conhecimento existem há muito tempo; contudo, eles têm sido muito ineficientes. A mudança está no fato de que as tecnologias de informação diminuíram algumas dessas ineficiências e agora exigem que as novas empresas desempenhem papéis que tornem mais viável um mercado de ideias. Examinamos como os mercados de ideias estão impulsionando a inovação nas indústrias química, farmacêutica e de entretenimento.

Se o Capítulo 1 descreve a oportunidade apresentada pelos modelos de negócios mais abertos, o Capítulo 2 explora o seu lado obscuro. Não é fácil adotar um modelo de negócio aberto. Existem barreiras e custos significativos que provavelmente serão encontrados por um modelo de negócio aberto na maioria das empresas. Os comportamentos como a síndrome do "não foi inventado aqui" inibem a capacidade de uma companhia buscar fontes de ideias externas que possam fazer o modelo de negócios progredir. Além disso, o vírus do "não é vendido aqui" mantém ideias internas potencialmente valiosas confinadas dentro da empresa.

Construir e fazer crescer um forte sistema de inovação exige a transposição dessas barreiras. O *software* de código aberto fornece um exemplo em que a abertura está criando valor significativo, parte do qual é absorvido pela empresa utilizando um modelo de negócio construído com base no código aberto.

No Capítulo 3, exploramos uma dessas barreiras, a propriedade intelectual (PI), tanto historicamente quanto no contexto da inovação. Aqui também discutimos o conceito de mercados secundários para a inovação. Os dois conceitos estão relacionados, visto que a proteção da PI apoia os mercados secundários para que a comercializem. Enquanto esta tendência ainda está em sua infância, há alguma evidência qualitativa interessante mostrando que esses mercados estão surgindo. Alguns dados quantitativos da redistribuição de patentes apoiam ainda mais o crescimento desses mercados.

O Capítulo 4 desenvolve uma abordagem mais conceitual da gestão de PI. A capacidade da PI para proteger a tecnologia não é uniforme. Além disso, a tecnologia deve ser gerenciada por um ciclo de vida tecnológico. Existem quatro fases no ciclo: surgimento, crescimento, maturidade e declínio. A PI deveria ser gerenciada de forma diferente nas fases desse ciclo de vida e associada ao modelo de negócio da empresa.

A segunda metade do livro passa do material mais conceitual dos Capítulos 1 a 4 para exemplos mais práticos e *frameworks* de como implementar modelos de negócios abertos.

No Capítulo 5, é desenvolvido o conceito de um modelo de negócio aberto, junto com um *framework* de seis estágios para que o seu modelo de negócio progrida. Este framework pode servir como um *benchmark* para as empresas avaliarem seu modelo de negócio atual e determinarem os passos seguintes apropriados para ele avançar a um estágio mais alto de abertura. Várias questões diagnósticas ajudam a desenvolver uma avaliação inicial e também apontam o caminho na direção dos processos de inovação mais avançados.

O Capítulo 6 nos apresenta um novo conjunto de participantes no mercado da inovação, um grupo de organizações que chamo de *intermediários de inovação*. Esses participantes devem sua existência ao mercado emergente de PI, e seus modelos de negócio estão criando um acesso muito maior a uma comunidade global de provedores de inovação. Essas organizações ilustram algumas práticas emergentes a fim de trazer ideias externas para dentro da empresa e/ou levar ideias internas para fora dela.

O Capítulo 7 discute as companhias que construíram seus modelos de negócio com base na PI, frequentemente a fim de permitir que as outras empresas criem valor com essa PI e, outras vezes, para capturar valor daquelas que possam desrespeitá-la. Alguns desses modelos são muito benignos, outros são potencialmente mais predatórios. Parece claro, porém, que os modelos baseados em PI estão crescendo em importância e que influenciarão muito (e de muitas maneiras) as atividades de inovação das companhias.

O Capítulo 8 conclui o livro com uma discussão prolongada de como três organizações muito diferentes – Air Products, IBM e Procter & Gamble – modificaram seus modelos de negócio para se tornarem mais abertas. Essas empresas ajudam a apontar o caminho para as demais que desejam segui-las. Fazer essa transformação exige novos processos, novas métricas de desempenho, uma visão clara do seu próprio modelo de negócio e a mudança de algumas visões arraigadas sobre inovação e PI.

A inovação, por sua natureza, é uma atividade extremamente dinâmica para se estudar. As ideias e práticas podem ficar rapidamente obsoletas. Depois de ler o livro, por favor, visite o *site* http://openinnovation@haas.berkeley.edu (*site* dos EUA) e/ou www.openinnovation.eu (*site* europeu). Lá você poderá observar novas aplicações dessas ideias e se cadastrar para receber atualizações adicionais. Como se poderia esperar das pessoas interessadas e envolvidas nos processos de inovação aberta, esses *sites* não se restringem apenas às ideias de uma pessoa, mas se destinam a servir como um recurso para uma comunidade de pessoas que acreditam ser capazes de inovar mais global e efetivamente, compartilhando ideias e resultados umas com as outras.

Sumário

1 Por que os modelos de negócio precisam se abrir   1

2 O caminho para a inovação aberta   19

3 O novo ambiente dos modelos de negócio   43

4 O impacto da propriedade intelectual sobre o modelo de negócio   71

5 Um *framework* para promover o seu modelo de negócio   93

6 Intermediários de inovação   117

7 Modelos de negócios capacitados para a PI   143

8 Passando de um ponto a outro   163

Notas   189

Índice   211

1

Por que os modelos de negócio precisam se abrir

O *ex-catcher* de beisebol Yogi Berra gostava de observar que "o futuro não é mais como costumava ser". Esse mesmo pessimismo geral foi externado em relação à inovação nos Estados Unidos e na Europa, mesmo com as oportunidades de inovação se expandido globalmente em lugares como a China e a Índia.[1]

E não é difícil perceber por que. Os grandes laboratórios ocidentais de pesquisa e desenvolvimento do século XX diminuíram de tamanho, quebraram ou foram redirecionados para novas finalidades, enquanto novos laboratórios estão surgindo no exterior, em grandes países como a Índia e a China, bem como em países pequenos como a Finlândia e Israel. As empresas estão encurtando seus horizontes de tempo para gastos em pesquisa e desenvolvimento e transferindo o dinheiro da "P" para o "D". Muitas universidades grandes estão levantando cercas em volta de suas novas descobertas de pesquisa, que são financiadas pelos dólares dos contribuintes. As empresas *start-up* já foram a grande esperança de preencher o vazio na inovação corporativa, mas a explosão do setor de internet e o mercado de capital de risco enfraqueceram essas esperanças. O receio em relação à terceirização das funções bem remuneradas em centros de baixo custo por todo o mundo domina muitas discussões sobre a política econômica e comercial. Em várias partes do sistema de inovação ocidental, o futuro da inovação mudou claramente.

Mesmo o florescimento da Índia e da China no sistema econômico internacional não alivia essas preocupações. A transferência das atividades de inovação para regiões mais eficientes economiza dinheiro no curto prazo, mas por si só não contribui muito para aumentar a quantidade de novas ideias necessárias para avançar tecnologicamente e melhorar o nosso padrão de vida no longo prazo. De onde virão as ideias inovadoras importantes do século XXI? Essas mudanças geram preocupações em relação à capacidade de as economias avançadas continuarem a inovar no ritmo do século anterior.

Porém, ocultos entre essas tendências preocupantes, encontram-se outros desenvolvimentos que são, talvez, mais úteis para o futuro da inovação. Um desses é a crescente divisão do trabalho de inovação. Com "divisão do trabalho de inovação" me refiro a um sistema em que uma parte desenvolve uma ideia nova, mas não a leva até o mercado. Esta divisão de trabalho está impulsionando um novo modelo de inovação organizacional que pode oferecer perspectivas mais úteis para a inovação no futuro.

Para explorar esta nova divisão do trabalho, as empresas precisarão abrir seus modelos de negócio. Se forem capazes de fazê-lo, terão muito mais ideias disponíveis a serem consideradas e surgirão muito mais caminhos para liberar o potencial econômico latente, à medida que essas ideias seguirem para o mercado. As empresas que criam ou modificam eficientemente os modelos de negócio abertos a fim de explorar essas oportunidades têm chances de prosperar.

Sejamos claros em relação ao que significa um *modelo de negócio aberto*. Um modelo de negócio desempenha duas funções importantes: ele cria valor e captura uma parcela desse valor. Ele cria valor ao definir uma série de atividades que vão da matéria-prima até o consumidor final e que resultarão em um novo produto ou serviço, com o valor sendo agregado no decorrer dessas várias atividades. O modelo de negócio captura valor ao estabelecer um recurso, ativo ou posição única dentro dessa série de atividades, na qual a empresa usufrui de uma vantagem competitiva.

Um modelo de negócio aberto emprega essa nova divisão do trabalho de inovação tanto na criação de valor quanto na captura de uma parcela desse valor. Os modelos abertos criam valor ao alavancarem muito mais ideias, pois incluem diversos conceitos externos. Os modelos abertos também permitem uma maior captura de valor usando um ativo, recurso ou posição-chave não apenas no próprio negócio da empresa, mas também nos negócios de outras empresas.

Para entender o potencial atrativo dessa nova abordagem da inovação e o papel de um modelo de negócio aberto, considere os nomes a seguir e o que eles podem ter em comum:

Qualcomm: fabricante de tecnologia para telefones celulares

Genzyme: empresa de biotecnologia

Procter & Gamble: empresa de produtos de consumo

Chicago: peça musical e filme

Esta diversidade de empresas e produtos pode lhe parecer aleatória, mas todas possuem uma característica comum: cada uma delas começou com uma ideia que percorreu uma jornada da invenção até o mercado por intermédio de pelo menos duas empresas diferentes, as quais dividiram o trabalho de inovação entre si. A Qualcomm, por exemplo, fazia seus próprios telefones celulares e estações-base, mas parou de fazer isso anos atrás.[2] Outras estão desenvolvendo esses produtos agora. Hoje, a Qualcomm fabrica *chips* e vende licenças para suas tecnologias. Ponto! Todo telefone que usa a sua tecnologia é vendido por um cliente da Qualcomm e não por ela.

A Genzyme alcançou o sucesso licenciando tecnologia proveniente de fora da empresa e depois desenvolvendo mais essa tecnologia dentro da empresa. Ela desenvolveu essas ideias externas, transformando-as em um conjunto de novas terapias que permitem a cura para doenças antes intratáveis e raras. Ela também registrou vendas e lucros impressionantes em uma indústria na qual os lucros têm sido difíceis de conseguir.[3]

A Procter & Gamble (P&G) retomou o seu crescimento mediante um programa muito bem-sucedido chamado Conectar e Desenvolver, que licencia para si ou adquire produtos de outras empresas (tais como SpinBrush, Olay Regenerist e Swiffer) e os leva ao mercado como marcas da P&G. Hoje, a empresa busca ativamente ideias e tecnologias externas utilizando uma ampla rede de observadores.

Chicago, a produção musical frequentemente reencenada, surgiu de uma extensão criativa de uma peça teatral escrita há muito tempo e que já estava fora de cartaz.[4] Outras pessoas enxergaram o valor latente desta peça e a reencenaram muitas vezes até se tornar um programa premiado. E a cada vez que o musical foi apresentado, deu-se com um proprietário diferente! A montagem mais recente, de 1997, se transformou em um filme ganhador do Oscar em 2002, chegando a criar durante o processo uma trilha sonora campeã de vendas.

Existe algo mais que esses itens diversos compartilham: todos foram assistidos pela gestão astuta de um modelo de negócio aberto. Esses itens mudaram de mãos pelo menos uma vez, em sua trajetória até o mercado: foram comprados, vendidos, licenciados ou, de algum modo, transferidos de uma parte para outra. Sem um modelo de negócio que procurasse explorar essas partes externas (e sem a gestão eficaz da propriedade intelectual para trabalhar com elas), as inovações resultantes jamais poderiam ter visto a luz do dia.

Se essas ideias eram tão valiosas, surge uma questão óbvia: por que seus proprietários originais não descobriram a melhor maneira de usá-las e conduzi-las ao mercado? A resposta está na importância dos mercados intermediários para a inovação. As empresas possuem ativos, recursos e posições distintas, e cada uma delas tem uma história diferente.[5] Essas diferenças as fazem enxergar as oportunidades de maneiras diversas. As companhias reconhecem rapidamente as ideias que se enquadram no padrão que já se provou bem-sucedido anteriormente. Mas elas lutarão com os conceitos que exigirem uma configuração muito diferente dos ativos, recursos e posições atuais. Com os mercados intermediários, as ideias podem fluir dos lugares em que não são aproveitadas e encontrar um destino nas empresas onde serão mais úteis. Examinemos, portanto, esses mercados intermediários.

MERCADOS INTERMEDIÁRIOS DE IDEIAS E TECNOLOGIA

Mercados intermediários são aqueles em que um fornecedor antes posicionado na cadeia produtiva licencia o seu *know-how* e a sua propriedade intelectual para os desenvolvedores e produtores situados posteriormente nessa cadeia produtiva.[6] Nas situações do mercado intermediário, os diferentes ingredientes para o sucesso comercial (a ideia em si, o desenvolvimento crítico, os ativos e a produção e distribuição, a propriedade intelectual [PI]) podem estar em mãos diferentes.[7] À medida que os mercados crescem em importância (nas indústrias de *software*, semicondutores, telecomunicações, produtos químicos e engenharia de petróleo, só para citar algumas), surge um número cada vez maior de situações nas quais os proprietários da ideia ou da tecnologia, dos recursos-chave do negócio e da propriedade intelectual necessária são diferentes.

Um exemplo avançado da diversidade de participantes e recursos que devem ser combinados para o sucesso comercial vem de Hollywood. Na indústria do entretenimento, roteiristas compram seus roteiros, produtores levantam e fornecem dinheiro, atores e diretores são contratados, um local de filmagem é identificado ou construído, e são mantidos empreiteiros de efeitos especiais, além de operadores de câmera, equipe e catering company. Todo filme importante é um projeto criado a partir de uma configuração única desses participantes. E todos têm um agente.

Esses participantes diferentes – cada um com ativos, recursos e posições únicas – influenciam esses mercados de ideias e tecnologia. Esta influência, por sua vez, afeta a capacidade de os inovadores captarem valor de seus investimentos em inovação. Nos velhos tempos de estúdio em Hollywood, todas as atividades principais de desenvolvimento, criação e distribuição de um filme eram realizadas pelo próprio estúdio. O modelo de negócio criava valor oferecendo filmes que eram populares, e captava valor mantendo seus recursos mais importantes (atores, diretores, salas de exibição) sob contratos exclusivos.

Hoje, com o surgimento dos mercados intermediários, a questão da criação dos modelos de negócio eficazes é mais sutil e intrigante do que nos dias de estúdio de Hollywood. Isso se dá porque a presença de muitos participantes externos resulta em muitos modelos alternativos potenciais a ser considerados quando se desenvolve um filme. Este roteiro deve ser comprado a fim de determinar quem está mais interessado? Somos capazes de atrair o cofinanciamento? Podemos contar com um diretor de primeira linha para fazer o filme? Algumas das principais estrelas demonstraram interesse pelo projeto? Devemos lançar tudo de uma vez, começar mais devagar ou lançar apenas em vídeo? Os modelos de negócio do cinema de hoje devem responder a todas essas questões, sem que dois projetos de cinema respondam exatamente da mesma maneira.

INEFICIÊNCIAS NOS MERCADOS DE TECNOLOGIA

Os mercados para as tecnologias anteriores na cadeia produtiva existem há muito tempo em muitas indústrias. Historicamente, porém, na maioria das indústrias eles têm sido bastante ineficientes. Faltavam as informações necessárias para as empresas transacionarem entre si. As informações sobre o que estava disponível e a que preço eram caras e, consequentemente, não eram partilhadas. Mesmo hoje, grande parte da troca de tecnologia e de sua PI associada se dá por intermédio de uma indústria artesanal formada por corretores e advogados especializados em patentes. Ao mesmo tempo em que as transações ocorrem, o preço e outros termos das transações são difíceis de discernir. O licenciamento de tecnologias de uma empresa para outra ocorre mais frequentemente do que é geralmente reconhecido, mas o licenciamento é difícil de documentar, porque raramente é divulgado na maioria dos relatórios financeiros das empresas. Isto dificulta a determinação da quantidade global de atividade e do preço justo da tecnologia.

Quando os mercados intermediários são altamente ineficientes, as inovações e a PI são transacionadas de outras formas. As empresas compram e vendem outras empresas para ter acesso às ideias e tecnologias subjacentes. As segregações parciais de sociedade e as dissoluções representam mecanismos diferentes que permitem às companhias ganharem acesso à propriedade intelectual específica, que depois é empregada no novo empreendimento. Essas podem não ser as formas ideais de obter acesso à inovação e aos ativos de PI, pois muitos outros ativos vêm junto com essas transações, mas, pelo menos, elas proporcionam algum meio de acessar a tecnologia externa. Consideraremos esses mercados intermediários com mais detalhes no Capítulo 3.

Naturalmente, uma boa parcela da negociação potencialmente valiosa em inovação e sua PI associada *não* se dá nos mercados muito ineficientes. Os custos são tão altos e o valor potencial tão difícil de perceber, que a inovação e a PI muitas vezes ficam na prateleira sem serem utilizadas. Uma maneira de medir isso é quantificar a taxa de utilização das patentes que uma empresa possui. Esta é uma medida da porcentagem de patentes que são usadas no negócio, dividida pelo número de patentes que essa empresa possui. Em um levantamento informal que realizei, descobri que as companhias usam menos da metade das tecnologias patenteadas que possuem em pelo menos um de seus negócios. A faixa da qual ouvi falar está entre 5% e 25%, significando que nessa amostra não científica, algo entre 75% e 95% das tecnologias patenteadas simplesmente permanecem adormecidas.

Este é algo extraordinariamente esbanjador do ponto de vista de um acionista. Os acionistas financiam a P&D de uma empresa a fim de que ela produza tecnologias valiosas que possam contribuir para o seu sucesso no mercado. As tecnologias patenteadas que não são empregadas no negócio, e que não são aproveitadas por mais ninguém, são um desperdício do dinheiro dos acionistas.[8]

O PACTO SOCIAL SUBJACENTE À PROTEÇÃO DA PI

O desperdício é ainda maior sob uma perspectiva societal. O sistema de patentes é um contrato social entre a sociedade e os inventores. A sociedade quer extrair invenções brilhantes dos seus cidadãos. Ela acena com um monopólio temporário para o inventor a fim de induzi-lo a desempenhar um trabalho árduo e assumir os riscos financeiros necessários para a criação de novas tecnologias e levá-las ao mercado. Mas o inventor só pode receber uma patente da invenção se ele a revelar em detalhes suficientes para que outras pessoas "do ramo" também possam criar a partir da invenção. A sociedade oferece um monopólio temporário, com a possibilidade de riqueza que isso possa conferir como retorno pela revelação da invenção. Essa revelação também permite aos outros inventores criarem a partir da invenção inicial, após a expiração da patente, de modo que a tecnologia possa ser aprimorada ao longo do tempo.

Entretanto, se o inventor nunca utilizar a tecnologia que ele patenteou ou se nunca licenciá-la para que outras pessoas a utilizem, então o produto coberto pelo monopólio temporário nunca será levado ao mercado. Não só a sociedade perde o uso da nova invenção, mas também outorga ao inventor o poder de impedir que alguma outra pessoa a utilize até a expiração da patente.[9] Embora não haja qualquer exigência legal para que o inventor que recebe uma patente faça algum uso prático dessa, a lógica por trás do contrato social é quebrada quando os inventores não usam suas invenções ou não a licenciam para que outras pessoas as utilizem. Quando as corporações constroem enormes carteiras de patentes, chegando a milhares ou dezenas de milhares delas, e usam menos de 25% dessas em qualquer um dos seus negócios, a perda social é substancial.

Outras formas de proteção da propriedade intelectual, como o *copyright*, o segredo comercial e as marcas registradas, exibem versões ligeiramente diferentes desse contrato social. Todas procuram promover o progresso do comércio e da tecnologia, criando incentivos para o investimento em inovação, e para isso todas oferecem um certo nível de proteção social para os proprietários da. Este pacto que proporciona a proteção da propriedade privada como retorno pelo progresso social remonta à fundação do sistema de patentes dos Estados Unidos, como veremos mais tarde.

GESTÃO FECHADA DA PI

Até pouco tempo, a PI era encarada pela maioria das empresas como uma atividade afastada. As empresas delegavam a gestão de sua PI para os juristas, tais como um advogado interno ou um advogado de patentes externo. Esses especialistas provavelmente não eram capazes (ou mesmo autorizados) a ligar a PI com o modelo de negócio global da empresa e o processo de inovação. Sua função básica era a de manter a companhia longe de problemas legais. Esses especialistas tinham de se preocupar apenas com o que podia dar errado. Seu papel não era o de criar vantagem competitiva para a empresa. Esse papel era destinado à P&D e às unidades de negócio que usavam seus resultados.

Essas áreas funcionais geralmente eram fechadas, do ponto de vista da PI. A PI era criada internamente, usada internamente e, às vezes, brandida externamente para repelir os invasores ou resolver um pedido de litígio pendente. A propriedade intelectual externa era considerada suspeita, não confiável e como algo a ser evitado.

Considere a indústria farmacêutica na década de 1980. Todas as principais organizações insistiam em amplos programas internos de descoberta e desenvolvimento para criar novas drogas. Sempre que um composto promissor era identificado, a empresa farmacêutica requeria uma ou mais patentes para ele. Um número seleto desses compostos seria escolhido para o desenvolvimento clínico e muito poucos realmente chegavam ao mercado. Mas, para cada composto transformado em numa nova droga, havia dezenas de outros que eram patenteados, continuados e depois finalmente abandonados. Os abandonados, junto com a PI que os protegia, eram simplesmente colocados na prateleira. Esta prática era calculada como um custo lamentável, embora inevitável, do negócio.

Este fenômeno é quase exclusivo da indústria farmacêutica. Na Alemanha, um executivo da Siemens me disse que mais de 90% de todas as patentes alemãs nunca chegam ao mercado. (Isto era particularmente verdadeiro em relação ao uso que a Siemens fazia de suas própria patentes.) Em 2002, a Procter & Gamble estimou que usava apenas cerca de 10% das patentes que detinha.

Este comportamento é o que chamo de "gestão fechada da PI": existe apenas um meio de acessar a PI (isto é, de dentro da sua própria empresa) e somente uma maneira de implantá-la (com a venda dos seus próprios produtos no mercado). Neste modelo, a maior parte da PI jamais é utilizada. No Capítulo 2, exploraremos algumas razões para essa baixa taxa de utilização das ideias e de sua PI associada.

As companhias diferem em sua resposta à baixa taxa de utilização de suas ideias e da sua PI. Quando comunicadas do fato que, antes de 2002, 90% das patentes da P&G não eram utilizadas em nenhuma parte de qualquer um de seus negócios, as empresas deram uma de duas respostas. Ambas são bastante reveladoras. A primeira é uma risada sagaz, com o reconhecimento de que a situação é muito semelhante à de sua própria empresa. A segunda resposta é um olhar de choque, à medida que a pessoa percebe que *ninguém na empresa jamais questionou*: ninguém sabe na verdade que proporção dos ativos de PI é realmente utilizada no negócio da empresa.

Esta baixa taxa de utilização não é surpresa quando se considera como são recompensados os principais gestores da PI na empresa. Raramente as companhias vinculam a recompensa dos gestores de PI à sua capacidade de criar retorno financeiro sobre esses ativos. A maioria dos gestores de PI é recompensada por manter a empresa longe de problemas, e não por usar esses ativos de PI a fim de contribuir com o desempenho financeiro da organização.

Como você poderia esperar, fazer essa pergunta é começar o processo de mudança da resposta para ela. A P&G deu passos significativos para aumentar a utilização de suas patentes. A Siemens também adotou um programa para aumentar rapidamente a utilização de suas patentes. Algumas outras empresas começaram a abordar a falta de gestão dessa classe de ativos corporativos. Penso que a ampla maioria ainda tem que avaliar a sua posição, o que significa que qualquer grau mais elevado de gestão eficiente ainda está num futuro distante. Quando fizerem essa avaliação, vão descobrir que terão de abrir seus modelos de negócio para usar seus ativos de PI de forma mais eficaz.

GESTÃO DA PI VISANDO À CRIAÇÃO DE VALOR

Muitos executivos, quando pensam a respeito da gestão da PI, consideram-na somente um meio de extrair valor de uma tecnologia ou de um conjunto de tecnologias. Embora a PI possa ser usada dessa maneira, isto é apenas parte de sua importância. As companhias que desenvolvem novas tecnologias e produtos buscam a proteção da PI basicamente por razões defensivas, a fim de garantir a sua capacidade de colocar em prática a sua tecnologia em seus negócios sem medo de interrupções. A presença das patentes se torna uma apólice de seguro contra processos indesejados e age como um poderoso poder de barganha nas situações de litígio.[10]

Mesmo essa abordagem, entretanto, é insuficiente em um mundo de inovação aberta. A PI não pode ser usada para extrair valor até que haja algum valor criado pela tecnologia ou tecnologias. Como veremos, a PI pode ser gerida para ajudar a criar valor, não somente para captá-lo, em particular quando a sua gestão estiver ligada ao modelo de negócio da empresa e ao processo de inovação. Por exemplo, as empresas poderiam optar por tornar pública ou ceder uma parcela de sua PI, criar padrões ou estabelecer um repositório intelectual comum – um porto seguro para o desenvolvimento, em que o conhecimento é mantido em comum –, o qual estimulará progressos úteis que podem melhorar o seu próprio negócio. Esta é uma dimensão ignorada com bastante frequência nos textos que discutem como fazer a gestão da PI ou como elaborar políticas sociais a fim de otimizar a proteção dessa PI.[11]

POR QUE ABRIR AGORA? A ECONOMIA INCONSTANTE DA INOVAÇÃO

Por que abrir o seu modelo de negócio, recorrer aos mercados intermediários em busca de ideias e inovações e fazer as mudanças associadas a fim de cuidar da sua PI? Uma parte da resposta foi dada no Capítulo 3 de *Inovação Aberta*.[12] Este capítulo mostrou como o conhecimento e a tecnologia úteis se disseminaram cada vez mais, distribuídos pelas empresas grandes e pequenas em muitas partes do mundo. Simplesmente, existe um volume grande demais de coisas boas por aí que até mesmo as melhores empresas as ignoram.

Aqui, vamos nos concentrar em algumas forças específicas na economia da inovação que estão obrigando as empresas a abrirem seu processo de inovação. Essas forças incluem os custos crescentes do desenvolvimento de tecnologia, combinados com o encurtamento da vida útil dos produtos. Juntas, elas tornam o investimento em P&D sob o modelo fechado de inovação cada vez mais difícil de manter.

Custos crescentes do desenvolvimento de tecnologia

Um exemplo dos custos crescentes do desenvolvimento de tecnologia é o custo de construir uma nova instalação para a fabricação de semicondutores (conhecida como "*fab*"). Em 2006, a Intel anunciou que construiria duas novas *fabs*, uma no Arizona e outra em Israel. Estimou-se que cada instalação custaria mais de 3 bilhões de dólares. Vinte anos atrás, uma nova *fab* custaria cerca de 1% do total dessas novas instalações. Um outro exemplo é o do desenvolvimento dos produtos farmacêuticos, que cresceu para bem mais de 800 milhões de dólares no caso de um produto bem-sucedido, mais de dez vezes o que custava uma década atrás. Mesmo no caso dos produtos de consumo, a P&G estima que a sua marca Always de absorventes íntimos custou 10 milhões de dólares para ser desenvolvida uma década atrás. Segundo Jeff Weedman, da P&G, um desenvolvimento similar hoje em dia custaria à P&G entre 20 e 50 milhões de dólares.

Ciclos de vida de produto mais curtos

Por si só, os custos crescentes do desenvolvimento de tecnologia poderiam significar que o que é grande ficará maior e que todo mundo vai ficar para trás. Mas, uma segunda força torna essa economia desafiadora até mesmo para as maiores empresas: os ciclos de vida de produto cada vez mais curtos dos produtos novos de hoje. Na indústria de discos rígidos em que eu trabalhava, nossos produtos no início dos anos 1980 eram despachados em um período de quatro a seis anos, uma vez que vencêssemos a concorrência para que um fabricante usasse as nossas unidades. No final dos anos 1980, o tempo de entrega esperado caiu para dois a três anos. Nos anos 1990, o tempo de entrega esperado era de seis a nove meses. Depois disso, um produto mais novo e melhor estava disponível.

Na indústria farmacêutica, os tempos de remessa esperados para os novos medicamentos, enquanto usufruem a proteção da patente, também encurtaram. A aprovação do FDA agora leva de oito a dez anos para os medicamentos mais comuns. Além disso, um exército de empresas farmacêuticas fabricantes de remédios de venda livre copiarão qualquer medicamento bem-sucedido tão logo ele perca a proteção da patente. Nos segmentos de mercado maiores, os medicamentos bem-sucedidos agora precisam dividir o mercado com as drogas patenteadas pelos rivais, mesmo quando as as patentes ainda valem.

Qualquer pessoa que tenha comprado um telefone celular no ano passado pode atestar a rapidez com que os ciclos de vida de produto estão se movendo no mercado. Novos telefones estão chegando ao mercado a cada seis meses e um telefone comprado apenas dois anos atrás pode parecer surpreendentemente obsoleto. Os novos telefones incluem câmeras, vídeo e conectividade à internet, apenas para mencionar alguns recursos mais importantes dentre os que foram adicionados.

A combinação dos crescentes custos de desenvolvimento e das estreitas brechas de mercado comprime a economia do investimento em inovação, diminuindo a capacidade de uma empresa obter um retorno satisfatório sobre esse investimento. A Figura 1-1 ilustra essa mudança. Nesta figura, o "modelo fechado – antes" mostra as receitas esperadas muito acima dos custos de desenvolvimento. À medida que os custos de desenvolvimento sobem e o ciclo de vida de mercado das ofertas se torna mais curto, o resultado líquido é que o "modelo fechado – depois" encontra mais dificuldades para justificar o investimento em inovação.

Uma maneira mais dinâmica de pensar a respeito disso é comparar a taxa de crescimento dos gastos em P&D com a taxa de crescimento das vendas de uma indústria. Duas curvas crescendo a taxas similares sugerem que o modelo de negócio atual é sustentável. Entretanto, se a curva dos gastos em P&D estiver crescendo a uma taxa mais rápida do que a curva de vendas, esse aumento nos gastos em P&D é claramente insustentável. Sem uma mudança no modelo de negócio, é inevitável uma diminuição radical nos gastos em P&D.

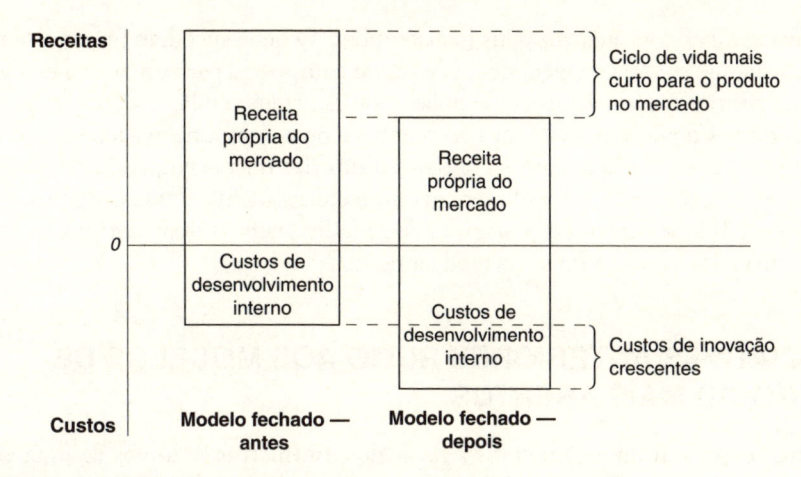

Figura 1-1 Pressões econômicas sobre a inovação.

A Figura 1-2 mostra uma análise dessas curvas para a indústria farmacêutica. (Sou grato a Alpheus Bingham da Eli Lilly por esses dados.) Repare que os dados de vendas correspondem ao eixo vertical da esquerda, enquanto os dados de P&D correspondem ao eixo vertical da direita na figura.

Conforme as curvas demonstram, as vendas da indústria farmacêutica cresceram muito bem nos últimos 25 anos, com uma taxa de crescimento anual em torno de 11%. Contudo, as curvas de custo em P&D cresceram ainda mais depressa nesse período, aumentando a uma taxa de crescimento anual em torno de 15%. Isso sugere que a economia da inovação dentro da indústria

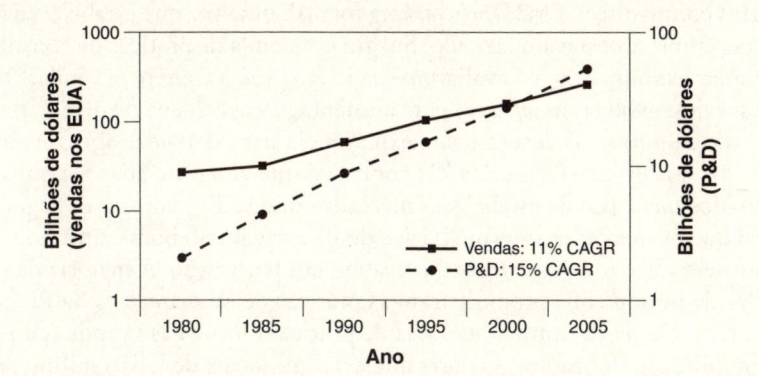

Figura 1-2 Crescimento das vendas de produtos farmacêuticos *versus* crescimento em P&D.

Fonte: Alpheus Bingham da Eli Lilly, PhRMA.

farmacêutica ficou cada vez mais insustentável. O bem-sucedido modelo de negócio em que se faz a triagem de milhares de compostos para um único medicamento resultando em 1 bilhão de dólares ou mais em vendas está sendo batido pelos custos de desenvolvimento crescentes e pela competição cada vez maior, uma vez que os medicamentos bem-sucedidos das outras empresas chegam às mesmas categorias de mercado, encurtando efetivamente a vida econômica do bem-sucedido medicamento original. Os medicamentos mais antigos enfrentam uma concorrência forte: os medicamentos genéricos.

INICIATIVAS ANTERIORES RUMO AOS MODELOS DE NEGÓCIO MAIS ABERTOS

Outros expressaram argumentos a favor de administrar os ativos de uma empresa de uma maneira mais aberta. Ocorreu uma investida no final dos anos 1990 à medida que as empresas começaram a abrir o licenciamento de suas tecnologias para outras companhias. Um grupo de gestores formou a Sociedade dos Executivos de Licenciamento para trocar ideias e melhores práticas no licenciamento de patentes e outras PIs. Comentaristas como Petrash, Sullivan e, especialmente, Rivette e Klein, chamaram a atenção para a oportunidade de lucro latente na propriedade intelectual.[13] A iniciativa de Rivette e Klein, chamada de *Rembrandts in the Attic*, prometia grande riqueza àqueles que, como o título sugere, removessem a poeira de sua PI, tirassem-na do sótão e a colocassem à venda para outras empresas.

Esses esforços proporcionaram fatos úteis para os gestores e executivos encarregados de liderar a atividade, permitindo que as empresas fizessem o *benchmarking* de sua gestão de PI e das atividades de licenciamento em relação às de outras companhias. Esse *benchmarking* foi útil, uma vez que estabeleceu o que as outras empresas estavam fazendo. Surgiu uma onda de práticas de consultoria para ajudar as companhias a avaliarem sua PI e a prepararem para venda. Outras empresas desenvolveram *software* para aumentar a capacidade de detectar violações, e ainda outras ofereceram sua experiência para defender agressivamente os direitos dos proprietários das PIs contra os que violavam suas patentes. Foram criados *sites* a fim de estabelecer mercados onde a PI pudesse ser negociada. Parecia que os mercados intermediários de PI estavam no bom caminho.

No entanto, todo esse trabalho acabou em frustração. A maioria das consultorias de butique que promulgaram as práticas de *benchmarking* da PI fechou suas portas. De modo similar, as áreas de prática interna das grandes empresas de contabilidade dobraram. Os *sites* que criaram locais de leilão online para o licenciamento de patentes se transformaram em outra coisa ou foram extintos.[14] As metodologias de avaliação de valor dos consultores que tentaram determinar o valor da PI também caíram geralmente em descrédito.

O que estava faltando? Não havia conexão entre a gestão da PI e o processo de inovação que criava essa PI. Além disso, não havia ligação entre a gestão da PI e o modelo de negócio da empresa. Por exemplo, não se considerava quando as companhias deviam licenciar a sua tecnologia para outras e quando deviam abster-se de fazê-lo. O *benchmarking* não podia responder a essas perguntas, pois ele identificava as práticas da empresa, mas não podia investigar a lógica subjacente a essas práticas.

Um hiato legal óbvio era a falta de um mercado bilateral para a PI. Precisa-se de compradores e vendedores para criar um mercado. Claro, as empresas poderiam querer vender a sua PI, mas por que alguém iria querer comprá-la? Os ativos de PI não eram "Rembrandts", pelo menos para a maioria das empresas. Se a empresa vendedora não queria usar sua PI, por que um comprador iria querer usá-la? Qual é o valor dessas "sobras"?

Precisava haver uma justificativa para as empresas desejarem comprar a PI de alguém, de modo a existir um mercado para esses ativos, e essa justificativa devia avaliar o valor da PI do ponto de vista de um comprador disposto, não só de um vendedor ávido. A inovação aberta proporciona uma justificativa clara para participar dos mercados intermediários. Em um mundo de conhecimento útil amplamente distribuído, só é possível sustentar a inovação adquirindo o licenciamento de ideias e tecnologias externas junto com o desenvolvimento e a implantação das próprias ideias. Pode-se justificar ainda mais o licenciamento ativo das ideias internas que não estejam sendo utilizadas para outras empresas.

A perspectiva da inovação aberta é a razão pela qual a gestão da PI será recebida de maneira diferente neste momento. A abordagem anterior da gestão da PI não considerava a necessidade de associar essa gestão ao processo de inovação de uma empresa e ao seu modelo de negócio. São necessários um novo tipo de modelo de negócio aberto e uma abordagem aberta de gestão da PI para manter e prosperar o negócio de uma empresa em um mundo de conhecimento abundante. Esse modelo liga o crescimento dos mercados de ideias com os processos de inovação a fim de desenvolver e prosperar os modelos de negócio.

MODELOS DE NEGÓCIOS ABERTOS: ABORDANDO OS CUSTOS E AS RECEITAS DA INOVAÇÃO

Como vimos nas Figuras 1-1 e 1-2, a economia da inovação está sendo impactada negativamente pelos crescentes custos da inovação e por fluxos de receita menores. Os modelos de negócio abertos abordam essas questões. O modelo de negócio da inovação aberta ataca o problema abordando o custo e alavancando recursos externos de P&D para poupar tempo e dinheiro no processo de inovação. Um testemunho poderoso tanto para a economia de custo quanto para um tempo mais rápido para atingir o mercado pode ser encontrado em um artigo de Larry Huston e Nabil Sakkab da Procter & Gamble.[15]

Neste artigo, dois executivos da Procter & Gamble documentam as economias significativas de custo e tempo que a P&G teve com a alavancagem de tecnologias externas. A iniciativa Pringles Print é um exemplo excelente dessas economias. Agora, a P&G oferece as batatas Pringles com figuras e palavras impressas em cada batata. A empresa descobriu uma panificadora em Bolonha, Itália, que possuía um método a jato de tinta para imprimir mensagens em bolos e biscoitos, o qual a P&G adaptou para a Pringles. A P&G conseguiu desenvolver o produto por uma fração do custo e o levou ao mercado na metade do tempo que o projeto teria levado se fosse desenvolvido internamente.

O modelo da inovação aberta ataca o lado da receita ao ampliar o número de mercados aplicáveis à inovação.[16] (O mesmo artigo da P&G escrito por Huston e Sakkab também ilustra isso.) A P&G está criando novas marcas a partir do licenciamento de tecnologias de outras empresas pelo mundo, resultando em produtos como Crest SpinBrush, Olay Regenerist e Swiffer. A P&G também está ganhando dinheiro com o licenciamento de suas tecnologias para outras empresas.

A Figura 1-3 exibe a interação dos custos alavancados e da economia de tempo, combinada com novas oportunidades de receita. Nesta figura, a empresa não se restringe mais aos mercados que atende diretamente. Agora,

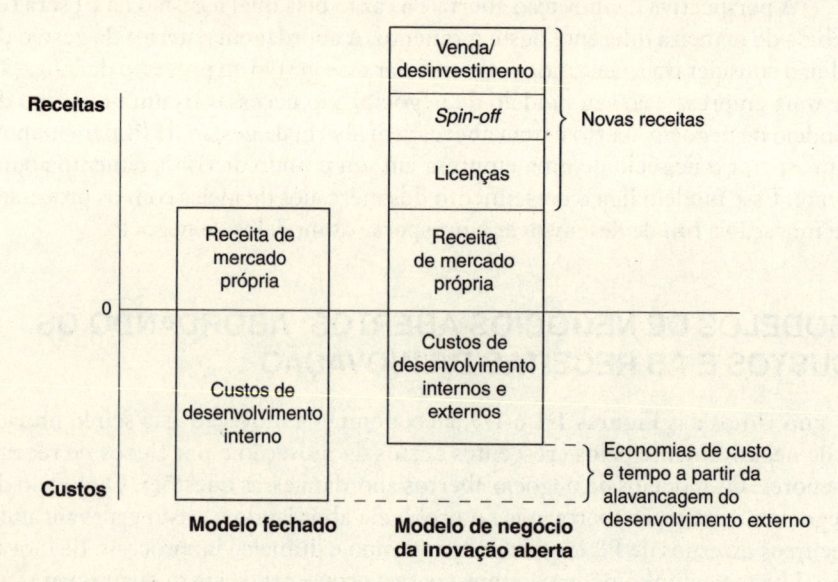

Figura 1-3 O novo modelo de negócio da inovação aberta.

ela participa de outros segmentos por meio de receitas de licenciamento, *joint-ventures*, segregações parciais de sociedade ou outros meios. Esses fluxos de receita diferentes geram mais receita global a partir da inovação. Entretanto, os custos de desenvolvimento da inovação diminuem com o maior uso da tecnologia externa no próprio processo de P&D da empresa. Isso economiza tempo e dinheiro. O resultado do modelo é que a inovação volta a ser economicamente atraente, mesmo em um mundo com ciclos de vida de produto mais curtos.

POSSÍVEIS OPORTUNIDADES E AMEAÇAS DOS MERCADOS INTERMEDIÁRIOS

Há evidências crescentes de que os mercados intermediários estão se tornando parte integrante da inovação e do crescimento. Embora até agora a discussão tenha sido muito positiva em relação a esse desenvolvimento, também surgem riscos reais. Esses mercados intermediários podem lhe ajudar a entrar em novos negócios, mas se você não os controlar bem, esses mercados podem ser usados por outras empresas para *impedi-lo* de entrar nos novos negócios ou para taxá-lo nos negócios dos quais você já participa. Os mercados intermediários podem proporcionar mais fontes de receita para as descobertas importantes que você faz. Entretanto, esses mercados podem ser usados por outras empresas para enfraquecer a sua capacidade de usar as descobertas que faz. Esses mercados levarão a novos tipos de modelos de negócio abertos e podem destruir alguns modelos de negócios consolidados. Se esses mercados intermediários vão ajudá-lo ou atrapalhá-lo, dependerá de sua capacidade de controlá-los e do modelo de negócios que você criará para eles.

Se você gerenciar habilmente os mercados intermediários nos modelos de negócio abertos, as ideias úteis serão abundantes. À medida que os indivíduos e as empresas descobrirem tecnologias novas e estimulantes receberão algum grau de PI, o qual permitirá trabalhar com outras empresas e indivíduos para comercializar essas ideias (via mercados de PI) ou levá-las ao mercado por conta própria. Isso proporcionará um manancial de inovações tanto nas empresas grandes quanto nas pequenas. As universidades e os inventores individuais encontrarão mercados prontos para suas descobertas e contribuições. Os consumidores ficarão satisfeitos com novas ofertas, e as empresas entrarão no mercado mais rapidamente com produtos e serviços de valor mais elevado. A P&D proporcionará um retorno convincente sobre o investimento e mais investimentos serão feitos na descoberta de novas ideias, o que pode alimentar ainda mais o ciclo virtuoso.

Considere uma empresa jovem com o nome intrigante de InnoCentive. Esta empresa está baseada em Boston, mas muitos de seus recursos-chave estão espalhados pelo mundo. Na última contagem, mais de 80 mil pessoas usaram o processo da InnoCentive para enfrentar problemas difíceis que as empresas estão tentando solucionar, e receberam uma recompensa considerável quando conseguiram fazê-lo.[17] A InnoCentive está colocando este recurso em prática nas empresas de produtos químicos e nas indústrias de biociências. Seus clientes são empresas importantes e consolidadas como Eli Lilly, Procter & Gamble, BASF, DuPont e Dow Chemical. Até mesmo as empresas grandes como essas consideram uma atitude sábia buscar ideias e soluções em especialistas de países como China, Índia, Rússia e Israel.

Entretanto, existem ameaças, bem como oportunidades, que devem ser controladas. Se não lidarmos eficientemente com os mercados intermediários de inovação e PI, as ideias úteis podem chegar a você enredadas em uma selva de créditos potencialmente concorrentes. Essas ideias podem envolver uma PI que imponha um risco a uma empresa despreparada. Se não forem tomadas as medidas apropriadas durante a consideração da PI, os proprietários dessa (que podem ou não ser os seus inventores) podem cobrar um pedágio pesado de quem se aproximar de sua PI. Por exemplo, muitas universidades hoje em dia usam os *royalties* das patentes como uma fonte básica de financiamento, privatizando eficientemente a pesquisa produzida por seus acadêmicos. Qualquer um que venha a usar os resultados dessas universidades terá de "pagar para jogar". Os inventores individuais acharão caro obter uma patente e não terão certeza se essa patente é executável. Eles só terão certeza de que custará muito dinheiro para descobrir. Se os inventores atraírem os investidores para que auxiliem nesses custos, esses investidores podem ter a sua própria agenda para saber como ganhar algum dinheiro com a patente.

Alguns surgirão como agregadores, comprando algumas partes de PI aqui e outras ali, a fim de construir um emaranhado de PI. As empresas que precisarem acessar esse emaranhado de PI para usar suas tecnologias ficarão em má posição para negociação. Elas se verão à mercê desses agregadores, que podem não ter nada a ver com a descoberta da ideia, mas estão legalmente posicionados para lucrar com todo e qualquer uso dela.

CUIDADO COM OS *TROLLS** DE PATENTE

Esses agregadores predatórios de PI, às vezes, são chamados de *trolls* devido ao seu hábito de permanecerem escondidos até aparecer uma vítima inocente. O *troll* mais conhecido se chama Jerome Lemelson. Ele foi um inventor produtivo (com mais de quinhentas patentes em seu nome, ficando atrás apenas

---

* N. de T.: Os *trolls* são criaturas nórdicas lendárias que vivem em cavernas.

de Thomas Edison em quantidade de patentes recebidas). Mas Lemelson também inventou uma maneira inteligente (e legal) de lidar com patentes. Ele foi pioneiro na capacidade de solicitar secretamente uma patente ao escritório de marcas e patentes, e depois rever periodicamente seus pedidos de patente antes de ela ser emitida. Essas revisões serviam para mantê-la secreta, ao mesmo tempo em que lhe permitiam atualizar a reivindicação da patente a fim de torná-la mais relevante e valiosa em termos comerciais. Em muitos casos, as eventuais reivindicações emitidas com a patente guardavam pouca semelhança com a reivindicação inicial. Lemelson recebeu centenas de patentes que reivindicavam invenções em áreas comercialmente úteis, tais como televisão, computadores e outras indústrias de ponta. Centenas de empresas tiveram de pagar o preço exigido por Lemelson.[18]

OS MERCADOS INTERMEDIÁRIOS ESTÃO CHEGANDO: SEU MODELO DE NEGÓCIO ESTÁ PREPARADO?

A inovação aberta tira partido da nova divisão do trabalho de inovação. Esta divisão se mostra nos mercados intermediários de inovação e propriedade intelectual, em que as ideias e sua proteção legal podem ser compradas ou vendidas. Esses mercados mudarão radicalmente o ambiente de inovação para todas as pessoas. Como outros mercados, esses também podem ser gerenciados, uma vez que tenham sido compreendidos. Para tirar o máximo proveito deles você deve abrir o seu modelo de negócio, mesmo que adote medidas para se proteger dos riscos.

Gerenciar a inovação aberta em um mundo de mercados intermediários de ideias exige a construção e o suporte de uma rica rede de inovação interna. Esta rede, por sua vez, deve conectar a empresa a uma comunidade externa de inovação incrivelmente grande e diversa. O modelo de negócio e a estrutura de gestão precisarão mudar para uma mentalidade de modelos de negócio abertos, fazendo parte de uma gestão corporativa. Poucas empresas já fizeram essa transição. Na maior parte das outras empresas isso exigirá mudanças mais substanciais no modelo de negócio e na estrutura dos processos de gestão da inovação.

Mesmo que isto implique uma enorme quantidade de trabalho, os resultados valerão a pena. Os ciclos de vida do produto mais curtos e os custos cada vez maiores são a maldição dos modelos de negócio fechado mais antigos. Apenas quando acessar mais ideias e as empregar em produtos e serviços mais novos, as organizações poderão manter o ritmo e alcançar um modelo de inovação economicamente viável. Além disso, somente com a inovação as empresas conseguem proporcionar aos seus acionistas, clientes e funcionários um crescimento orgânico consistente.

Os modelos de negócio das empresas darão forma ao mundo no qual elas concorrem no século XXI. Hoje existem empresas astutas criando modelos de negócio abertos que as ajudarão a inovar através de um mercado de ideias global, tanto como fornecedores quanto como clientes. As companhias que ignoram as oportunidades nesse mercado global estão deixando dinheiro sobre a mesa. Aquelas alheias aos perigos no acesso às ideias e à PI no mercado global estão se tornando alvos fáceis para as práticas astutas, porém legais, das outras empresas.

2

O caminho para a inovação aberta

No meu livro anterior, *Inovação Aberta*, argumentei que as empresas deveriam organizar seus processos de inovação para se tornarem mais abertas ao conhecimento e às ideias externos.[1] Também sugeri que as empresas permitissem que uma parcela maior de suas ideias e conhecimento internos fluíssem para fora deles quando essas ideias e conhecimentos não estivessem sendo utilizados dentro da companhia. No entanto, o caminho para a inovação aberta não é simples e direto; pelo contrário, é cheio de voltas e mais voltas, com surpresas inesperadas ao longo do dele. Este capítulo discutirá o caminho que as empresas devem percorrer para abrir seus processos de inovação. Também abordará alguns exemplos de empresas que se depararam com esses desafios e fortaleceram seus negócios ao abri-los.

Organizei este capítulo começando com as questões que as empresas devem encarar ao trazerem ideias externas para dentro de si, o que pode ser considerado como um processo "de fora para dentro". Depois, examinarei o processo "de dentro para fora", no qual as empresas devem superar obstáculos para levarem as ideias internas não utilizadas para fora.

USANDO A INOVAÇÃO EXTERNA DENTRO DA EMPRESA

Uma ideia-chave no livro *Inovação Aberta* é a noção de que "nem todas as pessoas inteligentes trabalham para você". Em vez disso, o conhecimento útil está cada vez mais espalhado em empresas de todos os tamanhos e em muitas partes do planeta. Informações mais recentes, que surgiram depois de esse livro ter sido publicado, continuam a sugerir uma maior igualdade de condições para a atividade de inovação industrial. Dados sobre os Estados Unidos reunidos pela National Science Foundation, na Tabela 2-1, mostram que as pequenas empresas (definidas aqui como as que possuem menos de 1 mil funcionários) continuam a aumentar sua participação nos gastos totais em P&D da indústria, contribuindo com quase 25% dos gastos totais em 2001. As grandes organizações (definidas aqui como as que possuem mais de 25 mil funcionários) viram a sua participação coletiva na P&D industrial cair para menos de 40% dos gastos totais nesse mesmo ano. Como mostra a tabela, verifica-se um aumento, mesmo em relação ao levantamento anterior, que divulgou a atividade de gastos em 1999 e que foram os dados que utilizei em *Inovação Aberta*.

Esses dados e outros, tais como o crescimento do emprego nas pequenas empresas comparado ao emprego nas grandes instituições, combinam-se para sugerir que as condições para a inovação estão ficando mais niveladas. Colocando de forma diferente, existe menos economia de escala na P&D do que havia uma geração atrás.[2] Essas condições mais niveladas têm implicações poderosas na organização da inovação. Em um ambiente mais distribuído, onde as organizações de todos os tamanhos possuem tecnologias potencialmente valiosas, as empresas fariam bem se usassem bastante as tecnologias externas.

Até aqui, tudo bem. Mas não é uma mudança fácil de as empresas fazerem. Um desafio que toda empresa deve encarar ao se tornar mais aberta é a resistência interna às inovações e tecnologias externas. Esta resistência interna é conhecida há muito tempo como síndrome do "não foi inventado aqui" (NIA).

Tabela 2-1 Gastos industriais em P&D nos Estados Unidos pelo tamanho da empresa nos anos de 1981 a 2001

	1981(%)	1989(%)	1999(%)	2001(%)
Menos de 1.000 funcionários	4,4	9,2	22,5	24,7
1.000 – 4.999 funcionários	6,1	7,6	13,6	13,5
5.000 – 9.999 funcionários	5,8	5,5	9,0	8,8
10.000 – 24.999 funcionários	13,1	10,0	13,6	13,6
Mais de 25.000 funcionários	70,6	67,7	41,3	39,4

Fonte: 2001: National Science Foundation, Division of Science Resources Statistics, "Research and Development in Industry: Science & Engineering Indicators – 2004", table 4-5. Anos anteriores: Henry Chesbrough, Inovação Aberta (Bookman, 2011), 48, citando relatórios anteriores da National Science Foundation provenientes de sua unidade Resource Studies.

A síndrome do NIA se baseia, em parte, em uma atitude de xenofobia: não podemos confiar nisso porque não partiu de nós e, portanto, é diferente de nós. E ainda existem componentes mais racionais que poderiam induzir os funcionários a rejeitarem as tecnologias externas.

Gerenciando o risco nos projetos internos de P&D

Um dos componentes é a necessidade de gerenciar o risco na execução dos projetos de P&D, especialmente quando o tempo de ciclo para completar o projeto acelera. Quando isso ocorre, há menos tempo para avaliar as tecnologias externas e incorporá-las nesse projeto. Mais sutilmente, quando os projetos andam depressa, os líderes de projeto procuram minimizar o risco de resultados inesperados. As tecnologias de fonte interna já colocam risco suficiente na probabilidade de que um projeto venha a cumprir o seu cronograma de entrega. As tecnologias de fonte externa, provenientes de uma ampla variedade de fontes sobre as quais se sabe muito menos (em comparação com as tecnologias geradas internamente), podem aumentar bastante o risco percebido para o projeto. Assim, uma tecnologia de fonte externa pode ter o mesmo tempo médio estimado para ser concluída, mas pode ter uma faixa mais ampla, ou variação, nesse tempo estimado em comparação com uma tecnologia criada internamente.

Um desafio mais sutil é o impacto das ações subsequentes da equipe interna se (e quando) as tecnologias externas forem usadas e se provarem altamente eficientes. Nesse caso, o sucesso global do projeto pode ser aumentado pela inclusão da tecnologia externa. Mas os executivos principais na empresa poderiam inferir dessa experiência que essa não necessita de uma equipe interna de P&D tão grande para realizar o *próximo* projeto e que esse próximo projeto também deveria confiar mais na tecnologia externa. Nesse caso, o sucesso do projeto no curto prazo poderia ocorrer em detrimento da quantidade de pessoas alocadas em P&D no longo prazo e do financiamento interno da pesquisa. Logo, a equipe de projeto se confronta com uma situação de risco na qual tem toda a responsabilidade na hipótese de insucesso da tecnologia externa. No entanto, a organização interna de P&D pode incorrer em custos de longo prazo se o uso da tecnologia externa obtiver sucesso.

Superando a síndrome do "não foi inventado aqui"

Como as empresas superam esses desafios? Provavelmente será mais fácil se for uma empresa jovem e de crescimento rápido, em uma indústria que muda com muita rapidez. Este contexto de crescimento rápido significa que não há risco de os funcionários internos perderem o lugar devido à incorporação de tecnologias externas, porque a empresa optou por não montar tal equipe em primeiro lugar. Os fundadores da Intel, por exemplo, eram constantemente lembrados de sua experiência anterior com laboratórios de pesquisa não interconectados em seu empregador anterior, a Fairchild. Conscientemente, eles optaram por crescer o máximo possível com o mínimo de investimento necessário em pesquisa.[3] Mais recentemente, a Dell inova de forma intensa com as invenções de outras empresas, em vez de manter um grande laboratório interno de P&D. De modo semelhante, a Cisco Systems desenvolveu e refinou um modelo de "A&D" (adquirir e desenvolver), em vez da P&D tradicional. Essas empresas cresceram enquanto se baseavam na tecnologia externa, portanto, há pouco ou nenhum risco para as suas organizações de P&D internas explorarem a tecnologia externa.

E as empresas mais antigas e tradicionais? Como elas superam esses desafios? Um caso interessante é o da Air Products, um fornecedor industrial de gases utilizados pelas fábricas. Essa empresa venceu esses desafios mudando fundamentalmente o seu modelo de negócio. Antigamente, a Air Products era paga pelo vagão de gases industriais que entregava aos seus clientes. Uma vez entregue a carga, a empresa recebia por isso, e como os clientes usavam esses gases não era seu problema.

Mais recentemente, a Air Products alterou seu modelo de negócio a fim de assumir a responsabilidade pelo fornecimento de gases industriais diretamente no chão de fábrica. Se houvessem vazamentos ou se os gases fossem usados de maneira ineficiente, a empresa receberia menos dinheiro de seus clientes. Agora, ela tinha um incentivo comercial forte para aplicar o seu *know-how* considerável no manuseio adequado dos gases a fim de aumentar a eficiência do uso que seus clientes fazem dos produtos. Além disso, quaisquer ideias que pudessem aumentar o uso de seus gases elevaria os pagamentos da Air Products – independente do fato de essas ideias terem partido da própria empresa ou de outras pessoas.

Lidando com o contexto na superação da síndrome do "não foi inventado aqui"

O contexto no qual é apresentada a abordagem da inovação aberta dentro da empresa também afeta o nível de resistência interna. Empresas grandes e maduras só podem adotar uma estratégia de tecnologia mais orientada para fora depois de a estratégia orientada para dentro ter sido considerada um fracasso. Normalmente, para que o fracasso seja percebido é necessário haver uma redução significativa da quantidade de pessoas alocadas em P&D. Ocorridas essas demissões, a equipe interna (remanescente) consegue perceber que, a menos que seja encontrada uma abordagem de P&D mais bem-sucedida, suas próprias posições podem estar em risco. Nesse caso, o ponto de referência para a equipe interna de P&D foi desviado pelas demissões recentes. Como a experiência recente sugere ser improvável que a empresa volte para uma abordagem de P&D majoritariamente interna, há muito menos a perder com a adoção de tecnologia externa.

Neste contexto, surgiram dois casos importantes citados em *Inovação Aberta*: IBM e P&G. No caso da IBM, a empresa trabalhava com um modelo de inovação bastante integrado verticalmente e voltado para dentro, desde o início do Sistema 360. O deslocamento da IBM em direção a uma abordagem bem mais aberta e menos integrada verticalmente veio com a chegada do presidente Lou Gerstner. Entretanto, antes de Gerstner se tornar presidente, a IBM divulgou o que foi, naquela época, o maior volume de demissões da sua história corporativa. Isso mudou drasticamente a cultura anterior de foco interno em direção à inovação, uma vez que muitas das pessoas que foram demitidas compunham a organização de P&D. Quando a IBM começou a adotar uma abordagem mais aberta, isso foi feito de uma vez só, em um momento no qual a organização havia reconhecido que o *status quo* anterior não era mais sustentável.[4]

A adoção da inovação aberta por parte da Procter & Gamble também foi precedida imediatamente por uma demissão significativa em sua organização de P&D (embora tenha sido muito menos volumosa que a demissão na IBM). A P&G havia iniciado uma campanha de crescimento em 1990, visando a dobrar sua receita até o ano 2000. Quando chegou este ano, a organização ainda estava aquém de sua meta e muitas pessoas falaram de um "hiato de crescimento da ordem de 10 bilhões de dólares". A P&G cortou significativamente seus gastos e demitiu uma grande quantidade de pessoas. Depois dos cortes, a P&G disse conscientemente ao seu pessoal de P&D que o seu desvio para o que chamava de Conectar e Desenvolver não levaria a mais cortes de pessoal. Em vez disso, a modificação nos modelos de inovação foi posicionada para permitir que a P&G gerasse mais inovação com os recursos de P&D (recentemente reduzidos) em mãos.[5] Essa mudança teria sido recebida de maneira bem diferente pela organização interna de P&D se o Conectar e Desenvolver tivesse sido lançado *antes* das demissões do pessoal de P&D da P&G.

OFERECENDO FORA DA EMPRESA AS TECNOLOGIAS NÃO UTILIZADAS

Outro aspecto da abertura do modelo de negócio se origina quando se olha para o processo de inovação a partir da outra extremidade, onde as empresas optam por implantar determinadas tecnologias internas e comercializá-las, ao mesmo tempo em que deixam de usar um grande conjunto de ideias e tecnologias internas. Um dos pequenos segredos dos processos de inovação mais tradicionais é que muitas ideias e tecnologias desenvolvidas na empresa jamais são usadas dentro ou fora dela.

Por que se preocupar com essas ideias não utilizadas? Por várias razões. Primeiro, as ideias não utilizadas são um desperdício de recursos corporativos.

Segundo, essas ideias desmoralizam a equipe que as criou. Terceiro, elas confundem e congestionam o seu sistema de inovação, desacelerando-o. Quarto, disponibilizar externamente as ideias não utilizadas gerará conhecimento a respeito do mercado ou oportunidades técnicas que jamais surgiriam se essas ideias ficassem retidas na empresa. Por último, se as ideias forem retidas por tempo demais, podem encontrar uma saída por conta própria, vazando para uma outra empresa ou, ainda, um grupo interno de pessoas pode levá-las por conta própria.

Razões para as ideias e tecnologias não utilizadas

As ideias não utilizadas são abundantes em muitas empresas. Quando a Procter & Gamble fez um levantamento de todas as patentes que possuía, descobriu que aproximadamente 10% delas eram usadas ativamente em pelo menos um dos negócios da empresa, e que muitas das 90% restantes não tinham qualquer valor comercial para a P&G.[6] A Dow Chemical se submeteu a uma ampla análise da sua carteira de patentes, começando em 1993.[7] Naquele ano, cerca de 19% das patentes da Dow era utilizada em um de seus negócios, enquanto outros 33% tinham algum uso defensivo potencial ou aplicação comercial futura. As patentes restantes estavam sendo licenciadas para terceiros (23%) ou simplesmente não estavam sendo utilizadas de qualquer maneira identificável (25%). No típico processo de desenvolvimento farmacêutico, uma empresa deve fazer a triagem de centenas, ou mesmo milhares, de compostos patenteados até encontrar um único componente que entre no processo e chegue ao mercado.[8] Sob uma perspectiva ingênua, parece um desperdício criar e desenvolver uma grande quantidade de tecnologias e depois usar somente uma pequena fração delas de alguma maneira.

A conexão com o modelo de negócio. A razão para os baixos níveis de utilização é que muitas empresas mantêm conscientemente a parcela de pesquisa do seu processo de P&D apenas ligeiramente vinculada ao seu modelo de negócio.[9] Como argumentei no Capítulo 8 de *Inovação Aberta*, a maioria das empresas possui um processo bastante descentralizado para determinar em que projetos a equipe de pesquisa vai trabalhar e que invenções serão feitas, além de um processo similarmente descentralizado para decidir se vai ou não requerer a patente dessas invenções. Muitos departamentos de P&D recrutam pessoal prometendo aos interessados liberdade na pesquisa que farão e, muitas vezes, competem com as universidades na contratação dessas pessoas. Assim, essas organizações limitam conscientemente a vinculação do resultado da pesquisa com o modelo de negócio.

Além disso, os gestores de P&D usam frequentemente a quantidade de patentes geradas por um pesquisador ou organização de P&D como uma métrica para avaliar a produtividade dessa pessoa ou organização. De modo similar, algumas organizações de P&D consideram a quantidade de publicações geradas pelo seu pessoal como uma outra medida de produtividade.[10] Previsivelmente, quando uma companhia recompensa a quantidade de patentes ou trabalhos publicados produzidos, a organização de P&D responde gerando um grande número de patentes ou trabalhos publicados, mal considerando a sua relevância comercial.

Desconexões orçamentárias no modelo de negócio. Levando esse ponto mais adiante, pode haver uma desconexão orçamentária entre o grupo de pesquisa e desenvolvimento, de um lado, e a unidade de negócio, do outro. Para verificar isso, examine a Figura 2-1.

Nessa figura, a P&D produz resultados de pesquisa e funciona como um centro de custo. Normalmente, é como essas organizações são financiadas, visto que não vendem seus resultados diretamente e porque é difícil estimar quanto dinheiro será necessário para que um determinado projeto seja bem-sucedido. Em vez disso, as empresas determinam uma quantidade de fundos que possam manter ao longo do tempo e que possa ser dedicado às tarefas de P&D. O gestor da unidade de P&D, por sua vez, deve decidir quantos projetos apoiar com os fundos que possui nesse período. Não é bom para ele ultrapassar o orçamento, pois a organização pode não ter capacidade para sustentar as despesas adicionais. Também não é bom para ele ficar muito abaixo do orçamento anual, pois isso pode sugerir que o orçamento do próximo ano também poderá sofrer uma redução. Então, o gestor tenta desenvolver quantos projetos puder, ficando sujeito à restrição orçamentária.

Por outro lado, o cliente da unidade de negócio interna é gerenciado com base no Lucro e Perda (L&P). Em geral, a unidade de negócio vende seus resultados aos clientes e a concessão a cada unidade de negócio de seu próprio L&P permite que esse gerente de negócios faça o melhor uso dos recursos a fim de maximizar os lucros da empresa. Esse gerente deseja comprar barato e vender caro. Então, o gestor da unidade de negócio quer que o projeto de P&D proveniente do seu "fornecedor" interno seja o mais desenvolvido possível. Isso

Função	Pesquisa e desenvolvimento	Unidade de negócio	Vendas
Mecanismo orçamentário	Centro de custo	Centro de lucro	Cotas

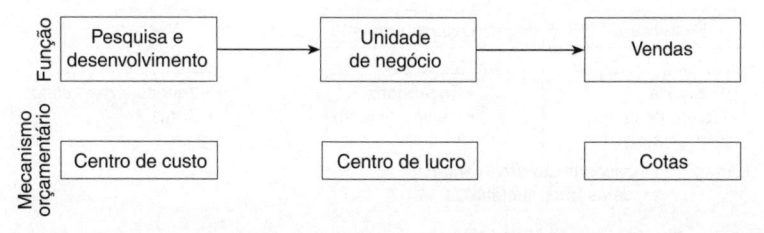

Figura 2-1 Um modelo de desconexão orçamentária entre P&D e a unidade de negócio.

reduz os custos adicionais para o gestor antes de usar a tecnologia no negócio, e também diminui qualquer risco para a lucratividade do negócio durante esse período.

Agora, o terreno está preparado para a desconexão orçamentária entre as duas funções. O gestor de P&D quer mergulhar de cabeça no projeto tão logo as publicações de patentes tenham sido geradas. O desenvolvimento subsequente dentro do orçamento de P&D desaloja outros projetos mais novos que têm um maior potencial para gerar novas patentes e publicações. Logo, o gestor de P&D será incentivado a transferir o projeto para a unidade de negócio. Nesse ínterim, o gestor da unidade de negócio é incentivado a esperar o máximo possível antes de assumir o orçamento suplementar do projeto de P&D em seu L&P.

A solução para essa desconexão orçamentária é implantar um armazenamento temporário entre a operação de P&D e a unidade de negócio, como mostra a Figura 2-2. Esse armazenamento temporário atua em prol do projeto de P&D até o momento em que a unidade de negócio esteja pronta para investir em sua aplicação subsequente dentro do negócio. Isto permite que o gestor de P&D passe para o próximo projeto, sem exigir que o gerente da unidade de negócio comprometa mais fundos de seu L&P até julgar que seja benéfico.

Ao mesmo tempo que isso soluciona o problema local de cada gerente, do ponto de vista de sistema isso leva muitos projetos de P&D a se empilharem no armazenamento temporário.

Muitas vezes, esses projetos são classificados como "na prateleira", porque não são mais perseguidos ativamente pela organização de P&D nem estão sendo realmente utilizados pela unidade de negócio.

Como esse desafio pode ser superado? Algumas organizações de pesquisa obtêm uma porcentagem significativa dos seus fundos a partir de contratos com suas unidades de negócio internas. Esses contratos tendem a ser bem específicos e de médio prazo, e os resultados têm chance de serem utilizados pelas unidades de negócio que pagam diretamente por eles. Mas outros fundos para as mesmas organizações de pesquisa são provenientes de uma alocação

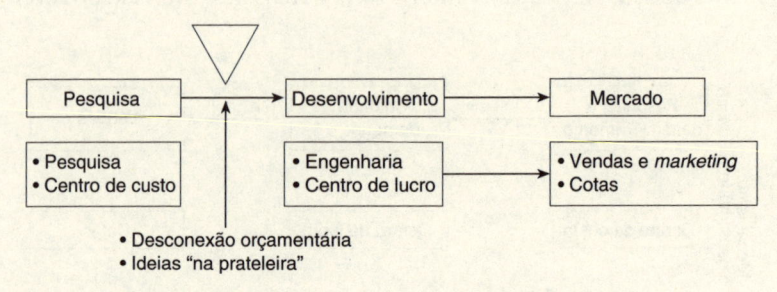

Figura 2-2 Desvinculando a P&D da unidade de negócio.

corporativa de fundos (que é gerada a partir de um "imposto" sobre todos os negócios dentro da empresa). Esses fundos corporativos não estão vinculados a qualquer objetivo específico da unidade de negócio e são alocados a projetos de longo prazo cujos resultados podem beneficiar vários negócios. Ainda assim, outros fundos de pesquisa vêm de contratos de pesquisa governamentais. Esses fundos tendem a ser analisados por acadêmicos e, portanto, podem ter pouca ou nenhuma relevância para alguma atividade de unidade de negócio na empresa.

Na organização de P&D da IBM, a companhia procura estabelecer contratos de pesquisa entre as suas unidades de negócio e as equipes de pesquisa para estimular uma conexão mais forte entre as metas comerciais e os resultados dos pesquisadores. Embora isso tenha ajudado a aumentar a utilização comercial dos resultados da pesquisa na IBM, não é uma solução completa para o problema. Para uma, as unidades de negócio têm uma noção clara de suas necessidades nos próximos um ou dois anos, mas tem uma percepção muito mais limitada de suas necessidades em um período mais longo. Para outra, muitos resultados de pesquisa são aplicáveis em várias áreas, algumas das quais podem não ser abordadas por uma única unidade de negócio – pelo menos não ainda.

Barreiras para o maior uso externo das ideias internas não utilizadas

A análise precedente sugere que os processos de P&D estão pouco associados com os modelos de negócio das empresas, resultando em uma quantidade substancial de tecnologias subutilizadas ou não utilizadas nessas empresas. Isso leva a uma segunda pergunta: o que impede as empresas de permitirem que outras usem essas tecnologias que vêm exibindo um mau desempenho em seus negócios?

Influências do modelo de negócio atual. Uma questão é as empresas pensarem que se elas não conseguem encontrar um uso rentável para a sua tecnologia, ninguém mais conseguirá. Se as empresas fossem verdadeiramente objetivas em suas avaliações, isso poderia ocorrer. Mas, provavelmente, a visão interna do potencial da tecnologia é influenciada pelo modelo de negócio da empresa. Uma visão externa do valor da tecnologia pode ser mais imparcial (se for menos informada, ao menos inicialmente) do que a visão interna. Porém, por si só, essa análise sugeriria um mercado potencialmente substancial para as tecnologias subutilizadas. Afinal, quando os compradores têm avaliações mais altas dos projetos do que os vendedores, esses vendedores podem encontrar uma transação mutuamente benéfica que venda esses projetos para a parte com a avaliação mais alta.

Uma segunda preocupação pode ser a escolha adversa. Os compradores podem temer que os vendedores de tecnologias subutilizadas venham a oferecer apenas as que são "ruins". Esse temor presume que ambas as partes são racionais e imparciais, situação na qual o vendedor (que tem mais informações prévias) terá inevitavelmente uma vantagem sobre o comprador. Mas, a lógica dominante do modelo de negócio da empresa sugere realmente uma consideração de compensação. Enquanto as empresas que vendem possuem informações prévias significantes sobre um projeto de tecnologia, essa informação será interpretada dentro do contexto do modelo de negócio da empresa. Se o comprador tiver ou puder identificar um modelo de negócio muito diferente para essa tecnologia, a avaliação do comprador em relação ao projeto pode ser bastante diferente da avaliação do vendedor. Colocando em outros termos, o comprador pode enxergar uma oportunidade que o vendedor não tenha percebido, uma vez que esse comprador tem em mente um modelo de negócio diferente do que possui o vendedor.

Como exemplo, considere a experiência do Xerox Parc com seus muitos projetos tecnológicos *spin-offs*.[11] Identifiquei 35 projetos que saíram da Xerox depois que o financiamento para o trabalho terminou. A companhia julgou que havia pouco ou nenhum valor adicional a ser obtido com a continuidade desse trabalho. Em 30 dos 35 projetos, até concedeu uma licença para a tecnologia da nova empresa criada, então a maioria das separações foi de partidas conscientemente gerenciadas, e não de omissões inadvertidas. Em 24 dos 35 projetos, houve pouco sucesso comercial após a separação. Mas 11 desses projetos, cada qual desenvolvido sob um modelo de negócio diferente do que tem a Xerox, passaram a ter um valor substancial. O valor de mercado coletivo das empresas que surgiram desses 11 projetos ultrapassou em duas vezes o valor de mercado total da companhia. Penso que as estimativas da Xerox sobre o valor desses projetos foi influenciada pelo seu modelo de negócio. Em entrevistas diretas, muitos dos participantes desses eventos reconheceram que jamais sonharam que alguns desses projetos se tornariam tão valiosos.

Não é vendido aqui. Outras barreiras para uma utilização maior da tecnologia não utilizada também podem estar ocultas. Pode haver um análogo comportamental da síndrome do NIA existente nas unidades de negócio o qual classifico como vírus "não é vendido aqui" (NVA). Este é um vírus que argumenta que se não vendemos algo, ninguém venderá. Está enraizado na percepção superficial de que se a nossa organização não consegue encontrar valor suficiente na tecnologia, é altamente improvável que alguém mais consiga. Em um nível mais profundo, porém, o vírus NVA visa a evitar a concorrência com entidades externas para acessar a tecnologia interna. A maior parte das unidades de negócio usufrui de uma posição de monopsônio em relação aos fornecedores de sua unidade de P&D. Como eles têm direitos exclusivos sobre a tecnologia, podem adiar custos e atrasar compromissos com ela, sem incorrer em sanções à sua unidade por ter esperado mais tempo para usá-la.

Permitir o maior uso externo das tecnologias não utilizadas altera o cálculo da unidade de negócio. Suponhamos que uma unidade de negócio opte por não incorporar uma tecnologia e que, agora, a empresa tenha um processo que dá às outras a chance de empregar essa tecnologia. A unidade de negócio enfrenta um custo latente prévio por causa da espera: se ela própria não usa a tecnologia, poderia perdê-la para uma organização externa. Sob a inovação aberta, as unidades de negócio internas têm algum intervalo de tempo definido durante o qual reivindicam a tecnologia. Depois de expirado esse intervalo, a tecnologia é disponibilizada para outras empresas.[12] Dependendo de quem for essa empresa externa, a unidade de negócio interna pode ter até mesmo que competir com essa tecnologia no mercado. Pior ainda (pela perspectiva da unidade de negócio), o uso externo da tecnologia poderia revelar o valor previamente não percebido dessa tecnologia, deixando a unidade de negócio em uma posição embaraçosa de explicar por que não conseguiu usar essa tecnologia aparentemente valiosa. Um outro desafio se apresenta: se a tecnologia for licenciada externamente, a corporação pode "ganhar" por meio de uma receita de licenciamento adicional, mas a unidade de negócio pode "perder" com a competição adicional em seu mercado. Muitas empresas concluem que os mecanismos *inside-out** são apenas uma abstração, tendo pouco valor estratégico. Os acontecimentos, porém, não apoiaram essa conclusão, pois algumas empresas estão ganhando dinheiro de verdade com essa "abstração".[13]

Outros aspectos a se considerar na equação *inside-out*

Para superar o vírus NVA também serão necessárias outras ações. Será preciso prestar atenção particularmente nas pessoas envolvidas com o processo de inovação e ao investimento permanente necessário para apoiar a inovação.

Alinhando os incentivos para o maior uso externo das ideias. Uma maneira de vencer o NVA é desenvolver mecanismos que a empresa possa empregar para alinhar os incentivos dentro da unidade de negócio, a fim de que se aproximem mais dos incentivos globais da empresa. A GE e a IBM, por exemplo, disponibilizam muitas tecnologias para uso externo. Elas controlam a resistência comercial interna a esse uso dividindo quaisquer receitas de licenciamento ou participação no capital de uma tecnologia com a unidade de negócio associada a essa tecnologia. Logo, o L&P da unidade de negócio não só assume

---

* N. de T.: *Inside-out*: de dentro para fora; mecanismos para levar as tecnologias para fora da empresa.

o risco de competir com a tecnologia no mercado (com isso, impactando negativamente o L&P da unidade), mas também recebe o crédito pela receita de licenciamento ou participação no lucro da tecnologia em seu L&P (aumentando assim a receita e o lucro do L&P da empresa).

O custo humano das ideias e do conhecimento não utilizados. Há um argumento adicional e mais humano para permitir o maior uso externo das tecnologias não utilizadas. As empresas nas quais o NVA é dominante provavelmente frustram o seu pessoal de P&D, pois muitas ideias nas quais essas pessoas trabalham jamais são implantadas no mercado. Na verdade, é muito comum que um pesquisador da indústria farmacêutica nunca veja um de seus projetos chegar ao mercado, mesmo ao longo de 30 anos de carreira, pois a taxa de desgaste dos compostos é muito alta. Isto é um enorme desperdício de talento humano e deve afetar muito a iniciativa de qualquer pessoa. Assim, as pessoas capazes de vencer o NVA começam a viabilizar outros caminhos para suas ideias internas chegarem ao mercado, e esse forneça um *feedback* sobre as ideias. Isso ajuda os pesquisadores a verem suas ideias em ação em todo o mundo, mesmo que elas não sejam empregadas nos produtos da própria empresa. Isso também proporciona novas fontes de *feedback* para o pesquisador a respeito de como melhorar essas ideias. Algumas dessas melhorias um dia podem ser aproveitadas em produtos da própria companhia. Isso é uma atitude inteligente e de interesse próprio as empresas deixarem que mais ideias fluam para fora delas.

A importância permanente da P&D interna. Se é tão útil alavancar a tecnologia externa e se o fato de permitir que as ideias não utilizadas saiam da organização pode criar tais resultados positivos, alguém poderia perguntar por que se preocupar com a P&D interna em primeiro lugar? Embora tenham sido escritos alguns artigos acadêmicos úteis para responder a essa pergunta, a resposta básica é bem simples.[14] Você não consegue ser um consumidor bem informado sobre as ideias e a tecnologia externas se não tiver pessoas muito astutas trabalhando em sua organização. Nem todas as pessoas inteligentes trabalham para você, mas ainda precisa de pessoas inteligentes para identificar, reconhecer e alavancar o trabalho de outras pessoas fora de sua empresa.

Existem benefícios adicionais provenientes da P&D interna no contexto da inovação aberta. Um deles é que o seu pessoal inteligente pode preencher as lacunas no que as outras pessoas estão fazendo e chegar à solução que a sua empresa necessita para um problema importante de seus clientes. Um outro benefício mais sutil é que seu pessoal inteligente pode forjar o conhecimento das arquiteturas e sistemas capazes de organizar e direcionar o trabalho das outras pessoas. Isso será mais discutido no modelo de negócio do tipo 6, no Capítulo 5.

ALAVANCANDO A INOVAÇÃO ABERTA EM UMA EMPRESA *START-UP*

Nas grandes empresas, a inovação aberta está relacionada a comprar ou vender tecnologias e sua PI associada é parte do modelo de negócio. Nas pequenas empresas, normalmente há menos PI para comprar ou vender. Embora as pequenas empresas ainda possam comprar ou vender PI, para elas a inovação aberta envolve, com mais frequência, a colaboração e o compartilhamento de tecnologia e PI com outras partes do modelo de negócio. Os dois estudos de caso a seguir examinam um problema particular e especialmente sério para os modelos de negócio das pequenas empresas: como atrair clientes, capital e empregados enquanto são preservadas as informações mais sensíveis.

GO: Você consegue ser muito aberto?

Provavelmente, para uma empresa pequena é ainda mais importante gerenciar a inovação. Porém, as empresas pequenas se deparam com um dilema: por um lado, elas devem proteger suas ideias e tecnologias o quanto puderem de modo que as empresas maiores e com mais recursos não as roubem; por outro lado, elas precisam levantar capital, contratar empregados e atrair clientes para sobreviver e crescer. Esta última influência exige que elas revelem uma boa parte de suas ideias, tecnologias e planos antes de tomarem atitudes para proteger suas ideias. É um desafio encontrar o equilíbrio justo.

Uma empresa de *software start-up* que (com a ajuda da imprevidência) cometeu o erro de revelar coisas demais foi a GO Corporation. Essa companhia desenvolveu um sistema operacional para computadores pessoais com base em caneta ótica chamado de PenPoint. Ela foi fundada em 1987 por Jerrold Kaplan, chefe de tecnologia na Lotus, e foi financiada pela Kleiner Perkins Caufield & Byers, uma importante empresa de capital de risco.

Embora a GO fosse um empreendimento inicialmente promissor, seu produto nunca se estabeleceu amplamente. A companhia acabou sendo adquirida pela AT&T e posteriormente fechada. Apesar de a maioria das empresas de *software* fracassadas ficarem confinadas à obscuridade, Kaplan escreveu e publicou um livro sobre a experiência da GO chamado *Startup*.[15] Este livro fornece uma fascinante perspectiva interna da luta da GO para lidar com seu dilema. A história da companhia é variada e complexa. Com a ajuda da imprevidência, porém, a GO escolheu um modelo de negócio que exigia dela ser aberta demais para as pessoas erradas.

A GO enfrentou o problema de muitas empresas de *software start-ups*, ou seja, a necessidade de atrair companhias externas (clientes, fornecedores e vendedores de aplicativos de *software* de terceiros) para apoiar sua tecnologia. Em particular, a empresa precisava recrutar desenvolvedores de *software* para criar aplicativos que usassem o seu sistema operacional PenPoint. Como a Microsoft era o maior desenvolvedor de aplicativos tanto para o Windows quanto para o Macintosh, a GO se reuniu intensamente com a Microsoft a fim de estimulá-la a desenvolver aplicativos para o seu sistema operacional PenPoint. Para proteger o negócio da GO, as duas empresas se reuniram após a Microsoft assinar um acordo de confidencialidade com a GO.[16]

Ganhar o apoio da Microsoft para o sistema operacional PenPoint tinha ramificações estratégicas vitais. Se a Microsoft desenvolvesse aplicativos para o PenPoint, outros desenvolvedores de *software* teriam mais probabilidade de desenvolvê-los também. Os potenciais consumidores também teriam mais chance de comprar o PenPoint, uma vez que poderiam esperar que surgissem mais aplicativos para essa plataforma.

Porém, a GO não conseguiria o apoio da Microsoft sem revelar uma grande quantidade de informações de sua propriedade. O próprio Bill Gates passou um dia inteiro na GO, junto com um engenheiro, examinando detalhadamente a tecnologia, a estratégia de produto e os planos de negócios da GO. O colega de engenharia de Gates voltou mais tarde para participar de reuniões adicionais com o pessoal da GO. Entretanto, em vez de criar aplicativos para o sistema operacional PenPoint da GO, a Microsoft preferiu lançar o seu próprio sistema operacional concorrente, o PenWindows, seis meses mais tarde. Para surpresa da GO, a iniciativa do PenWindows foi encabeçada pelo mesmo engenheiro da Microsoft que havia visitado a empresa nas ocasiões anteriores!

O erro da GO foi fatal, visto que a Microsoft não era apenas um desenvolvedor de aplicativos. Em primeiro lugar, o modelo de negócio da Microsoft fez que ela se concentrasse em liderar a indústria de sistemas operacionais. Os eventuais benefícios que a Microsoft poderia ter obtido com a venda de aplicativos para um novo segmento de mercado de computadores baseados em caneta ótica foram ofuscados pela ameaça ao seu domínio sobre o mercado de sistemas operacionais para PC. A entrada da Microsoft no segmento de computação baseada em caneta ótica "congelou" muitos desenvolvedores de *software* que poderiam ter dado suporte à GO e levou os clientes potenciais a esperar para ver como seria o PenWindows. Isso custou à GO uma tremenda perda de impulso e acabou afundando a empresa.

Surge a questão: por que a GO não processou a Microsoft por se apropriar de suas ideias? Ela pensou seriamente em fazê-lo, mas teve de encarar a realidade de sua proteção de PI e de seus recursos limitados. A proteção de uma empresa de *software* se limita ao código real usado em um produto, e não fornece proteção para o conceito global e os algoritmos. Presumivelmente, a Microsoft não usou o próprio código da GO em seu produto, assim, não houve uma verdadeira transgressão da lei.[17]

Collabra: um modelo de negócio de empresa *start-up* com abertura estratégica

Uma outra empresa de *software* lançada poucos anos depois, a Collabra, sem dúvida, foi mais competente em descobrir como e para quem se abrir. Essa companhia foi fundada em abril de 1993 e adquirida pela Netscape dois anos e meio depois, em outubro de 1995, pela quantia de 107 milhões de dólares. Assim, fica difícil estudar de maneira retrospectiva essa empresa *start-up*, porque normalmente suas experiências se perdem depois da integração com uma empresa maior. Contudo, com a cooperação de Eric Hahn, diretor executivo e fundador da Collabra, tive acesso a todos os acordos de confidencialidade (AC) da Collabra, do momento da fundação da empresa até sua aquisição.[18] Isso me deu a rara oportunidade de reconstruir a abordagem da empresa no compartilhamento e na proteção de suas ideias.

A empresa desenvolveu um *software* para que muitos usuários colaborassem em conjunto na criação e edição de documentos. Embora fundamentado em uma abordagem técnica diferente, o produto concorria diretamente com o Lotus Notes e proporcionava uma funcionalidade semelhante ao *software* Notes (apesar de o Notes ser um programa maior e mais sofisticado).

Ao todo, os executivos da Collabra executaram 195 ACs, desde a formação inicial da Collabra em abril de 1993 até a sua aquisição pela Netscape em outubro de 1995.[19] A Figura 2-3 mostra o número de ACs assinados em relação aos principais anúncios da empresa.

Embora a Collabra tenha sido fundada formalmente em abril de 1993, na verdade o fundador executou alguns ACs antes da incorporação formal da

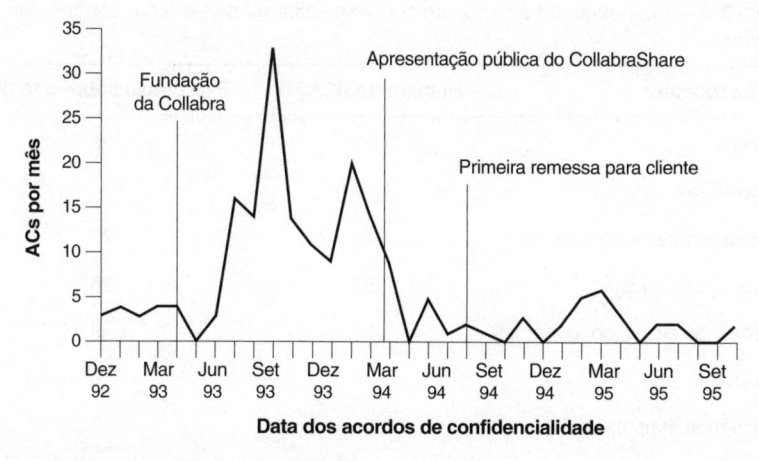

Figura 2-3 Histórico de ACs da Collabra.

empresa. Durante os 12 meses seguintes à sua incorporação, a companhia ficou em modo fantasma, quando manteve deliberadamente um baixo perfil público. Como mostra o gráfico, porém, esse período fantasma também foi aquele em que a empresa assinou a maior quantidade de ACs. O primeiro produto foi apresentado em março de 1994 e comercializado em julho do mesmo ano. Houve relativamente poucos ACs assinados depois desse ponto, até que a companhia foi adquirida pela Netscape em outubro de 1995.

A Tabela 2-2 mostra os resultados que classificam esses ACs para cada um dos grupos receptores.

A Collabra era realmente muito aberta com seus clientes. Como mostra a tabela, os principais receptores dos ACs eram clientes que executaram 26% dos ACs no conjunto de dados. A empresa também era muito aberta com os desenvolvedores de *software* terceirizados, os quais executaram 22% dos ACs. Os fornecedores assinaram 16% dos ACs. Assim, quase dois terços dos acordos no conjunto de dados foram para organizações externas que precisaram fazer investimentos complementares a fim de apoiar o produto da Collabra. Esta sabia, por sua vez, que seu próprio valor seria aumentado se os clientes comprassem seu produto e se terceiros fizessem seus próprios investimentos para desenvolver produtos que aumentassem o valor da Collabra. Ela também sabia que devia tomar cuidado ao compartilhar ideias, mesmo com amigos e colegas de trabalho. Então, a empresa obrigou essas pessoas a assinarem ACs antes de lhes contar o que estava fazendo. Os amigos informais e os associados foram o terceiro maior grupo receptor, recebendo 39 ou 20% de todos os ACs. Os funcionários receberam 7% dos ACs, enquanto o grupo geral de imprensa/analistas e concorrentes recebeu 9%.[20]

Tabela 2-2 Frequência de acordos de confidencialidade da Collabra por tipo de receptor

Tipo de receptor	Número de ACs	Percentual sobre o total
Clientes	50	26
Fornecedores	32	16
Desenvolvedores terceirizados	43	22
Amigos, associados	39	20
Imprensa, analistas, concorrentes	17	9
Investidores	0	0
Funcionários, empreiteiros	14	7
	195	100%

Fonte: Acordos de confidencialidade da Collabra, 1992-1995.

Uma questão-chave para a Collabra era até que ponto se abrir com a sua concorrente direta, Lotus, e seus potenciais concorrentes, em particular a Microsoft. A Collabra optou por não se abrir para a Lotus. Entretanto, a Collabra se reuniu frequentemente com os clientes e revendedores do Lotus Notes, revelando seus planos sob a proteção de um AC.

A Microsoft foi mais difícil de lidar. A Collabra pensou bastante se abordava a Microsoft e como faria isso. Um de seus gerentes de *marketing* havia trabalhado antes na GO Corporation e conhecia bem a história daquele relacionamento. Obviamente, a Collabra não queria ter o mesmo destino da GO e não desejava que a Microsoft concorresse diretamente com ela.

O inimigo do meu inimigo é meu aliado. Visto que a Collabra estava concorrendo com o Lotus Notes e que desejava obter sucesso na concorrência com essa grande empresa, ela sabia que precisava de alguns aliados. Por essas razões, sentiu que devia encontrar uma maneira de se aliar à Microsoft. A Collabra também sabia que, no curto prazo, a Microsoft também precisaria dela para competir com o Notes. Os próprios esforços da Microsoft nesta área eram morosos. Os produtos da Collabra, quando fossem atrelados aos da Microsoft, aumentariam a credibilidade desta última contra a Lotus, ao mesmo tempo em que a colaboração da Microsoft com a Collabra daria publicidade e credibilidade significativas à empresa *start-up*. Uma aliança com a Collabra significava para a Microsoft ganhar tempo para levar o seu próprio produto ao mercado.

A Collabra estava bem consciente dos riscos que isso implicava e assumiu integralmente que a Microsoft a abandonaria no meio do caminho. Ela também foi cuidadosa ao limitar a divulgação de sua tecnologia tanto para os aliados quando para os concorrentes e, de um modo geral, preferiu trabalhar com representantes de níveis inferiores das empresas em vez dos executivos mais importantes. Os representantes de vendas da Microsoft, por exemplo, eram muito úteis para a Collabra e distantes da sede da Microsoft em Redmond, Washington. Os riscos de ser suplantada pela Microsoft dependiam em parte da rapidez com que a Microsoft introduzia produtos concorrentes no mercado.

Por fim, a Collabra tomou uma decisão pragmática de correr o risco. A Microsoft assinou um AC com a Collabra em 16 de dezembro de 1993, três meses antes da primeira apresentação pública do produto da Collabra em uma conferência industrial. Posteriormente, a Collabra participou de seminários de *marketing* com a Microsoft e se beneficiou da publicidade proporcionada por essa aliança. Até o momento em que seu primeiro produto, o CollabraShare, chegou ao mercado em julho de 1994, a Collabra havia conseguido uma presença significativa em seu mercado em virtude de seus esforços publicitários, incluindo seu *marketing* conjunto com a Microsoft.

Investidores de capital de risco: relutantes em assinar ACs. Um resultado surpreendente é que nenhum investidor assinou qualquer um dos 195 ACs da Collabra, mesmo com a empresa mantendo suas primeiras (e supostamente mais contextualizadas) conversas com potenciais investidores externos, tais como os capitalistas de risco (CRs). Investiguei esse assunto em entrevistas com ex-executivos da Collabra. Disseram-me que os CRs, via de regra, se recusam a assinar tais documentos. Eles dizem que para reunir os investimentos em consórcio com outras empresas de CR é desejável partilhar algumas informações sobre novas oportunidades de investimento promissoras. A reivindicação é que o AC imporia restrições indesejáveis à capacidade de tais investidores criarem consórcios que pudessem investir na empresa.

Discussões com parceiros de capital de risco confirmaram que essa era a sua maneira de agir. Os CRs buscam retornos elevados sobre seus investimentos, embora também procurem consorciar seus investimentos para diluir o risco de qualquer investimento individual. O consorciamento também traz um outro investidor independente para o acordo a fim de julgar os riscos, retornos e o valor do investimento. É uma prática comum, por exemplo, deixar que um novo investidor entre em uma nova rodada de financiamento e defina o preço da ação nessa rodada. Para alcançar esse consorciamento, os CRs trocam informações entre si livremente a respeito de novos investimentos que estejam sendo considerados. Portanto, eles relutam em assinar ACs.[21]

Mantendo a alavancagem simultaneamente com a abertura. Embora os CRs nunca tenham assinado um AC, a Collabra não fechou ou foi forçada a se unir a outra empresa. A empresa fez uma oferta pública de ações e também aventou a possibilidade de ser comprada. Com o tempo, a companhia conseguiu despertar o interesse de três empresas diferentes. Isso exigia o compartilhamento de muito mais informações sobre o negócio da empresa. Além da Netscape, que acabou comprando a Collabra, a Novell e a Microsoft também estavam interessadas. Isso ajudou a pequena empresa a manter algum poder de negociação sobre essas organizações muito maiores. Em outubro de 1995, a Netscape comprou a Collabra por aproximadamente 100 milhões de dólares.

Lições aprendidas com a GO e a Collabra

Empresas pequenas como a GO e a Collabra proporcionam algumas lições importantes sobre o gerenciamento da inovação aberta. Uma das lições é que você pode ficar aberto demais. Se compartilhar as informações erradas com as pessoas erradas, pode destruir a sua empresa. É um erro da parte das pequenas empresas confiar inteiramente em proteções legais formais, apoiadas pelo sistema judicial, a fim de fazer cumprir seus direitos sobre a PI. Os recursos insuficientes de uma companhia pequena limitam a quantidade de proteção que ela tende a receber. Embora as pequenas possam obter o máximo de proteção com a qual possam arcar, nada substitui um bom modelo de negócio na proteção da PI. A GO escolheu um modelo de negócio que colocava a empresa em concorrência direta com a Microsoft na questão dos sistemas operacionais, mas exigia da Microsoft o suporte em aplicativos para que obtivesse sucesso.

A Collabra escolheu um modelo de negócio que competia diretamente com a Lotus e que aproveitava os concorrentes da Lotus (como a Microsoft) para obter sucesso. No modelo de negócio da Collabra, o concorrente do seu concorrente era um aliado confiável, pelo menos no curto prazo. A Collabra conseguiu alguma proteção temporária para suas ideias com a Microsoft, porque sabia que ela se beneficiaria ao trabalhar com uma empresa menor e não por causa da força da sua PI. Além disso, a Collabra sempre manteve uma opção externa, cortejando outros potenciais parceiros estratégicos – fossem eles a Novell, a IBM ou a Netscape –, se a Microsoft não respeitasse a sua PI.

GERENCIAMENTO DA INOVAÇÃO ABERTA: EXIGE UM MODELO DE NEGÓCIO ABERTO

Seja a sua organização grande ou pequena, provavelmente você vai precisar abrir seus processos de inovação. Mas, para fazer isso de forma eficiente, você deve vincular seu modelo de negócio ao seu processo de inovação. As empresas grandes em geral usufruem de modelos de negócio fortes. No entanto, elas se deparam com desafios e riscos que não se apresentam para as empresas pequenas. As grandes organizações com modelos de negócio bem-sucedidos têm dificuldade de modificá-los para explorar as oportunidades da inovação aberta, sem medo de serem copiadas por um inimigo maior. A proteção da PI é uma das várias ferramentas necessárias para obter sucesso em seu modelo de negócio.

No próximo capítulo, examinaremos mais detidamente o ambiente externo que circunda o modelo de negócio da empresa. Antes disso, porém, devemos considerar uma objeção frequente a respeito da ideia de gerenciar a inovação aberta no contexto do seu modelo de negócio: que tal o desenvolvimento de *software* de código aberto?

CÓDIGO ABERTO: UMA TECNOLOGIA BEM-SUCEDIDA SEM UM MODELO DE NEGÓCIO APARENTE

Um dos dogmas principais do meu trabalho anterior, *Inovação Aberta*, é que os modelos de negócio são essenciais para revelar o valor latente de uma tecnologia. Na introdução, o livro afirma que: "não há valor inerente na tecnologia em si. O valor é determinado pelo modelo de negócio utilizado para levá-la ao mercado. A mesma tecnologia levada ao mercado por meio de diversos modelos de negócio resultará em valores diferentes. Uma tecnologia inferior com um modelo de negócio superior muitas vezes vencerá uma tecnologia superior comercializada mediante um modelo de negócio inferior".

O desenvolvimento de *software* de código aberto parece desafiar essa afirmação. O *software* de código aberto é criado sem que qualquer empresa possa impedir que outra use a tecnologia, contanto que observe os requisitos do código aberto. As melhorias no código são disponibilizadas igualmente para todas.

O sucesso do código aberto é simplesmente uma exceção à regra, pois se deve a um tipo diferente de modelo de negócio, ou existe algo fundamentalmente errado nas afirmações feitas em *Inovação Aberta* em relação à importância dos modelos de negócio? Agora, espero mostrar que a evolução do movimento de *software* de código aberto está sendo impulsionada pelo surgimento dos modelos de negócio claros e diferentes que estão se construindo em volta dele e que os considero "modelos de negócio de código aberto".

Software de código aberto: uma introdução (muito) breve

Houve muitos estudos da comunidade de *software* de código aberto, e que variam desde as afirmações entusiasmadas a respeito de seus benefícios (por exemplo, Eric Raymond, *The Cathedral and the Bazaar*) a condenações de sua inovação perniciosa (tal como os comentários de Steve Ballmer, presidente da Microsoft, comparando o Linux a um "câncer").[22] Avaliações mais acadêmicas *software* podem ser encontradas em *The Simple Economics of Open Source*, *Guarding the Commons* e *How Open Is Open Enough?*.[23] Você ainda pode encontrar online listas abundantes de recursos de pesquisa sobre o código aberto.[24] Há também literatura que vai dos blogs aos lugares comuns, como o Slashdot (www.slashdot.org), e aos repositórios de código fonte, como o SourceForge.net.

Em consequência, hoje sabemos bastante a respeito do funcionamento do desenvolvimento de *software* de código aberto. Trata-se de um modelo de desenvolvimento colaborativo, comunitário, a partir de um processo que não permite a qualquer colaborador reclamar a posse da propriedade intelectual em qualquer parcela do que está sendo desenvolvido dentro da estrutura de código aberto. (Na verdade, o status técnico legal do *software* de código aberto é variado e complexo, visto que os diferentes projetos empregam formas de licenciamento distintas que variam em relação aos direitos de transmitir essas regras aos desenvolvedores para que possam usar suas contribuições em outro *software* proprietário).

O que você não costuma ler: modelos de negócio de código aberto

Não se lê muito a respeito dos modelos de negócio no desenvolvimento de *software* de código aberto. Há normas sociais rígidas e proteções legais elaboradas para desestimular as pessoas a lucrarem com o trabalho dos colegas. Existem até divulgações em *sites* da internet bem frequentados, identificando casos em que as normas do grupo parecem ter sido violadas (embora tenha havido poucas, se é que houve quaisquer sanções legais contra os violadores).

Contudo, algumas crises ocasionais revelam partes que desenvolveram modelos de negócio para lucrar com a adoção do *software* de código aberto. Uma dessas crises foi a ameaça feita pela Santa Cruz Operation (SCO) de reforçar seus alegados direitos de PI (contidos em uma versão de Unix que ela comprou da Novell) sobre o código que estava circulando amplamente na comunidade Linux. Posteriormente, ela processou a IBM em 1 bilhão de dólares por desvalorizar a licença do SCO Unix. Em outra situação, a SCO processou os usuários AutoZone e a Daimler Chrysler por usarem o Linux sem uma licença para o SCO Unix.[25] Enquanto a comunidade de código aberto estava muito chateada com essas ações, veio uma resposta muito diferente de um grupo de empresas que incluía Intel, IBM, Hewlett-Packard, Novell e Red Hat. Essas organizações juntaram-se para reunir recursos em um fundo a fim de indenizar os clientes de *software* de código aberto nas eventuais despesais legais que pudessem ter ao se defender de um processo, ao utilizarem o *software*. Separadamente, a IBM assumiu o papel de líder na defesa contra a petição da SCO. Sem desacreditar de qualquer forma a sinceridade da IBM, o fato de comprometer recursos substanciais dessa maneira é um identificador altamente confiável de que o modelo de negócio da IBM, assim como o modelo de negócio das outras empresas supramencionadas, beneficia-se muito da adoção do código aberto. Na verdade, a IBM afirmou publicamente o seu forte apoio ao Linux e dedica mais pessoal interno para dar suporte ao desenvolvimento Linux do que qualquer outra organização no mundo. Outras importantes empresas de TI, como a Sun Microsystems, também se posicionaram para lucrar com o código aberto.[26] Até mesmo aliados de longa data da Microsoft, como a Intel e a Dell, possuem programas ativos de suporte ao código aberto.

Como uma empresa pode criar um modelo de negócio para lucrar com o *software* de código aberto? Existem vários modelos de negócio de código aberto. Classificando-os em relação ao valor agregado, do mais baixo para o mais alto, temos:

- vender instalação, serviço e suporte junto com o *software*;
- versionar o *software*, com uma versão gratuita básica e outras versões mais avançadas não gratuitas;[27]
- integrar o *software* a outras partes da infraestrutura de TI do cliente;
- fornecer complementos proprietários para o *software* de código aberto (eles aumentam de valor pois o custo do código aberto cai; uma versão

dessa estratégia é criar uma *creative commons** e depois gerar produtos ou serviços proprietários em cima dessa *commons*).[28]

Empresas como a Red Hat exemplificam o primeiro desses modelos de negócio. Embora a Red Hat venda o sistema operacional Linux como muitas outras empresas o fazem, ela desenvolveu várias ferramentas que facilitam a instalação e operação do Linux em diversos computadores. Assim, a Red Hat não ganha muito dinheiro com o Linux, mas obtém um lucro razoável com as ferramentas associadas que ela desenvolveu.

O modelo de negócio de versionamento é exemplificado pelo produto de código aberto MySQL. A versão básica é gratuita; as versões mais sofisticadas, que proporcionam mais funcionalidade, são pagas. Este modelo usa o *software* de código aberto para proporcionar ao cliente um menor custo de aquisição inicial ao mesmo tempo em que permite à empresa vender depois a esse mesmo cliente produtos mais proprietários e aprimorados. Outras estratégias oferecem ao cliente a capacidade de realizar essas modificações no *software* sem qualquer punição, transferindo esses custos para o cliente. Neste cenário, o cliente consegue personalizar o produto de acordo com suas necessidades, sem fazer que a empresa de *software* desenvolva a parte personalizada do código.[29]

A IBM é um exemplo de empresa que ganha dinheiro com o *software* de código aberto como Linux e Java usando esses produtos para ajudar as empresas a integrá-los com outras partes de sua infraestrutura de TI. Uma boa parcela do trabalho da IBM nessas ferramentas, por exemplo, é a de criar acionadores de dispositivos que ajudem a conectar outro *hardware* e *software* da IBM.

Também existem modelos de negócio mais sutis que surgiram na arena da *creative commons*. Um exemplo é quando uma empresa opta voluntariamente pela doação de partes de sua propriedade intelectual para uma *commons*, de modo que ela e outras empresas possam aplicar suas tecnologias livremente, sem medo de serem processadas por violação de patente. Isto aumentaria o volume de atividade de inovação na área e diminuiria o custo de produção dos resultados úteis para os clientes que usam as tecnologias resultantes. A Intel fez isso criando "lablets" que trabalham estreitamente com as universidades a fim de colaborar na pesquisa que será publicada e não pertencerá à Intel. A IBM criou um exemplo poderoso disso com sua decisão de transferir quinhentas patentes de *software* para uma fundação sem fins lucrativos na comunidade de código aberto. A IBM fez algo similar em 2003, quando doou um pacote de ferramentas

---

* N. de T.: *Creative Commons* pode denominar tanto um conjunto de licenças padronizadas para gestão aberta, livre e compartilhada de conteúdos e informação (*copyleft*), quanto a homônima organização sem fins lucrativos norte-americana que os redigiu e mantém a atualização e discussão a respeito delas.

de desenvolvimento, chamado Eclipse, para o domínio público. Enquanto a IBM está sendo elogiada pela comunidade de código aberto por ter feito a generosa doação de sua propriedade intelectual, os acionistas da corporação também poderiam ser elogiados por ajudarem a baixar o custo do *software* sobre o qual a IBM cria as suas próprias ofertas. Em vez de ter de pagar a Microsoft ou a outra empresa por um sistema operacional proprietário, o código aberto assegura uma alternativa mais barata que funcionará bem com os produtos e serviços da IBM. A generosidade da IBM tem o efeito prático de baixar os custos dos sistemas operacionais que ela vende junto com as suas próprias ofertas. Esta é uma boa maneira de impulsionar o seu próprio modelo de negócio.[30]

Um modelo de negócio correlato que faz um bom sentido comercial é ser bem aberto às tecnologias que não sejam insumos, mas ainda assim sejam complementares às atividades centrais da empresa. Ao permitir que muitas outras companhias trabalhem com essas tecnologias, pode-se aumentar a demanda pelas atividades centrais (que não são tão abertas) e aumentar os lucros. Esta é uma outra lógica para o programa de capital de risco corporativo da Intel, o Intel Capital. As empresas *start-ups* podem desenvolver aplicações para as tecnologias da Intel que não eram conhecidas por ela, proporcionando a melhor pesquisa de mercado que o dinheiro pode comprar. Uma demanda maior por esses complementos aumentará a demanda pelas tecnologias centrais da Intel.

Uma terceira, mais sutil e, talvez, ainda mais poderosa estratégia para alavancar o código aberto no modelo de negócio de uma empresa é desenvolver arquiteturas de sistema criadas sobre esse código aberto. Em um mundo com tantos blocos de construção úteis, a capacidade de criar e adquirir valor se desloca do desenvolvimento de um outro bloco de construção (ligeiramente diferente dos demais) para a criação de combinações coerentes desses blocos de construção em sistemas que solucionem problemas comerciais reais.

Essa ocorreu recentemente nos serviços da internet.[31] A Microsoft estava tentando estabelecer a sua arquitetura .*Net* como plataforma para esses serviços. Essa arquitetura procurava alavancar a tremenda franquia da Microsoft em seu sistema operacional Windows e a ampla comunidade de desenvolvedores e terceiros que basearam seu meio de vida nesse sistema. A IBM, por outro lado, reagiu com a sua arquitetura WebSphere, que tinha de trabalhar com o Windows, mas aproveitou a oportunidade de alavancar as tecnologias de código aberto – junto com a comunidade que surgiu em volta dessas tecnologias – bem mais amplamente. O determinante-chave nessa concorrência dependia no final das contas das decisões dos muitos fornecedores independentes de *software* e serviços que fizeram seus próprios investimentos ao escolher que arquitetura suportariam. Esses atores precisaram decidir onde focalizar seu próprio modelo de negócio e onde as oportunidades para a criação e captação de valor seriam maiores.

Com isso, embora o código aberto tenha sido criado para procurar evitar deliberadamente a geração de direitos de PI sobre a sua tecnologia, as empresas atentas não obstante desenvolveram modelos de negócio que estão impulsionando a tecnologia no mercado.

A existência de modelos de negócio eficazes para o código aberto é um bom prognóstico para a maior adoção dessa categoria de *software*. São os modelos de negócio dessas empresas – não a retórica de que o *software* devia ser gratuito – que consistem na ameaça real às empresas como a Microsoft. Além disso, organizações como a IBM estão desenvolvendo modelos de negócio que exploram simultaneamente a disponibilidade de *software* de alta qualidade e custo baixo, mesmo que elas lucrem com a maior proteção à patente de mais tecnologias proprietárias em outras partes de seus negócios.

Embora o código aberto tenha sido comemorado como uma abordagem nova e diferente do desenvolvimento de *software*, seu surgimento coincidiu ironicamente com o aparecimento da proteção mais forte à propriedade intelectual para patentes e outras PIs. As empresas atentas construirão modelos de negócio que incorporem *ambas* as tendências em sua lógica. No próximo capítulo, exploraremos o forte ambiente das patentes e outras PIs e examinaremos como esse ambiente influencia a elaboração do modelo de negócio.

3
O novo ambiente dos modelos de negócio

No capítulo anterior, examinamos os desafios que uma empresa enfrenta à medida que tenta modificar seus processos de inovação a fim de que se tornem mais abertos. Concluímos que o próprio modelo de negócio tinha de se tornar mais aberto para que ela abrisse seu processo de inovação de forma eficiente. Neste capítulo, consideraremos o mundo que circunda a empresa que está desenvolvendo o seu modelo de negócio. Como veremos, esse ambiente externo expande-se rapidamente, trazendo novos desafios e oportunidades para a criação dos modelos de negócio e à gestão da inovação. Está surgindo uma nova classe de mercados de inovação, dando início a um mercado secundário de inovações e suas propriedades intelectuais associadas. Mas, para compreender esse potencial estado futuro de um mundo rico em mercados de inovações e PI, começaremos com uma curta história.

UMA BREVE HISTÓRIA DAS PATENTES NOS ESTADOS UNIDOS

No dia 10 de abril de 1790, o presidente George Washington assinou o projeto de lei que forneceu as bases do sistema de patentes dos Estados Unidos.[1] Na época, este sistema de patentes era único; pela primeira vez na História, estava sendo reconhecido pela lei o direito intrínseco de um inventor lucrar com sua invenção. Anteriormente, os privilégios assegurados a um inventor dependiam da prerrogativa de um monarca ou de um ato especial de uma legislatura, sempre caso a caso. A proteção para as invenções era, em parte, uma manifestação da Constituição dos Estados Unidos, que previa expressamente que "O Congresso terá o poder (...) de promover o progresso da ciência e das artes úteis assegurando aos autores e inventores por tempo limitado o direito exclusivo de seus respectivos manuscritos e descobertas".[2]

Em 1790, Samuel Hopkins recebeu a primeira patente americana por melhorar a forma de fazer o carbonato de potássio (uma substância derivada das cinzas de plantas queimadas, útil para a fabricação de sabão). O mais interessante é que o avaliador dessa primeira patente foi Thomas Jefferson, o secretário de Estado, ele próprio um inventor realizado. Porém, a avaliação de Jefferson não foi suficiente para que Hopkins recebesse a patente. Eram necessárias outras assinaturas – do secretário de Guerra, da Advocacia Geral e até mesmo do presidente Washington – antes de ele conseguir sua patente. O requerimento da patente de Hopkins custou cerca de 4 dólares.

Em 1973, Jefferson parou de examinar patentes e atribuiu essa tarefa a um funcionário do Departamento de Estado. O U.S. Patent Office propriamente dito foi formado em 1802 durante a gestão presidencial de Jefferson. Inicialmente, o sistema de patentes não passava de um sistema de registro que permitia aos inventores manterem um registro oficial de suas patentes. Nenhuma tentativa foi feita para verificar se as reivindicações de uma patente entravam em conflito com uma outra patente, ou se essas reivindicações representavam um progresso material em relação ao estado de arte atual. Isso mudou em 1836, quando os Estados Unidos passaram para um sistema de avaliação formal a fim de atestar a inovação, utilidade e não obviedade das reivindicações de patente antes de concedê-la.

Por todo o século XIX nos Estados Unidos, as patentes ficaram mais difíceis de obter e mais valiosas quando eram obtidas. Isto foi um resultado consciente da política governamental de fornecer fortes incentivos para a invenção na esperança de estimular um maior progresso social. Houve um comentário famoso de Abraham Lincoln, dizendo que o sistema de patentes tinha a intenção de "adicionar o combustível do interesse ao fogo da genialidade", sendo que o próprio Lincoln recebeu uma patente.

Embora a proteção da patente fosse considerada muito forte no início do século XX, os oito anos seguintes fizeram que a força da proteção da patente diminuísse cada vez mais. À medida que as corporações americanas ficavam maiores e mais fortes, o governo dos Estados Unidos desconfiava cada vez mais das patentes. Em vez de alimentar o fogo da genialidade, o governo preocupava-se se as patentes estavam sendo usadas como monopólios para escapar das proteções antitruste. Empresas como a AT&T e a Xerox foram processadas pelo governo e forçadas a tornar públicas ou licenciar suas patentes a todas as partes interessadas.

Outros detentores de patentes descobriram que a sua proteção muitas vezes não era muito eficaz como meio de impedir os concorrentes de usarem suas invenções. Uma defesa comum contra o processo de violação de patente era reivindicar que essa não era válida de fato. De 1953 a 1977, apenas 30% das patentes desafiadas dessa maneira foram posteriormente confirmadas no tribunal.[3] As patentes não eram consideradas formas particularmente eficazes de proteção das invenções, e especialmente as pequenas empresas estavam em desvantagem, uma vez que o processo de litígio era muito caro para elas.

Em 1980, surgiu um retrocesso contra essa proteção enfraquecida, em parte devido à ameaça japonesa à competitividade americana em muitas indústrias. As empresas americanas, pensaram algumas pessoas, precisavam de mais incentivos para investir em inovação, o que seria crítico para restaurar a vantagem competitiva americana na economia mundial. Isso levou à criação de um novo tribunal federal de recursos para patentes. Este tribunal provou ser um órgão mais favorável aos detentores de patentes, uma vez que confirmou a validade das patentes em 68% dos casos durante os primeiros quatro anos, uma taxa acima do dobro da que ocorreu no período de 1953 a 1977.[4]

Ainda hoje esse tribunal continua a ser mais "pró patente" do que os tribunais anteriores. Na realidade, o tribunal expandiu o escopo do que pode ser protegido por patente e aumentou o valor das indenizações que os detentores de patentes podem reivindicar de uma parte infratora. Essa situação levou a alguns processos críticos, como discutiremos mais tarde. Em geral, ela influenciou as negociações entre os detentores de patentes e os que supostamente as violaram. Na maioria das vezes, essas partes chegaram a um acordo fora dos tribunais. Porém, os termos desses acordos são bastante afetados pela pequena parcela de casos que vão a julgamento. À medida que os detentores de patentes ganhavam mais proteção e direitos comerciais, os termos dos acordos negociados antes do julgamento favoreciam indubitavelmente esses detentores de patentes. Essas mudanças históricas abriram a porta para uma gestão de PI mais ativa e até mesmo mais agressiva.

AS EMPRESAS RESCREVENDO AS REGRAS DA GESTÃO DE PI

Pode-se ver melhor esta nova abordagem da gestão de PI analisando as experiências das empresas que testaram a força de suas patentes em processos judiciais. São de interesse particular as experiências da Texas Instruments, Polaroid e IBM.

Nova prática da Texas Instruments: lucrar com o licenciamento de PI

A Texas Instruments (TI) foi uma das primeiras empresas a se beneficiar significativamente com a nova condição da proteção de patentes. Jack Kilby foi um inventor precoce do semicondutor que trabalhou na empresa e atribuiu todos os direitos sobre sua invenção à Texas Instruments. Robert Noyce, da Intel, também recebeu importantes patentes básicas por seu trabalho em semicondutores, mas suas patentes foram emitidas rapidamente, enquanto a patente de Kilby não. A requisição de patente de Kilby foi registrada no U.S. Patent and Trademark Office em 1959 e, mais tarde, no escritório japonês de patentes. Por 29 anos, a Texas lutou com o escritório japonês de patentes para que a patente fosse emitida, conseguindo finalmente em 1989.[5]

A Intel criou um maravilhoso negócio de microprocessadores e, no decorrer de seu negócio, licenciou muitas de suas patentes para outras grandes empresas. Ela optou por competir na fabricação e no projeto de produto, recebendo pouca compensação monetária direta por sua PI. Entretanto, o acesso a outra PI abriu caminho para o sucesso da Intel, pois indiretamente ela se beneficiou muito de sua PI.

Quando a patente de Kilby foi emitida no Japão, em 1989, a Texas descobriu que havia maneiras mais diretas de lucrar com a herança inesperada de sua PI. Até então, o negócio de semicondutores era uma indústria global e essa patente recém-emitida deu à empresa o direito de excluir as outras empresas de muitos aspectos do projeto de semicondutores, se não lhe pagassem *royalties*. Embora a Texas tivesse licenciado a PI de muitas empresas em troca de sua própria PI (incluindo a Intel, dentre outras), houve diversas companhias, particularmente no Japão e na Coreia, que não assinaram qualquer acordo com ela. Municiada com a patente de Kilby e outra patente-chave na tecnologia de planarização, a organização processou muitas empresas de semicondutores. Ao longo dos anos seguintes, a Texas gerou centenas de milhões de dólares com essas patentes. Em alguns anos, a organização chegou a receber 50% da sua receita corporativa líquida em *royalties*, a maioria em razão dessas patentes.[6]

Para uma empresa de semicondutores, era inédito ganhar tanto dinheiro com sua PI quanto com seus projetos e fábricas. Ou seja, a Texas não era apenas uma fabricante de semicondutores; também era a proprietária de uma PI valiosa que contribuía separadamente para os lucros da empresa. Ela viria a ser um prenúncio de muitas empresas de semicondutores (como a ARM, Qualcomm e Rambus) que ganharam a maior parte do seu dinheiro (ou todo ele) com PI e não com produtos.

O sucesso da Polaroid: um novo nível de proteção da patente

Outro evento que refletiu a nova força da proteção de patente foi o bem-sucedido processo da Polaroid contra a Kodak em 1989. A Polaroid, com as revolucionárias invenções de seu fundador, Edward Land, foi pioneira em várias tecnologias importantes na fotografia instantânea. Land não foi apenas um inventor prolífico, mas também um negociante astuto que requereu centenas de patentes pelas invenções que ele e os colegas criaram nos laboratórios da Polaroid. A Kodak era a empresa líder na venda de filmes fotográficos em todo o mundo e buscava o crescimento. A fotografia instantânea era um mercado novo e óbvio para a empresa. Os cientistas da Kodak haviam criado uma tecnologia alternativa para a fotografia instantânea que eles achavam que não violava as patentes da Polaroid. É provável que os principais executivos da Kodak tenham calculado que, mesmo que sua tecnologias violassem as patentes até certo ponto, a Kodak poderia negociar um acordo com a Polaroid que a permitisse dividir com ela o mercado de fotografia instantânea. Afinal, as patentes não eram particularmente valiosas até aquele momento.

Caso os executivos da Kodak tenham realmente calculado dessa forma, isto se provou um erro de julgamento caro sob o novo e mais forte regime de patentes. A Polaroid entrou com um processo por violação de patente. Enquanto a causa foi julgada no decorrer de muitos anos, do julgamento inicial às apelações subsequentes, no final a Polaroid venceu todas as questões importantes. A Polaroid alegou que a violação foi intencional e que merecia o triplo dos danos pelos atos de violação deliberada. Para decepção da Kodak, isso foi concedido. A Polaroid obteve o maior acordo jamais concedido por um tribunal americano até aquela época (mais de 900 milhões de dólares) pela violação da Kodak às suas patentes na fotografia instantânea. Essa quantia estupenda ultrapassou em muito o pior pesadelo da Kodak e refletiu a nova força das patentes. Para piorar as coisas, o tribunal concedeu uma liminar à Polaroid que forçava a Kodak a desistir do mercado de fotografia instantânea, restabelecendo o monopólio efetivo da Polaroid neste mercado. Isso elevou o custo da Kodak a mais do dobro do valor da sentença pelo dano em si, pois a empresa teve de recomprar todos os seus produtos não vendidos nos seus canais de distribuição e amortizar todos os seus investimentos de fabricação em fotografia instantânea.

A EVOLUÇÃO DA GESTÃO DE PI DA IBM: DA LIBERDADE À MONETIZAÇÃO

Outros gestores atentos tomaram conhecimento da recente força das patentes e alteraram suas estratégias de PI em conformidade. Uma resposta particularmente impressionante veio da IBM. Até o final dos anos 1980, a IBM conduziu uma P&D substancial e requereu várias patentes no decurso de sua atividade. Entretanto, essas patentes foram tratadas como algo secundário ou como moeda de barganha para o licenciamento cruzado com outras empresas na área de computação. Como colocou Ralph Gomory, que era o então chefe da divisão de pesquisa da IBM: "O que queríamos era liberdade para inventar".[7]

Como prova do forte valor das patentes surgidas, os gestores da IBM começaram a mudar para uma estratégia de patenteamento mais agressiva, seguida por uma afirmação política mais proativa. A IBM aumentou rapidamente os seus pedidos de patente e cresceu até se tornar a maior corporação no mundo em termos de quantidade de patentes recebidas.[8] A organização também começou a gerenciar essas patentes como fontes de receita financeira. Seus pagamentos de *royalties* começaram em alguns milhões de dólares no início dos anos 1990, mas cresceram para 1,2 bilhão de dólares até 2004.[9] "Começamos a nos concentrar em como monetizar a nossa propriedade intelectual", diz Joel Cawley, da Unidade de Estratégia Corporativa da IBM.

Examinaremos a evolução da IBM em mais detalhes no Capítulo 8. Por agora, repare como a IBM ajustou suas políticas de gestão da PI à medida que a proteção da patente ficou mais forte.

O SURGIMENTO DOS MERCADOS SECUNDÁRIOS DE INOVAÇÃO

As experiências da Texas Instruments, Polaroid e IBM ilustram o surgimento de uma força importante que está afetando o ambiente externo de inovação: o crescimento daquilo que Ashish Arora e seus colegas chamam de "mercados intermediários" ou mercados para inovações.[11] Seu termo *mercado intermediário* se refere a um mercado que surge após a criação de uma nova tecnologia, antes que essa seja vendida. Nesse mercado intermediário, as ideias e tecnologias são desenvolvidas por vendedores e vendidas por compradores, que resgatam essas ideias e tecnologias e as vendem para os consumidores. Dois exemplos rápidos desse mercado intermediário são as hipotecas e o desenvolvimento de medicamentos com biotecnologia. Neste último caso, o comprador investe mais dinheiro para levar o medicamento ao mercado.

No modelo de inovação fechada, as próprias empresas precisavam levar suas novas descobertas ao mercado, por duas razões: primeiro, porque ganhariam mais dinheiro dessa maneira; e segundo, porque não havia muitas outras empresas com conhecimento suficiente para usar a tecnologia com sucesso. Os mercados intermediários para a inovação no sistema de inovação fechada eram esparsos. Em um mundo de inovação aberta, cujo conhecimento útil é disseminado, existem muitas empresas com várias maneiras potenciais de usar uma tecnologia nova e diversas tecnologias potenciais que poderiam ser utilizadas no modelo de negócio de uma empresa. Nenhuma companhia pode esperar explorar todas as diversas maneiras de usar uma tecnologia nova, portanto, em geral, as empresas de inovação aberta licenciam suas tecnologias liberadamente para as outras. Isso cria um mercado secundário para as inovações.

A presença desses mercados secundários aumenta o número de maneiras nas quais uma nova tecnologia pode ser usada e promove a especialização entre os diferentes participantes do mercado ou uma divisão do trabalho de inovação, por assim dizer. Algumas empresas se especializam em criar novas tecnologias, outras se especializam em desenvolver novos produtos, e ainda outras se concentram em nichos, serviços ou aplicações especiais ao longo do caminho.

Mercados secundários em produtos

Como descobriram Arora e seus colegas, surgiu uma nítida divisão do trabalho de inovação na indústria química. Quando são construídas novas fábricas de produtos químicos, a empresa que está construindo a fábrica contrata uma empresa de engenharia especializada para projetar as novas instalações. Essas empresas especializadas trabalham em praticamente todas as fábricas que estão sendo construídas no planeta, assim, elas estão atualizadas a respeito das mais recentes ideias e técnicas para construir as fábricas da maneira mais eficiente possível. Como essas instalações são extremamente caras, chegando a bilhões de dólares cada, nenhuma indústria química as constrói com muita frequência. Logo, as empresas especializadas são capazes de acumular conhecimento e aprendizagem muito mais rápido do que a maioria das indústrias químicas.

Outro exemplo dessa especialização do trabalho de inovação pode ser observado na indústria de semicondutores. Na década de 1960, as maiores empresas de semicondutores eram subsidiárias cativas das empresas de produtos, tais como IBM ou AT&T. Havia mercados para os sistemas de produto final, mas nenhum para os componentes desses sistemas. No final dos anos 1970, empresas independentes como a Intel e a Texas Instruments se especializaram em fabricar *chips* e vendê-los para as empresas de produto, as quais usavam-nos para criar novos sistemas de computadores, telefones celulares ou aparelhos de videogame. Surgiram mercados para os *chips*, os quais eram comprados e integrados na criação de produtos de sistemas. Nos anos 1980, duas funções no desenvolvimento dos *chips* foram separadas: a fabricação e o projeto. Isso ocorreu porque as fábricas de semicondutores (conhecidas como "fabs"), como a Taiwan Semiconductor Manufacturing Company (TSMC), construíam *chips* projetados pelas chamadas empresas sem fábrica, que efetivamente terceirizavam sua fabricação. Agora, havia mercados para a capacidade de fabricação de semicondutores e mercados associados para as capacidades de montagem, empacotamento e teste. Nos anos 1990, empresas como a Qualcomm e a ARM começaram a vender propriedade intelectual, tais como ferramentas e projetos, para empresas que estavam projetando e construindo *chips*. Assim, agora uma empresa podia comprar um projeto da ARM, produzi-lo na TSMC e depois colocá-lo à venda, criando um mercado especializado para projetos de semicondutor.

Circundando essa separação vertical das funções na cadeia de valor do semicondutor existem ainda mais empresas oferecendo ferramentas de projeto, equipamentos de teste e outros serviços para a indústria. Essa especialização migrou para todo o mundo. Hoje, só na China existem mais de 600 empresas especializadas em projeto de semicondutores e muitas fábricas novas estão sendo construídas, atuando como *fabs* para outras empresas em todo o mundo a fim de fabricar seus projetos de *chip*.[12]

Outro exemplo dessa especialização da inovação é proveniente das biociências. Trinta anos atrás, os medicamentos eram descobertos, desenvolvidos, testados e comercializados por grandes indústrias farmacêuticas. Nos anos 1980, porém, as empresas especializadas em biotecnologia começaram a descobrir e patentear novos compostos. Elas formavam parcerias com uma indústria farmacêutica que conduzia o composto através dos ensaios clínicos exigidos pelo FDA e depois vendia o medicamento para os médicos de prescrição. Mais recentemente, surgiu um grupo de organizações de pesquisa por contrato formando parceria com as empresas de biotecnologia e a indústria farmacêutica visando a conduzir os testes clínicos para elas. Nos anos 1990, a Millennium Pharmaceuticals começou a fazer pesquisa por contrato para os clientes da indústria farmacêutica, mas reservou para si mesma campos de utilização dos compostos e, em 2000, começou a desenvolver novas aplicações medicamentosas para esses compostos. Ainda outras empresas oferecem equipamentos, ferramentas, testes e outros serviços especializados que auxiliam o processo de desenvolvimento de medicamentos.

Esta especialização da inovação também está surgindo no setor de produtos de consumo. A Procter & Gamble teve uma longa tradição de grande ciência interna, a qual ela empregou para criar produtos diferenciados aos seus clientes. Mais recentemente, porém, a P&G compreendeu que o seu ponto forte não era a ciência, mas a capacidade de criar marcas fortes. Em algumas de suas novas marcas, tais como SpinBrush e Swiffer, a P&G desenvolveu negócios novos e grandes com tecnologias que adquiriu fora da empresa. Com seus novos processos de inovação, que ela batizou de Conectar e Desenvolver, a P&G busca explorar o mercado de tecnologias externas à medida que procura oportunidades para criar novas marcas a seus clientes.

Mercados secundários em serviços

No entanto, essa especialização em inovação não precisa se basear nos produtos em si. Existem mercados intermediários que foram desenvolvidos também para os serviços. Se você pensar em apenas uma geração atrás, compreenderá que muita coisa aconteceu na indústria da hipoteca nos Estados Unidos.[13] Do início do século XX até os anos 1970, a maioria das pessoas contraiu uma hipoteca de um banco local. Isto foi necessário porque apenas um banco local conhecia bastante bem o mercado local para ser capaz de avaliar o valor adequado de um imóvel (e, portanto, a quantia que podia ser seguramente emprestada para a propriedade). O banco local também podia avaliar os riscos do credor individual e fornecer a hipoteca de forma adequada. Naquela ocasião, havia poucos "padrões". Cada hipoteca era diferente e todo credor possuía características de risco únicas. Então, os empréstimos hipotecários eram um negócio local. A maior parte das hipotecas era gerada pelo banco local, atendida e realizada por esse banco até ela ser quitada.

Tudo isso começou a mudar nos anos 1980. O Salomon Brothers, um banco de investimentos situado em Nova York, percebeu que, sob determinadas circunstâncias, podiam ser criados mercados intermediários em que as hipotecas seriam negociadas depois de geradas. No entanto, certas características das hipotecas precisariam ser cuidadosamente definidas para se conhecer os riscos de negociá-las. Através da definição de um pacote de informações – que eles extraíram das regulamentações estabelecidas pela Federal Housing Administration (FHA) – as assimetrias anteriores das informações, que confundiam a capacidade de os credores de fora da área avaliarem totalmente os riscos de gerar empréstimos localmente, foram reduzidas a um nível aceitável. Uma outra percepção importante do Salomon foi que as características de risco das hipotecas individuais ficavam mais tratáveis se fossem agrupadas. Esses agrupamentos poderiam ser revendidos como um investimento para terceiros.

Isso mudou a base da competição na indústria da hipoteca. O conhecimento local se tornou menos importante. A capacidade de acessar capital mais barato passou a ser mais importante na concorrência pelos empréstimos. Com os algoritmos de classificação de crédito mais recentes, que se baseiam em todas as obrigações de débito de um consumidor e proporcionam medidas mais exatas da sua capacidade de reembolsar suas obrigações de débito, os credores não locais têm mais informações disponíveis para conceder o empréstimo. A estrutura de mercado da indústria hipotecária mudou de forma radical. Raramente uma hipoteca é gerada, atendida e mantida até o fim de sua vida por um único banco ou outro credor. Em vez disso, existem instituições especializadas que originam as hipotecas, outras que compram grupos desses empréstimos dos originadores, e ainda outras que atendem aos empréstimos, além de outros corretores e conselheiros.

Em países como o Reino Unido, essa evolução foi mais além. Os mutuários podem vincular seu débito de consumidor às suas hipotecas, criando uma linha de crédito segura com o titular de sua dívida. Isto reduz o risco de crédito para os credores, visto que a residência é dada como garantia, e diminui os juros em consequência da maior segurança. As regulamentações atuais nos

Estados Unidos impediram que essa última etapa ocorresse, mas provavelmente é apenas uma questão de tempo até que a maioria dos consumidores americanos tenha acesso a facilidades de crédito semelhantes.

Outra indústria de serviços que desenvolveu um sistema de inovação bastante complexo foi a de entretenimento. Nos dias do sistema de estúdio de Hollywood, atores, diretores e outras funções de apoio eram organizadas em estúdios verticalmente integrados. As estrelas se submetiam a contratos de longo prazo com os estúdios, os quais fabricavam a imagem e a popularidade da estrela em ascensão, escolhiam os próximos projetos da estrela e manipulavam a distribuição dos filmes para as suas próprias salas de exibição de filmes.

Nos dias de hoje, todos os vestígios do sistema de estúdio desapareceram. Atores, diretores, roteiristas, especialistas em efeitos especiais e muitas outras funções são organizadas de projeto para projeto, e um espesso mercado de reputações e agentes facilita o processo de escolha da equipe para o próximo projeto.

Um pequeno exemplo das oportunidades que existem sob esse novo sistema vem de uma breve história do espetáculo teatral *Chicago*.

Chicago é a adaptação de um livro que foi um dos quase 600 livros comprados por um grupo de investidores. A maioria estava fora de catálogo e nada estava sendo feito para comercializá-los. Esse grupo de investidores, que incluía Richard Kromka, tinha o conceito de que alguns desses títulos fora de catálogo poderiam ser trabalhados novamente e se transformarem em propriedades valiosas – um tipo de desenvolvedor imobiliário para o negócio do entretenimento. Kromka foi capaz de atrair um recurso-chave: a participação do ator Michael Douglas. O conhecimento que Douglas tinha da indústria era importante, mas foi a sua capacidade de se reunir com qualquer um na indústria do entretenimento que se provou verdadeiramente valiosa.

Chicago foi o primeiro desses projetos. O livro foi transformado em roteiro e depois comprado pela Broadway para seduzir o produtor Harvey Weinstein. Quando o show começou, sua popularidade óbvia levou Weinstein (com o grupo de Kromka atuando como um investidor minoritário) a perseguir um projeto de filme também. Mais uma vez os contatos de Douglas ajudaram, e sua esposa, Catherine Zeta-Jones, concordou em representar um dos papéis principais na produção. Estimulado por sua parcela de sucesso em *Chicago*, Kromka e seus colegas investidores estão erguendo outra rodada de financiamentos para levar adiante este modelo em outros projetos.

Uma empresa que está alavancando o conhecimento e a celebridade de um dos seus parceiros é a Elevation Partners, uma nova companhia de investimentos de capital de risco. Bono, o vocalista principal do U2, uniu-se a Roger McNamee e outros para formar uma parceria que procura investir em novas oportunidades na indústria do entretenimento. Como o empreendimento de

Kromka, a aposta da Elevation Partners não é apenas no conhecimento superior, mas também no acesso superior ao mercado: quem no mundo do entretenimento recusaria a chance de se reunir com Bono? Este acesso superior habilita a Elevation Partners a buscar a criação de valor a partir de recursos que outras partes podem não ter a capacidade de comercializar de um modo tão eficaz.

ALGUMAS EVIDÊNCIAS PRELIMINARES SOBRE OS MERCADOS SECUNDÁRIOS DE INOVAÇÃO

A despeito dos exemplos que acabamos de descrever, o mercado secundário global para as inovações está ainda em um estado muito rudimentar. Isso torna muito mais desafiador fornecer evidências convincentes de sua existência e crescimento, além de alguns exemplos. Mas, em uma pesquisa que realizei com meu colega Alberto Diminin, acreditamos ter descoberto alguma evidência inicial de um crescente mercado secundário global para as inovações.[14] Isso vem da nossa análise das redistribuições de patente.

Quando uma patente é concedida, sua propriedade é atribuída aos inventores dessa patente. Na maioria dos casos, os inventores assinam imediatamente a propriedade da patente para a empresa ou universidade que os empregava quando fizeram a descoberta. Normalmente, a patente é detida pelos proprietários até que expire, 20 anos após a sua data inicial de submissão.

Às vezes, porém, uma patente muda de mãos, ou seja, é vendida para terceiros. Quando ocorre essa transferência de posse, o novo proprietário notifica o U.S. Patent and Trademark Office (USPTO). No caso das patentes, um cessionário e um cedente devem preencher um formulário especial (PTO 1595) e protocolar a transferência no USPTO. Uma patente pode ser transferida muitas vezes durante a sua validade, embora isso seja raro. Analisamos os dados das transferências registradas no USPTO usando um banco de dados fornecido pela Dialog.[15]

Como mostra a Figura 3-1, as transferências de patente estão crescendo, tanto em termos absolutos quanto relativos. Ocorreram menos de 3 mil transferências em 1980, enquanto em 2003 ocorreram mais de 90 mil transferências de patente registradas pelo USPTO. As transferências em 1980 somavam menos de 0,1% de todas as patentes emitidas nos últimos 17 anos (e, portanto, disponíveis para uma potencial transferência), enquanto as transferências em 2003 somavam mais de 4% de todas as patentes emitidas nos últimos 17 anos. Estimamos que uma patente típica emitida em 2003 tenha 25% de chance de ser transferida pelo menos uma vez durante a sua vigência, com base nas tendências atuais.

Por que essas patentes estão mudando de mãos? No formulário PTO 1595, o USPTO pede às partes que especifiquem as razões para a transferência da

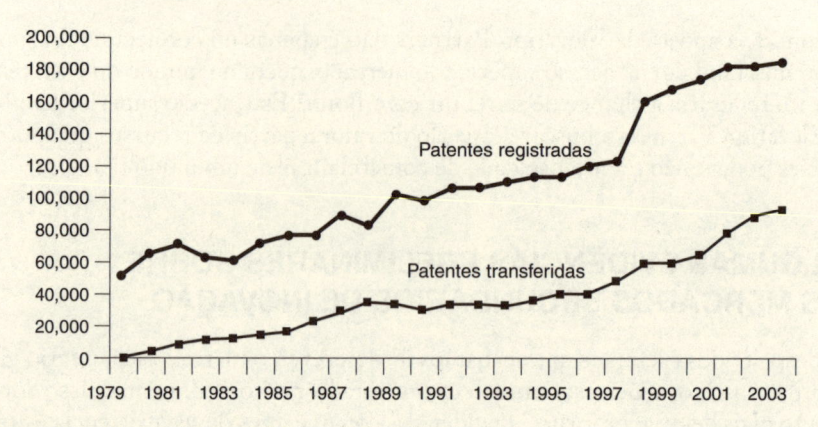

Figura 3-1 Patentes transferidas e registradas por ano.

patente. Entre essas razões, temos respostas diversas como: correção de erros, atribuição da propriedade para empresas afiliadas, fusões e aquisições (em que a propriedade da patente está sendo modificada para que fique nas mãos do novo proprietário da empresa), transferências entre empresas independentes e uma categoria intrigante chamada "garantia".

Examinando as transferências em uma indústria (a de semicondutores), reunimos todas as razões explicitadas neste formulário que justificam por que elas ocorreram. A Figura 3-2 exibe as razões dadas em 1994. Entre empresas afiliadas foram 20% das transferências, outros 14% foram transações de PI isoladas e 15% se deram pelo uso da PI como garantia de um empréstimo ou "securitização". A Figura 3-3 mostra como essas razões mudaram em 2003, à medida que a indústria se consolidou. As transações entre empresas afiliadas contribuem agora com metade das transferências, em 61% dos casos, enquanto as garantias subiram para 23%.

As transações entre companhias afiliadas não fornecem evidências de um mercado secundário em crescimento, porque são transações entre partes diferentes da mesma empresa global (transferidas, talvez, por motivos fiscais ou a fim de preparar a criação de uma nova companhia a partir de uma subsidiária). Mas o crescimento das garantias mediante a PI parece fornecer evidências de um mercado secundário. Aqui, a PI é usada como garantia para um empréstimo em termos mais favoráveis em bancos ou instituições financeiras. Geralmente, a PI permanece com a empresa, contanto que ela reembolse o empréstimo. Caso ela não faça esse reembolso, o credor reivindica a PI e depois procura encontrar uma maneira de convertê-la em dinheiro, o que exigirá uma transação no mercado secundário.

As companhias individuais usam as transferências de forma variada. A Tabela 3-1 mostra como as 19 principais empresas do setor de TI (com base na

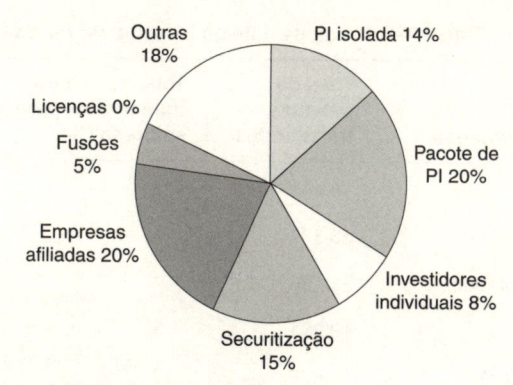

Figura 3-2 Transferências na indústria de semicondutores em 1994.

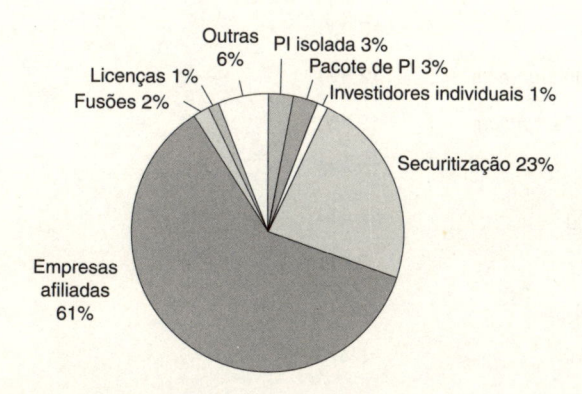

O número total de transferências foi de 516.

(Gráfico de pizza: PI isolada 14%, Pacote de PI 20%, Investidores individuais 8%, Securitização 15%, Empresas afiliadas 20%, Fusões 5%, Licenças 0%, Outras 18%)

Figura 3-3 Transferências na indústria de semicondutores em 2003.

O número total de transferências foi de 3.891.

(Gráfico de pizza: PI isolada 3%, Pacote de PI 3%, Investidores individuais 1%, Securitização 23%, Empresas afiliadas 61%, Fusões 2%, Licenças 1%, Outras 6%)

quantidade de patentes transferidas nas quais se envolveram entre 1980 e 2003) usaram as transferências de maneira variada. A IBM possuía a maior quantidade de patentes transferidas, mas como também é a mais prolífica detentora de patentes entre todas essas empresas, suas transferências não passam de uma pequena fração da carteira total de patentes que ela possui. Companhias como Coming, Alcatel e Nortel, por exemplo, eram compradoras ativas de patentes transferidas; Xerox, Motorola e Lucent eram vendedoras ativas.

Isto é típico de um mercado secundário ativo: existem alguns compradores e vendedores, alguns são ativos em ambos os lados do mercado e outros ficam à margem. A Figura 3-4 fornece uma maneira de organizar os dados da Tabela 3-1. Ela mostra o equilíbrio das transferências líquidas (a diferença entre as

Tabela 3-1 Transferências de patente na indústria do *hardware* de TI 1980-2003

Nome da empresa	Total de patentes transferidas	Total de patentes transferidas *para a* empresa (%)	Total de patentes transferidas *da* empresa (%)
IBM	40.443	2	5
Hitachi	33.372	7	1
NEC Corporation	21.756	2	2
Fujitsu	19.964	3	3
Hewlett-Packard	18.802	3	2
Motorola	18.654	3	28
Xerox	16.265	4	53
Lucent	13.938	3	27
Texas Instruments	12.599	3	4
Micron Technology	12.580	9	1
Intel	10.488	10	1
Corning	8.813	24	5
AMD	8.111	5	7
Alcatel	6.475	28	6
Ericsson	6.473	9	4
STMicroeletronics	5.592	13	0
Nortel	5.481	49	6
Sun Microsystems	4.679	6	0
Nokia	4.147	9	2

patentes que cada empresa comprou e as patentes que cada empresa vendeu) no eixo *y*. No eixo *x*, ela apresenta o nível de atividade de transferência em relação à posse global de patentes. Enquanto as empresas como IBM, Hitachi e AMD estavam no meio, Corning, Alcatel e Nortel estavam criando suas carteiras de PI em tecnologia da informação pela compra de patentes. Xerox, Motorola e Lucent estavam liquidando sua carteiras de patente, ou seja, vendendo-as.

Figura 3-4

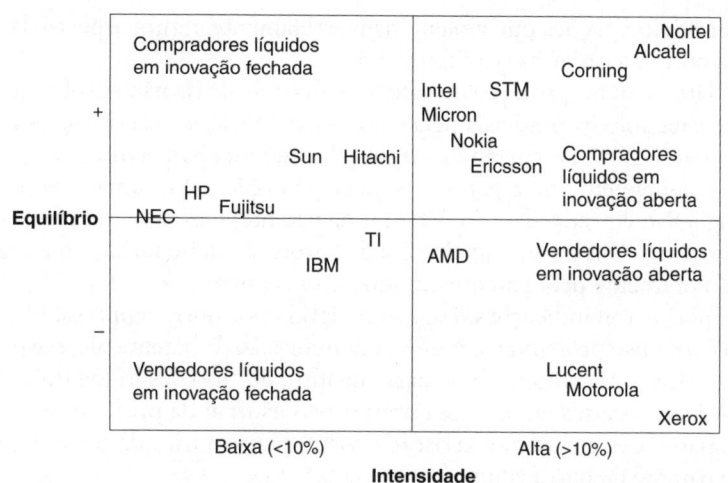

Equilíbrio (+/−) vs Intensidade (Baixa <10% / Alta >10%)

- **Compradores líquidos em inovação fechada** (superior esquerdo): Sun, Hitachi, HP, NEC, Fujitsu
- **Compradores líquidos em inovação aberta** (superior direito): Nortel, Alcatel, Corning, Intel, STM, Micron, Nokia, Ericsson
- **Vendedores líquidos em inovação fechada** (inferior esquerdo): TI, IBM
- **Vendedores líquidos em inovação aberta** (inferior direito): AMD, Lucent, Motorola, Xerox

Intensidade
(transferências para/de divididas pelo número de patentes emitidas)

Figura 3-4 Equilíbrio e intensidade do comércio de patentes transferidas na indústria do *hardware* de TI 1976-2003.

Esses dados sugerem que existem pelo menos os primórdios de um mercado secundário para a PI. Se isso estiver realmente acontecendo, como muda a gestão da inovação?

GERENCIANDO A INOVAÇÃO PERANTE OS MERCADOS INTERMEDIÁRIOS

Embora a especialização intensa dos mercados intermediários tenha desencadeado uma série de inovações em indústrias como as de semicondutores, medicamentos e produtos de consumo, pode ser um desafio criar e gerenciar um modelo de negócio perante esses mercados intermediários. Quando uma empresa traz tecnologia externa para o seu negócio, por exemplo, ela deve avaliar cuidadosamente se possui a capacidade legal de usar essa tecnologia sem violar os direitos legais de outra empresa. Ou seja, qualquer um que esteja examinando ideias e tecnologias externas deve estar atento à sua situação jurídica. Como veremos no Capítulo 4, a proteção de patente para uma determinada tecnologia provavelmente não cobre todos os aspectos de sua utilidade. Mesmo que a entidade que está licenciando ou vendendo a tecnologia a tenha patenteado, por exemplo, o escopo dessa patente pode cobrir ou não o uso que a empresa adquirente pretenda fazer dela. Por sua vez, a proteção de uma tecnologia pode envolver reivindicações que violem inadvertidamente algum aspecto da tecnologia de outra empresa (veja a Figura 3-5).

O fato de que a proteção da patente requerida possa não se sobrepor inteiramente à tecnologia praticada pela empresa de inovação cria situações diferentes para o inovador. Percorrendo a figura da esquerda para a direita, o primeiro quadro é aquele em que a patente fornece proteção sobre uma área na qual a tecnologia não é praticada pelo detentor da patente, mas pode ser praticada por outra empresa. O segundo quadro é o de "proteção deficitária", uma vez que a proteção oferecida pela patente em uma área na qual a tecnologia é praticada se sobrepõe às reivindicações da patente detida por outra empresa. O terceiro quadro é o de uso protegido, em que a reivindicação da patente oferece proteção para a prática da tecnologia. No quarto quadro, de "uso desprotegido", a tecnologia pode ser praticada, mas essa prática não usufrui da proteção via patente. Essa região é extremamente arriscada, visto que a prática da tecnologia pode violar a patente de outra empresa.

Comprando a PI e, também, a tecnologia

Em um mundo de inovação fechada, a análise que acabamos de fazer ditaria onde as companhias poderiam entrar e onde deveriam ficar de fora do mercado a fim de minimizar seus riscos legais. Em um mundo de inovação aberta, com mercados secundários desenvolvidos, a mesma análise possui um conjunto de aplicações diferentes. Agora, essa análise determina onde a empresa

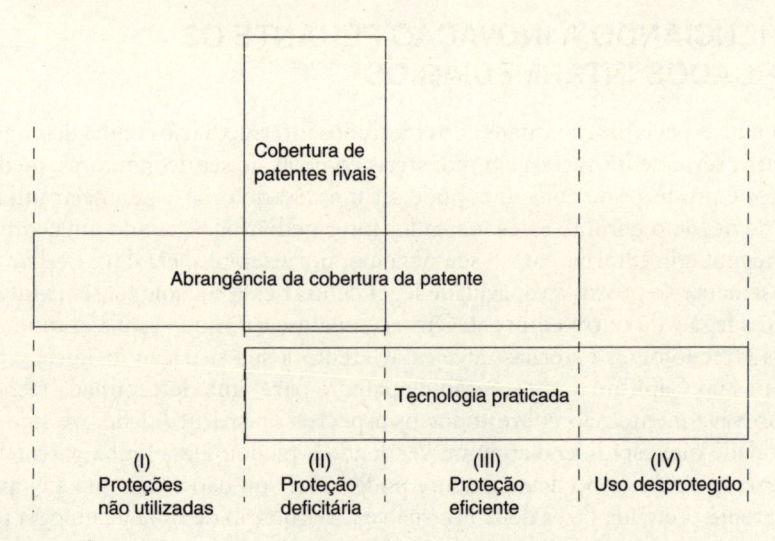

Figura 3-5 Âmbito das patentes, patentes rivais e utilidade da tecnologia.

deveria comprar os direitos sobre a propriedade intelectual que preencheriam as lacunas de sua própria PI e dariam apoio ao uso de tecnologias externas no negócio. No quadro I da Figura 3-5, a empresa poderia não só comercializar esses direitos para obter acesso aos direitos nos quadros II e IV, mas também poderia buscar uma compensação direta das empresas que desejam praticar essa tecnologia.

Assim, os mercados intermediários de tecnologia em um mundo de inovação aberta alteram profundamente a gestão da PI. Por um lado, uma empresa não pode adquirir e usar uma tecnologia externa, a menos que tenha a confiança de possuir o direito legal de praticar a tecnologia que deseja usar (isso corresponderia ao quadro III na Figura 3-5). Essa capacidade de praticar também foi uma preocupação com as tecnologias em um mundo de inovação fechada. Mas, naquele mundo, a empresa conhecia toda a história da tecnologia interna. Nesse mundo mais especializado, em que as tecnologias fluem através das fronteiras da empresa (talvez muitas vezes), é mais desafiador adquirir a capacidade de praticar a tecnologia sem incorrer em uma ação de violação por outra empresa, uma vez que não se conhece a história completa do desenvolvimento da tecnologia.

Por outro lado, os mercados secundários proporcionam a oportunidade de aumentar muito a utilização das tecnologias internas oferecendo-as a outras empresas para que as utilizem em seus negócios. Isso não só aumenta a utilização de uma determinada tecnologia, mas também aumenta o escopo, ou a quantidade de áreas em que uma tecnologia poderia ser empregada, o que pode aumentar seu valor total e criar incentivos mais fortes para o desenvolvimento de novas tecnologias. Isso também pode tornar a inovação mais produtiva, à medida que cada inovação encontrar mais aplicações.

O risco de contaminação

Os mercados secundários para as inovações apresentam outros desafios também. Antes de uma empresa identificar uma tecnologia promissora, ela deve interagir com várias outras e explorar diversas tecnologias possíveis para ter alguma esperança de encontrar uma tecnologia útil.

Isso levanta um velho problema, porém muito importante, observado pela primeira vez pelo economista Ken Arrow, conhecido como Paradoxo Informacional de Arrow: "Eu, como cliente, preciso saber o que a sua tecnologia pode fazer antes que esteja disposto a comprá-la. Mas, uma vez que você, como vendedor, me disse o que é a tecnologia e o que ela pode fazer, você a transferiu efetivamente para mim sem qualquer compensação!". E isso não é tudo. Se o cliente discutir possíveis tecnologias com um possível fornecedor, mas decidir *não* licenciar a tecnologia e, em vez disso, desenvolvê-la internamente, esse cliente pode ter-se contaminado com o conhecimento desse fornecedor. Qualquer desenvolvimento interno posterior feito pelo cliente em uma área relacionada pode ser impugnado pelo fornecedor, o qual poderia alegar que o cliente roubou a sua ideia sem pagar nada por ela. Se o cliente for uma empresa muito grande e o fornecedor uma empresa muito pequena, essa situação de Davi e Golias pode despertar a simpatia de um júri pela empresa pequena, mesmo que a grande tenha desenvolvido essa abordagem de uma maneira completamente independente. Nesse caso, um júri constatando a violação dolosa do réu pode resultar em danos triplicados, como aconteceu no caso Polaroid-Kodak citado anteriormente.

Essas questões apresentam grandes desafios para as empresas desejosas de acessar tecnologias externas. Elas não podem simplesmente convidar as pessoas que detêm essas tecnologias a vir falar com elas, pelas razões que acabamos de colocar. Contudo, em um mundo de inovação aberta, existem coisas boas demais à disposição no lado de fora para simplesmente as ignorar. Então, como as empresas podem identificar ideias externas potencialmente valiosas?

EXAMINANDO TECNOLOGIAS EXTERNAS

Toda empresa que adotou a lógica da inovação aberta teve que elaborar respostas para essas questões. Apesar das especificidades de cada resposta poder variar de uma empresa para outra, os princípios de como elas examinam tecnologias externas se aplicam de forma mais geral.

Um desses princípios é que agora há uma quantidade enorme de informações públicas disponíveis sobre tecnologias de todo o planeta. Graças às inovações nas tecnologias de busca, dos mecanismos de busca como Google, Yahoo! ou Ask.com a ferramentas elaboradas como o WebFountain da IBM, as empresas têm ferramentas em abundância para identificar tecnologias potenciais. Como John Wolpert gosta de observar, há uma abundância de tecnologia útil "escondida em campo aberto", contanto que você saiba como procurá-la e reconhecê-la quando a vir.[16]

O que Wolpert quer dizer é que apesar de essas ferramentas estarem disponíveis a qualquer pessoa com acesso à internet, elas também exigem uma mente criativa e atenta para explorá-las em sua totalidade. Pode não ser suficiente contar apenas com os processos tradicionais para procurar tecnologia externa. Por exemplo, talvez não seja tão óbvio encontrar os parâmetros corretos a fim de identificar uma tecnologia promissora para solucionar um determinado problema. Isso foi ilustrado pela experiência de Adrienne Crowther, então vice-presidente do Analysis Group, uma companhia de consultoria em inovação. Ela disse:

Estávamos trabalhando com um cliente que queria utilizar ideias de inovação aberta a fim de descobrir mais tecnologias potenciais para alimentar seu negócio de AVCA [aquecimento, ventilação e condicionamento de ar]. Eles tinham algumas oportunidades que gostariam de abordar e inicialmente atribuíram ao seu departamento de compras a função de identificar tecnologias externas potenciais.

O departamento de compras aparentemente abordou os fornecedores habituais dessa empresa e comunicou que nenhum deles tinha alguma coisa útil para oferecê-la. Quando ouvimos isso, decidimos implementar nosso próprio processo de busca, começando pela *web*. Apesar de ter-nos custado algumas tentativas até descobrirmos os termos de busca corretos, conseguimos identificar uma ampla gama de opções para o cliente. Tivemos de examinar centenas de possibilidades e filtrá-las até atingirmos um nível controlável. Mas descobrimos algumas coisas maravilhosas no meio de todos os endereços da *web*. Uma delas surgiu de um consórcio universitário em uma das dez maiores universidades e que o cliente não conhecia. Outra tecnologia potencial veio de um professor que trabalhava no Reino Unido e que o cliente também não conhecia.

Essas duas oportunidades jamais seriam descobertas pelo departamento de compras, mas conseguimos localizá-las em apenas alguns dias. Acompanhamos as duas e parece que cada uma delas vai levar a uma nova oportunidade de negócio para o cliente.[17]

A cadeia de valor

O trabalho de Eric von Hippel também nos lembra que os clientes podem ser fontes muito importantes de ideias de inovação.[18] O cliente conhece muito bem seus próprios problemas e muitas vezes precisa fazer adaptações significativas nas tecnologias pelas quais procura a fim de que essas resolvam seus problemas. Há uma grande quantidade de informações provenientes dessas adaptações que apontam o caminho para uma maior inovação em produtos e serviços. Algumas vezes, as tecnologias adicionais podem ser obtidas diretamente do cliente. Outras vezes, a tecnologia pode vir de outra empresa que esteja trabalhando com o cliente. Em ambos os casos, o fato de a solução já estar sendo usada de forma eficiente dentro da organização do cliente sugere que pode haver um valor importante na solução para outros clientes com necessidades similares.

Vendo a ideia por outro ângulo, as empresas também são clientes de seus próprios fornecedores e, portanto, devem dar-lhes a sua própria lista de ideias a ser acrescentadas às ofertas dos fornecedores. Em outros casos, a companhia pode querer que seus fornecedores assumam funções adicionais que ela desenvolveu inicialmente em caráter interno, mas agora gostaria que fossem implementadas em sua cadeia de valor. Esta é uma das consequências das empresas que se submetem a uma "dieta de ativos" a fim de reduzir seus ativos fixos enquanto mantêm suas receitas comerciais. Ao deslocar as funções para suas cadeias de abastecimento, as empresas também transferem ou descarregam seus ativos internos associados que antes apoiavam essa função. A cadeia de valor pode ser capaz de espalhar esses ativos por muitos consumidores, distribuindo o fornecimento da função de maneira mais ampla do que o cliente conseguiria internamente. Por exemplo, quando a IBM assume o *data center* de um dos seus clientes, ela transfere os ativos de TI para o seu balanço contábil. Ela pode combinar as necessidades de TI do cliente quanto ao armazenamento de dados com as necessidades de outros clientes. Essa combinação poupa dinheiro tanto para o cliente quanto para a IBM.[19]

Gerenciando a PI na cadeia de valor

Quer se trabalhe com clientes ou fornecedores na cadeia de valor, porém, a questão da PI ainda é uma fonte importante de atrito na troca. Quem será o dono do produto ou serviço resultante se compartilharmos ideias sobre como inovar de maneira mais eficiente em um determinado processo? Que direitos meu fornecedor terá de oferecer essa solução para os seus outros clientes, alguns dos quais podendo ser meus concorrentes? Que direitos terei de oferecer esse produto ou serviço para meus outros clientes, alguns dos quais podendo ser concorrentes desse cliente? Onde terminam meus direitos e onde começam os direitos dos meus clientes ou fornecedores?

A IBM precisou classificar essas questões na implementação do seu programa *First-of-a-Kind* (em tradução livre, "primeiro de um gênero"). Nesse programa, ela envia algumas pessoas da sua própria equipe de pesquisa às instalações de um de seus principais clientes que esteja lidando com um problema desafiador. Como a solução do problema ainda não é conhecida (por concepção, é um problema desafiador), a IBM e o cliente não podem dizer de antemão exatamente como o resultado será partilhado legalmente entre eles. E, uma vez que estão colaborando para a sua resolução, não está totalmente claro quem deve ser dono do que quando se chegar a uma resposta. Na primeira vez em que a IBM se envolveu nesse processo com um cliente, os obstáculos legais foram formidáveis. Com o tempo, porém, a corporação aprendeu algumas heurísticas que simplificaram a partilha da PI. No nível mais simples, quem pensa pela primeira vez obtém os direitos. Em um nível mais profundo, porém, a empresa que possui o modelo de negócio mais convincente para explorar essa PI tem os direitos sobre ela (ou, alternativamente, há alguma negociação de direitos de PI que culmina nesse resultado). Outros resultados serão criados conjuntamente. Esses terão uma posse conjunta de modo que cada parte possa usar a ideia sem o pagamento de *royalties*. Às vezes, será criada uma comissão mista para supervisionar o uso posterior das tecnologias desenvolvidas conjuntamente.

Além da cadeia de valor: redes de negócio

As redes de negócio nas quais uma empresa atua também podem ser uma fonte frutífera de possibilidades externas. O compartilhamento informal de informações e o comércio de conhecimento podem levar à descoberta de ideias úteis que poderiam resolver problemas comerciais importantes. As comunidades maiores onde são trocadas informações públicas, tais como conferências industriais e exposições comerciais, também fornecem uma grande parte do conhecimento público que pode levar um inovador atento às soluções úteis. Esses grupos trocam quantidades substanciais de informações, mas geralmente essa troca é considerada de domínio público. Aqui, a informação mais valiosa é para que direção olhar a fim de obter a localização da informação privada, a qual deve ser buscada em caráter confidencial.

Os organismos de normalização técnica consistem em outro recurso objetivando acessar o conhecimento disponível sobre uma determinada tecnologia e depois forjar uma abordagem compartilhada por muitas empresas de como aplicar essa tecnologia. No entanto, mesmo aqui, as questões da PI vêm à tona com muita frequência. Esses grupos não são meramente fóruns neutros tentando desenvolver a melhor solução técnica para um determinado problema tecnológico. A pesquisa de Mark Lemley mostra que os organismos de normalização técnica têm um amplo conjunto de regras em relação a qual parcela da PI deve ser revelada aos demais integrantes do organismo técnico.[20] Essa variação nas regras pode ser alavancada pelas empresas atentas que se posicionam para ocupar posições-chave dentro de um padrão emergente.[21]

Um exemplo disso é a Rambus, uma empresa virtual de projeto de semicondutores que oferece uma tecnologia para acelerar os *chips* DRAM nos computadores e que lucrou significativamente com a exploração de lacunas nas regras do seu organismo de estabelecimento de padrões. O organismo foi criado pelas companhias que desejavam aumentar a taxa de transferência de dados entre a memória e o sistema. Depois de esse organismo estabelecer um padrão para a forma de aumentar a velocidade na qual os *chips* DRAM transferem dados para o sistema, a Rambus revelou ter recebido patentes de elementos importantes desse padrão. Assim, qualquer empresa que quisesse implementar o padrão de alta velocidade desenvolvido pela comissão provavelmente violaria a carteira de PI da Rambus.

O que a Rambus fez foi considerado inteiramente legal em uma série de processos judiciais a respeito de sua conduta e das normas jurídicas acerca da sua propriedade intelectual. O preço de suas ações está vinculado ao único negócio da empresa, que é a propriedade intelectual. Portanto, o preço diário das ações da Rambus reflete a avaliação atual do mercado em relação ao seu valor, que é essencialmente o valor do seu modelo de negócio e de sua PI associada. A avaliação da companhia passou por grandes oscilações, de mais de 100 dólares para menos de 10 dólares, mesmo que a PI tenha sido bem divulgada por muitos anos.

Cultivar relacionamentos com as universidades

Outra fonte vital para acessar ideias externas é cultivar relacionamentos profundos e permanentes com as universidades. Os acadêmicos são especialistas em áreas potencialmente úteis para muitas empresas. As instituições previdentes investem tempo identificando os líderes do pensamento acadêmico nas áreas de seu interesse. Depois, essas empresas investem tempo para conhecer esses profissionais, oferecendo-se para visitar suas salas de aula e ajudá-los a ensinar, ofertando equipamentos doados, ferramentas e serviços para auxiliá-los em suas pesquisas. Uma vez formado um relacionamento, esses líderes de pensamento podem ajudar as empresas a identificarem estudantes promissores da graduação para estágios de verão e, mais tarde, possíveis ofertas de emprego. Elas também podem ajudar a identificar pesquisas universitárias para posterior comercialização, como veremos no caso da UTEK tratado no Capítulo 7.

Os líderes do pensamento universitário também podem desempenhar um papel importante atuando em um Conselho Consultivo Técnico (CCT). Às vezes, esses conselhos são meras fachadas para a empresa a fim de tornar sua tecnologia mais impressionante. Isto é um desperdício de recursos potencialmente valiosos. Alguns CCTs desempenham um papel mais útil para suas empresas oferecendo uma perspectiva independente sobre tendências e desenvolvimentos técnicos.[22] Essas empresas examinam anualmente seus roteiros de desenvolvimento de produto no longo prazo junto com seus CCTs. Os membros externos do CCT muitas vezes têm conhecimento de outros desenvolvimentos sobre os quais a própria empresa ainda não ouviu falar. Suas visões também podem diferir da sabedoria convencional da empresa sobre se a tecnologia está pronta para o uso comercial. A Unilever convida periodicamente acadêmicos selecionados para os seus laboratórios em Manchester, Inglaterra, onde ficam circulando e conversando com os pesquisadores a respeito de seus projetos de pesquisa. Esses contatos bastante informais estimulam o acadêmico que, por sua vez, às vezes conecta um projeto de um laboratório da Unilever com um projeto diferente que os pesquisadores individualmente não conheciam. Em pelo menos uma ocasião, esse projeto diferente estava em um outro laboratório da Unilever!

Os estudantes da graduação também são um recurso frequentemente ignorado e que pode ajudar as empresas a entenderem e usarem os novos resultados da pesquisa das universidades. Esses alunos da graduação aprenderam muito sobre o trabalho ajudando os patrocinadores da universidade a executar suas pesquisas. Eles também trabalham com outros alunos, dando-lhes uma exposição ampla sobre as ideias relacionadas no laboratório. A verdade é que a maioria dos estudantes da graduação não é bem paga e nem muito bem tratada em suas universidades. Muitos ficam felizes com a oportunidade de trabalhar com respeitados colegas da indústria para ter uma noção de como poderia ser sua futura carreira. As instalações industriais também apresentam os mais recentes equipamentos e ferramentas, os quais nem sempre estão à disposição na universidade.

FATORES QUE LIMITAM O SURGIMENTO DOS MERCADOS SECUNDÁRIOS

Como observamos no Capítulo 1, já existe o mercado para inovações, mas historicamente ele tem sido bastante ineficiente. Embora eu tenha esboçado o desenvolvimento dos mercados intermediários para a inovação em algumas indústrias, além de ter fornecido algumas evidências preliminares de que esses mercados estão se espalhando mais, permanece o fato de que existem muitas ineficiências limitando o surgimento dos mercados secundários para a inovação. A compreensão de algumas dessas ineficiências nos capacita a mantermos uma perspectiva adequada sobre esses mercados. Elas também indicam o caminho para alguns mecanismos pelos quais as empresas podem vencer pelo menos algumas dessas limitações atuais.

Um dos fatores limitantes mais críticos é a simples falta de informações sobre o alcance e os termos do comércio nos mercados secundários para as inovações. Os mercados exigem informações para que funcionem bem, e grande parte das informações necessárias para coordenar a troca de inovações no mercado ainda não está disponível. Por exemplo, apesar de existir um comércio estimado em mais de 100 bilhões de dólares anuais em licenciamento de tecnologias, não há um lugar em que esse comércio seja divulgado e monitorado.[23] Tudo o que sabemos sobre o mercado de licenciamento nos dias de hoje vem de ocasionais levantamentos de companhias (que pedem às empresas para divulgarem o seu comércio total) ou de ocasionais disputas judiciais de PI, cujos termos de um determinado contrato passam a fazer parte do registro do tribunal e são disponibilizados para o público.[24]

A situação é um tanto análoga à condição do mercado hipotecário nos Estados Unidos antes do advento do agrupamento de hipotecas criado pelo Salomon. Não existem padrões de informação para o licenciamento de tecnologia e o comércio de sua PI associada. Não existe uma FHA (Federal Housing

Administration) que defina um modelo ou formato para esse comércio. E, em virtude da ampla gama de termos e condições para comercializar a PI, continuará sendo difícil agregar estatísticas sobre esse comércio até que surjam um ou mais padrões de informação.

Sem esses dados, é difícil para as empresas saberem que tecnologia se encontra disponível no mercado. A experiência da consultora de empresas Adrienne Crowther para o seu cliente de AVCA revela tanto os potenciais quanto os problemas de encontrar tecnologias disponíveis. Embora ela e seus colegas tenham descoberto duas tecnologias bastante úteis em um curto período de tempo, a organização de compras do cliente foi incapaz de encontrar quaisquer tecnologias úteis usando seus procedimentos normais para solicitar insumos externos. Isto é característico dos mercados ineficientes: você não tem noção do que não sabe, então é difícil dizer o que pode estar lhe faltando. Será necessário experimentar novos processos para identificar e explorar as oportunidades latentes nos mercados secundários para inovações. Surgiu uma indústria emergente de "intermediários de inovação" para ajudar as empresas que desejam procurar mais criativamente e intensamente as oportunidades externas. Exploraremos alguns deles no Capítulo 6.

Também é bastante desafiador saber o valor das tecnologias disponíveis depois que elas são localizadas. Tal valor é determinado pelo que um comprador disposto pagaria para um vendedor disposto. Os mercados agregam fornecedores e consumidores, logo, qualquer tecnologia em particular pode ir para o mais alto licitante e os licitantes sabem quais tecnologias similares foram vendidas no passado, dando-lhes uma base para calcular o seu preço de oferta. Mas não existe uma divulgação sistemática dos preços pagos anteriormente pelas tecnologias externas e sua PI associada. Assim, fica difícil os vendedores saberem que preço podem esperar receber ou que preço seria razoável, por causa das transações similares no passado, e da mesma forma ocorre para os compradores. Jeff Weedman da Procter & Gamble chama isso de problema das "esperanças e sonhos", em que ambos os lados de uma transação têm expectativas irreais e existem poucos dados objetivos (ou nenhum) para alinhar mais estreitamente essas expectativas.[25]

POSICIONANDO-SE PARA EXPLORAR OS MERCADOS SECUNDÁRIOS

Apesar de ser muito cedo para dizer que os mercados secundários para a inovação chegaram na maioria das indústrias das economias mais avançadas, não é muito cedo para se planejar para o surgimento dos mercados secundários na sua indústria. Esses mercados exercerão impactos poderosos nas indústrias – como as de semicondutores, biotecnologia, produtos de consumo, química e hipotecas – quando surgiram. Como você pode avaliar se e quando os mercados secundários de inovações têm chance de impactar sua indústria? Seguem aqui algumas perguntas que devem ser investigadas a fim de nortear a sua avaliação:

- Na sua indústria, foram introduzidas quaisquer tecnologias de uma empresa para outra empresa (via licença, *joint venture*, venda de ativos ou segregação parcial da sociedade), em algum ponto do processo de inovação? Com que frequência isto ocorreu no ano passado?
- Algum projeto universitário se transformou em um novo produto ou serviço inovador na sua indústria, no ano passado?
- No ano passado, quantas patentes foram transferidas nas classes de patente que mais se aproximaram das suas tecnologias principais?
- Quantas vezes no ano passado entraram em contato com você oferecendo o licenciamento da tecnologia de terceiros? Quantas vezes lhe procuraram para licenciar a sua tecnologia? Quanto tempo você levou para responder?
- Alguma empresa na sua indústria faliu no ano passado? O que aconteceu com as tecnologias e a PI associada que essa empresa possuía?
- Em quantas vendas e transferências de patente você e/ou seu escritório de advocacia estiveram envolvidos no ano passado? De quantas vendas e transferências o escritório de advocacia tinha conhecimento na sua indústria?
- Novas empresas estão entrando na sua indústria com modelos de negócio baseados em PI? (Esses modelos de negócio serão discutidos no Capítulo 7).
- Existem intermediários de inovação (veja o Capítulo 6) trabalhando para você ou algum dos seus principais concorrentes?
- Quantos de seus projetos internos de P&D foram arquivados ou cancelados no ano passado sem resultar em qualquer licenciamento ou atividade de *spin-off*?

Aprendendo sobre o mercado secundário

Se a sua investigação levá-lo a concluir que os mercados secundários já chegaram, ou que estão prestes a chegar, que passos você pode dar para se planejar adequadamente? Um primeiro passo é investir no desenvolvimento do conhecimento de mercado. Como em qualquer outro mercado, no de inovação existem os "entendidos" e as outras pessoas. Invista tempo e dinheiro para se tornar um "entendido". Aumente a importância do licenciamento de tecnologia interno e externo de modo que se torne visível para os executivos principais. Compile uma lista de transações que sua empresa já tenha realizado em ambos os lados do mercado de licenciamento. Estimule seus principais executivos de licenciamento a compararem anotações com os colegas de outras organizações e tente reunir alguns dados sobre transações de licenciamento recentes. Talvez um membro do corpo docente de uma universidade (e um ou mais alunos da graduação) possam ser atraídos para fazer um levantamento da atividade de licenciamento na sua indústria. Veja se existem registros de tribunal sobre os termos e condições das disputas de licenciamento anteriores na sua indústria.

Fazendo uma lista de compras

Em paralelo com o trabalho de investigação do mercado, elabore uma lista de compras com ideias e tecnologias que seriam úteis para sua empresa. Crie uma lista separada de tecnologias não utilizadas ou subutilizadas em sua empresa que poderiam ser potencialmente úteis para outras empresas. Isto permitirá que você e seus colegas se envolvam com o mercado secundário como potenciais compradores e vendedores. Isso também lhe dará mais subsídios para conversar com outras pessoas fora da sua organização e aprender mais e mais rápido. Você pode até encontrar um ou dois bons negócios no processo.

Para muitas empresas, outra etapa será a de identificar uma ou mais organizações intermediárias que possam representá-lo na busca por ideias e tecnologias externas, e/ou ajudá-lo a vender suas ideias não utilizadas para outras empresas. Esta é uma grande área para começar a sua investigação dos mercados secundários e o Capítulo 6 deste livro pode ajudá-lo a começar.

Prevenindo-se contra os *trolls*

Outra razão para se envolver com os mercados secundários de PI é se prevenir quanto à possibilidade de um ou mais "*trolls* de patente" virem a bater na sua porta exigindo *royalties* pela violação de uma patente.[26] Uma vez que os *trolls* não criam suas próprias tecnologias e PIs, eles devem obtê-las fora de suas organizações, ou seja, no mercado secundário. Caso você se envolva ativamente com os mesmos mercados, pode adquirir a PI (ou uma licença sem exclusividade à PI) por uma fração minúscula da que o *troll* lhe cobraria mais tarde para ter acesso à mesma PI. Então, envie alguém para aqueles leilões de falência das empresas *start-ups* que fracassaram em sua indústria. Monitore as atividades de pesquisa das universidades e institutos de pesquisa. Cultive relacionamentos com inventores individuais, se estiverem trabalhando em áreas relacionadas com a sua.

Pescando nas mesmas águas em que os *trolls* devem pescar para obter sua PI você pode pagar preços de atacado, em vez de varejo. Além disso, uma vez que você esteja conectado ao mercado secundário de PI, pode se surpreender com as oportunidades que surgem para vender um pouco de sua PI não utilizada para outras empresas (ou talvez licenciá-la).

Lembre-se da metáfora do *troll*. Ele se esconde debaixo de pontes ou outros pontos de estrangulamento, e depedra os viajantes desavisados. Se você identificar de antemão os potenciais pontos de estrangulamento e tomar as precauções apropriadas, o *troll* não o pegará desprevenido. O próximo capítulo contém alguns exercícios de mapeamento de patentes que você pode realizar a fim de identificar os potenciais pontos de estrangulamento e que podem lhe ajudar a se preparar e, talvez, se prevenir contra os *trolls*.

O NOVO AMBIENTE PARA OS MODELOS DE NEGÓCIO

É um desafio elaborar modelos de negócio, e os modelos comercialmente eficazes são um ativo tremendamente valioso para a empresa. A propriedade intelectual pode desempenhar um papel importante na elaboração de um modelo de negócio eficaz e, na verdade, muitas empresas usufruíram de um grande sucesso nos últimos anos em consequência de sua gestão de PI. Os modelos de negócio bem-sucedidos também podem criar inércia, tornando difícil para essas empresas reagirem adequadamente às mudanças em seu ambiente.

Neste capítulo, esbocei o novo ambiente no qual os modelos de negócio devem ser construídos e gerenciados. As patentes ficaram mais fortes, possibilitando a maior especialização da inovação. Novos tipos de modelos de negócios estão sendo forjados nesse novo ambiente, com empresas que seguem regras diferentes das seguidas pelas empresas estabelecidas em suas indústrias. Examinaremos alguns modelos de negócio baseados em PI no Capítulo 7.

Este novo ambiente apresentará novos desafios e oportunidades, mesmo para os modelos de negócio muito bem-sucedidos. As empresas usufruirão de várias maneiras novas de entrar em um determinado negócio ao se especializarem em determinadas parcelas da cadeia de valor. Outras ficarão vulneráveis a algumas empresas especializadas e verão que suas estratégias de licenciamento cruzado, que proporcionavam liberdade de projeto no passado, não funcionam mais contra as empresas especializadas, tais como os *trolls* que não desejam pôr em prática a PI, mas apenas licenciá-la. Exploraremos isso em mais detalhes no próximo capítulo.

4
O impacto da propriedade intelectual sobre o modelo de negócio

No capítulo anterior, vimos como a proteção da patente se fortaleceu consideravelmente nos últimos cinco anos, criando um novo ambiente para os modelos de negócio e levando a toda empresa a prestar mais atenção à sua PI do que antes. Proteger as ideias custa caro e consome tempo, mas se tornou importante demais para a inovação para ser negligenciado. Para complicar ainda mais as coisas, estão surgindo dois novos participantes, cujos modelos de negócio se concentram em extrair valor de qualquer uma das PIs que possuem e possam estar envolvidas em suas inovações. Podem existir situações em que o seu modelo de negócio indique que você *não* deve proteger todas as suas ideias a fim de criar valor para seus clientes e colaboradores.

Neste capítulo, exploraremos como associar a proteção da PI ao seu modelo de negócio. Também discutiremos como você pode alavancar a cobertura da PI não utilizada para entrar em novos mercados ou obter receitas de outras empresas nesses novos mercados. Consideraremos como uma abordagem de inovação aberta da PI poderia prevenir contra algumas ameaças das instituições especializadas em licenciamento de PI.

Começaremos pelas patentes e tecnologias individuais. Depois, vamos examinar as cadeias de abastecimento e o mapeamento de patente, que ligam uma série de patentes a uma série de tecnologias. A seguir, consideraremos o papel do ciclo de vida da tecnologia no gerenciamento das patentes e da PI. Embora muitas companhias tenham se deparado com essas preocupações, estão faltando duas coisas no modo como a maior parte delas gerencia a PI. Primeiro, as empresas devem associar a gestão de sua PI ao ciclo de vida tecnológico subjacente a essa PI. Segundo, as empresas devem mudar a gestão da propriedade intelectual que circunda a tecnologia nos diferentes estágios do ciclo de vida tecnológico. Esses dois aspectos, frequentemente negligenciados, são explorados aqui.

PROTEGENDO AS PATENTES E TECNOLOGIAS INDIVIDUAIS

Escolher como proteger as tecnologias e ideias de uma empresa é uma atividade desafiadora e complexa. Há muitas considerações legais e econômicas a serem levadas em conta.[1] Antes de abordar a conexão entre a tecnologia, o modelo de negócio e a gestão da PI, é bom desenvolver alguns conceitos básicos. Começarei pelo que as patentes protegem e não protegem.

Embora seja do conhecimento dos juristas, a maioria dos gestores não compreende que as patentes não protegem as tecnologias diretamente; elas cobrem aspectos de uma tecnologia consubstanciados em um produto. Mas as tecnologias no produto, assim como as utilizadas para criar o produto, podem não se alinhar inteiramente com as patentes de uma empresa. Para efeito do que veremos a seguir, estou supondo que as patentes em análise são válidas. (Porém, em muitas casos de violação de patente, normalmente a defesa afirma que as patentes em questão foram concedidas equivocadamente e, portanto, não são válidas.)

Para ilustrar que proteções as patentes proporcionam, considere a série de Figuras 4-1 a 4-3.[2] Na Figura 4-1, criei a representação esquemática de uma tecnologia e sua proteção de patente associada. As duas estão desenhadas de tal forma que a prática da tecnologia, assim como a sua proteção, não estão inteiramente alinhadas.

Existem três regiões de interesse na figura. A região intermediária é aquela em que as coberturas da patente e da tecnologia se sobrepõem. As aplicações da tecnologia nessa área estão protegidas pelas patentes detidas pela empresa. Esta é a suposição convencional feita pela maioria dos gestores – a de que eles podem aplicar sua tecnologia com segurança devido à sua proteção de patente. (Na prática, a proteção pode ser fornecida por muitas patentes em vez de apenas uma. Suprimi isso para simplificar a apresentação do argumento.)

A região à direita, porém, é aquela em que a tecnologia é aplicada (isto é, usada para resolver um problema real) sem qualquer proteção das patentes detidas pela empresa. Esta região é desprotegida. As empresas que aplicarem a tecnologia nesse espaço estarão correndo um risco de que alguém em algum lugar possa ter uma patente que cubra (ou "leia", no jargão da indústria) essa

Capítulo 4 • O impacto da propriedade intelectual sobre o modelo de negócio

```
                    Proteção da patente

                                 Tecnologia aplicada
    Região de
    proteção         Região           Região de aplicação
   não utilizada    protegida            desprotegida
                     Parte 1
```

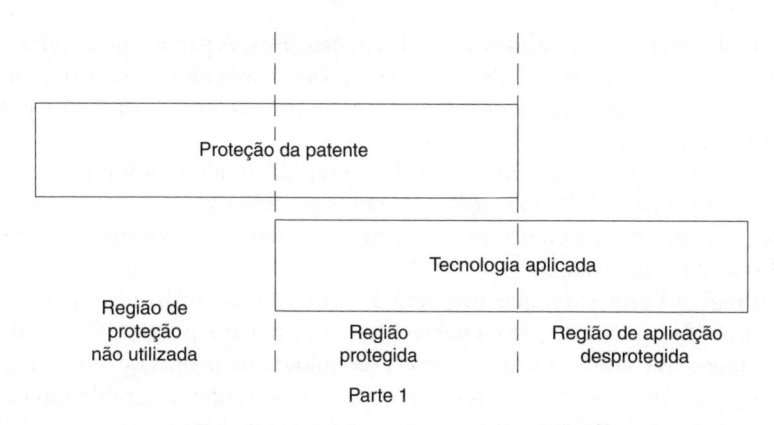

Figura 4-1   Avaliando o alinhamento da tecnologia com a proteção da patente.

aplicação. A região mais à esquerda também é tipicamente negligenciada pela maioria dos gestores. Esta é uma área onde a patente proporciona cobertura, mas a tecnologia não está sendo realmente aplicada. Isso pode ser considerado "proteção não utilizada", porque o escopo de proteção da patente vai além do que a empresa está realmente utilizando. Ao contrário da região desprotegida, esta é uma área de valor potencial latente, uma vez que a proteção poderia suportar extensões da tecnologia nessa área ou proporcionar oportunidades de licenciamento para outras empresas operando nesse espaço.

A Figura 4-2 introduz uma segunda parte da análise, a qual também possui alguma proteção de patente e uma região onde sua tecnologia é útil. Como a primeira parte, o alinhamento entre a proteção da patente e a utilidade da tecnologia não é completo. Para facilitar a exposição, desenhei a posição da segunda parte simetricamente oposta à da primeira. Isso facilita muito a explicação da análise, mas, na realidade, é pouco provável que as posições das partes sejam tão simétricas.

A presença de uma segunda parte nos força a sermos mais claros em relação a que proteções as patentes realmente proporcionam. A patente é um direito legal de excluir as demais empresas do uso de uma tecnologia, quando você detém uma patente que cubra essa tecnologia. Na verdade, ela não dá permissão para que você mesmo use a tecnologia. Para ter o que a indústria chama de "liberdade de ação", você deve ter certeza de que nenhuma outra patente de outras empresas cubra a sua tecnologia.[3]

A Figura 4-2 ilustra essa situação. A região intermediária, que antes era protegida para a parte 1, agora se transformou. A presença das patentes da parte 2 torna a região enfraquecida para a parte 1. Isto é, a parte 1 não pode simplesmente aplicar sua tecnologia como antes nessa região, porque a parte 2 também detém patentes válidas que cobrem essa área. A parte 2 pode ter a capacidade de impedir a parte 1 de usar a sua própria tecnologia aqui ou, em vez disso, pode optar por cobrar uma taxa a fim de permitir que a parte 1 use a sua própria tecnologia.

A região à direita, que antes era desprotegida, mudou para uma região de violação para a parte 1. A aplicação da tecnologia pela parte 1 nessa região viola diretamente os direitos de patente da parte 2. A parte 1 está vulnerável à aplicação dos direitos da parte 2.

A região à esquerda, que antes era de proteção não utilizada, evoluiu para uma região de afirmação para a parte 1. Isto é, a parte 1 possui pedidos de patente válidos que cobrem a aplicação da tecnologia da própria parte 2. Aqui, a parte 1 pode escolher como deseja fazer valer os seus direitos, podendo cobrar uma ampla faixa de preços a fim de que isso aconteça (lembre de como a TI lucrou com suas patentes no Capítulo 3 ao licenciá-las para outras empresas). No entanto, a empresa não tem que licenciar. Caso prefira, a parte 1 pode simplesmente negar à parte 2 o direito de usar a tecnologia da própria parte 2 nessa área (como vimos na vitória da Polaroid sobre a Kodak, na qual a Polaroid forçou a Kodak a sair do mercado de fotografia instantânea).

Na Figura 4-2, o palco está montado para um grande acordo comercial: a parte 1 e a parte 2 concordam em licenciar uma à outra de modo que ambas possam aplicar suas respectivas tecnologias sem disputas judiciais devido a violações de patente. Este licenciamento cruzado é uma prática comum nas indústrias complexas como a de semicondutores, por exemplo, em que toda empresa deve usar as tecnologias de muitas outras companhias a fim de criar produtos.[4]

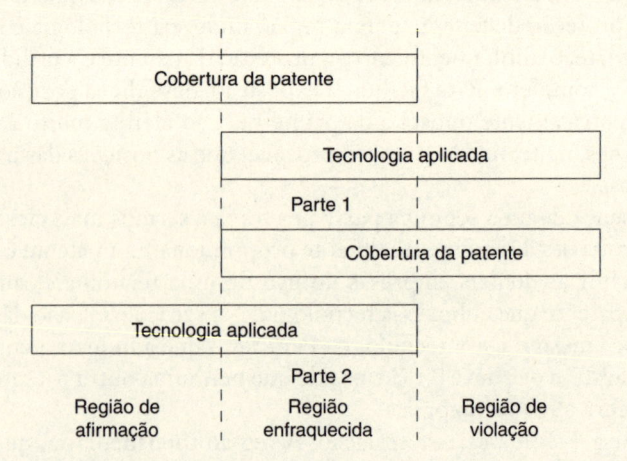

Figura 4-2 Alinhamento de tecnologia complexa quando duas partes possuem pedidos de patente conflitantes.

Agora, considere uma ligeira modificação na Figura 4-2, mostrada na Figura 4-3. Aqui, a parte 2 tem os mesmos pedidos de patente exibidos na Figura 4-2, mas, nesse caso, a parte 2 não está criando nenhum produto e não está aplicando qualquer tecnologia. Essa mudança sutil altera radicalmente as circunstâncias da Figura 4-2. Pode não haver um grande acordo comercial aqui na Figura 4-3, porque a parte 2 não corre o risco de perder a capacidade de aplicar sua tecnologia. A parte 2 é uma empresa que possui apenas a PI, cujo modelo de negócio se concentra exclusivamente em PI e nada mais. Como exemplo dessas organizações que só lidam com PI, temos a ARM e a Rambus na indústria de semicondutores, a NTP em litígio com a Research In Motion pelo BlackBerry ou a Dolby na indústria de produtos eletrônicos e entretenimento. Outros exemplos também incluem os conhecidos *trolls* de patente que discutimos no capítulo anterior.[5]

O modelo de negócio exclusivamente para PI não valoriza um licenciamento cruzado; em vez disso, quer uma compensação financeira. Na Figura 4-3, isso é mostrado de duas maneiras. Primeiro, a região de violação para a parte 1 expande-se até incluir a região intermediária. Segundo, a região de afirmação anterior para a parte 1 se tornou irrelevante, porque a parte 2 não está aplicando qualquer tecnologia coberta pela PI da parte 1. Este é um modelo de negócio bem mais perigoso para a parte 1, pois a sua capacidade anterior de permutar acesso à IP de terceiros usando a sua própria PI não é mais eficaz. De modo análogo, este modelo de negócio aumenta potencialmente o valor econômico da PI da parte 2 ao remover quaisquer atividades comerciais que possam ficar reféns (supondo que houvesse algum risco de violação por parte dessas atividades) de uma negociação com a parte 1.

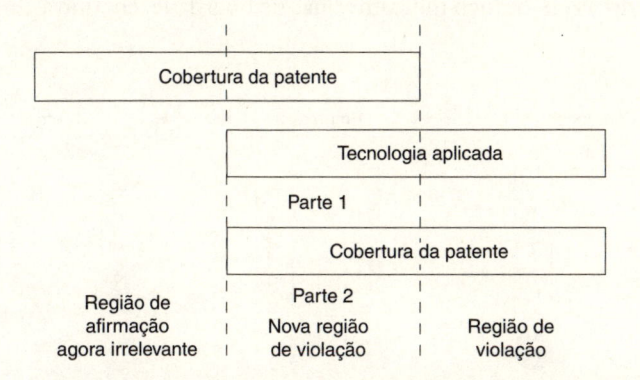

Figura 4-3 Alinhamento de tecnologia complexa quando a segunda parte detém a PI, mas não aplica a tecnologia.

MAPEANDO A SUA SITUAÇÃO

Como um gestor sabe qual é a sua situação em relação a essas diferentes regiões? A ferramenta básica empregada para avaliar essas questões se chama "mapeamento de patente". Este mapeamento examina todas as reivindicações aceitas de uma patente concedida e considera quando elas podem se aplicar. Depois, verifica outras patentes de outros detentores de patente para ver onde suas reivindicações poderiam se aplicar. Isso é um exercício caro e a análise resultante não é tão nítida e exata quanto nas Figuras 4-4 e 4-5. Porém, o mapeamento de patentes se tornou cada vez mais essencial na criação e gestão dos modelos de negócio em muitas indústrias diferentes.

A análise anterior olhava isoladamente para uma tecnologia. Uma análise mais realista, e que é cada vez mais comum em muitas companhias, é mapear toda a cadeia de valor de uma empresa.[6] No mínimo, esses mapas examinam a empresa e seus concorrentes diretos, incluindo depois seus fornecedores e clientes (e, muitas vezes, os respectivos concorrentes diretos desses clientes). A Figura 4-4 fornece uma ilustração simplificada de um mapa de patentes.

Em essência, a Figura 4-4 mostra onde as empresas estão protegidas ou expostas em partes diferentes da cadeia de valor. A análise inicial da potencial violação da patente de uma tecnologia que está sendo praticada nas Figuras 4-1, 4-2 e 4-3 seria feita em cada ponto da cadeia de valor na Figura 4-4. Para simplificar e facilitar a comunicação, as empresas usam frequentemente as cores preto, cinza e branco (ou vermelho, amarelo e verde) para indicar o nível de exposição com o qual se deparam em cada estágio da cadeia de valor. As áreas em preto na cadeia de valor indicam aquelas em que a prática continuada da tecnologia corre o risco de violar um ou mais pedidos de patente de uma outra empresa. As áreas de cor cinza indicam zonas de cautela, onde pode haver algum risco ou desafio. As áreas em branco indicam zonas de liberdade, em que a empresa pode

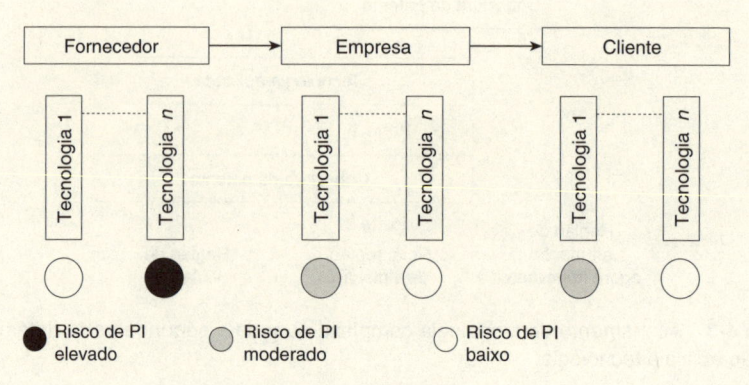

Figura 4-4 Um mapa de patente da cadeia de valor.

Capítulo 4 • O impacto da propriedade intelectual sobre o modelo de negócio 77

continuar a operar com pouco ou nenhum risco para o seu negócio. Na Figura 4-4, a própria empresa se depara com um risco moderado em uma tecnologia (tecnologia 1) e um risco baixo em outra tecnologia (tecnologia n). Seus clientes e canais de distribuição se deparam com um nível de risco similar. Entretanto, há um sério risco de PI na cadeia de abastecimento da empresa, exibido pelo círculo negro na tecnologia n. Se o fornecedor for questionado a respeito dessa tecnologia, ele pode não ser mais capaz de fornecer esse item.

A Figura 4-5 mostra um mapa de patentes real de uma cadeia de valor de impressoras, feito para uma empresa que fabrica materiais especializados utilizados no mercado de impressoras. Ela mostra que essa organização enfrenta uma série de áreas onde está potencialmente exposta em partes diferentes de sua cadeia de valor. Uma parte do risco reside em seu próprio negócio. Mas outros riscos estão em sua base de fornecedores (tais como sensores e *lasers*, e esses fornecedores podem ser suspensos ou até mesmo fechados por alegada violação) e entre os clientes da empresa (especialmente na área de consumíveis) e dos canais de distribuição.

Esses mapas podem revelar tanto oportunidades quanto riscos. Existem áreas na Figura 4-5 em que a organização usufrui de uma posição forte, principalmente na integração e teste, que poderiam ser oportunidades para extensões da linha de produtos ou para o licenciamento de tecnologia externa. Essas oportunidades poderiam ser alavancadas para entrar nos mercados adjacentes, gerar receita de licenciamento ou neutralizar algumas das áreas de risco em outro ponto da cadeia de valor. Essas possibilidades não são mutuamente exclusivas; a companhia também poderia combinar duas ou mais delas. E também poderia

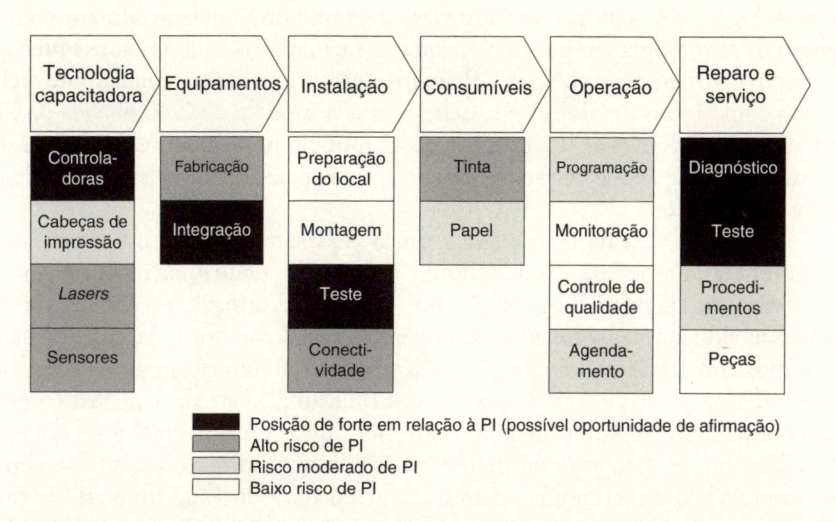

Figura 4-5 Análise do mapeamento de PI na cadeia de valor: impressoras.

garantir melhores condições dos fornecedores se pudesse proporcionar alguma cobertura de PI a esses fornecedores nas áreas onde estão expostos. De modo similar, os direitos sobre a PI poderiam se tornar itens adicionais nas negociações com os clientes e os parceiros de distribuição para obter melhores condições.

A mensagem clara da Figura 4-5 é que as empresas não deviam pensar somente a respeito da situação de sua PI no seu próprio negócio, mas considerar também os riscos de PI em outras partes de sua cadeia de valor.

Os mapas de patente são instantâneos da situação de uma empresa em um único ponto no tempo. Essas abordagens proativas ficam ainda mais interessantes em um contexto dinâmico, o qual será mais explorado na seção seguinte. Mostraremos que a questão de proteger ou não as ideias e o quanto protegê-las irá variar ao longo do ciclo de vida da tecnologia.

A DINÂMICA DA GESTÃO DE PI: LIGANDO A PI AO CICLO DE VIDA DA TECNOLOGIA

Se há algo bem conhecido e aceito entre os que estudam ou trabalham em tecnologia é que ela muda rapidamente. Algumas pessoas definiram um ciclo de vida da tecnologia (CVT) para ajudar a descrever os padrões subjacentes no mundo da tecnologia em constante mudança. O que não foi feito até agora é ligar a gestão da PI e o modelo de negócio ao CVT.

A gestão adequada da PI deve variar com o estágio da tecnologia relevante no CVT subjacente a essa PI. Atualmente, a maioria das empresas usa uma abordagem única de gestão da PI, ignorando de maneira efetiva os ciclos de vida de tecnologia subjacentes. Isso é um erro. A gestão da PI deve se alinhar com o estágio da tecnologia em questão e ajudar a formatar os estágios subsequentes do desenvolvimento tecnológico. Primeiro, examinaremos o conceito de ciclo de vida com alguns detalhes e apresentaremos o modelo de ciclo de vida da PI. Depois, exploraremos as implicações desse modelo nas diferentes maneiras de desenvolver modelos de negócio e gerenciar a propriedade intelectual associada com a tecnologia.

O ciclo de vida da tecnologia é um dos aspectos mais fundamentais de seu gerenciamento. Sua ideia remonta à pesquisa embrionária de William Abernathy, da Harvard Business School, e James Utterback, do MIT, e desde então tem sido amplamente adotada por outros acadêmicos.[7] Esta linha de pesquisa mostrou que a tecnologia não se desenvolve em um ritmo único e direto. Em vez disso, há um período inicial em que uma ampla variedade de tecnologias compete pela aceitação no mercado, um período posterior onde a tecnologia vencedora ou de "projeto dominante" se estabelece no mercado, um terceiro período quando a tecnologia amadurece e um período final no qual ela fica obsoleta.

A noção de ciclo de vida da tecnologia pode ser bem explicada com uma curva em S simples (ou "curva logística", como também é chamada). Na Figura 4-6, o desempenho de uma tecnologia está representado graficamente no eixo y, ao mesmo tempo em que o eixo x mostra o tempo decorrido desde que a tecnologia apareceu. Podem ser observados quatro estágios distintos na evolução da tecnologia.

No primeiro estágio, a tecnologia está apenas começando a surgir. Sua taxa de aprimoramento é, no máximo, modesta, e leva um certo tempo para aumentar até mesmo este pequeno progresso no desempenho. Este estágio vem antes do surgimento de um projeto dominante; assim. existe uma ampla variedade de tecnologias potenciais. Na indústria automobilística, por exemplo, houve um tempo logo no início dos anos 1900 em que os motores movidos a gasolina concorriam com motores a vapor e elétricos para serem a usina de força dominante dos veículos automotores.

A segunda fase é a do crescimento; é nela quando as tecnologias pegam fogo e têm um crescimento explosivo no desempenho. Em termos acadêmicos, o "projeto dominante" da tecnologia se enraizou, levando a indústria a concentrar seus esforços de inovação em como fazer a tecnologia progredir dentro do projeto dominante. Agora, os clientes consideram a tecnologia uma solução poderosa para, ao menos, um dos problemas prementes que enfrentam, e as empresas começam a incorporar a tecnologia em partes de seus negócios. Então, o mercado decola, gerando um crescimento rápido em unidades e receitas. Ainda no exemplo automotivo, o motor a gasolina passou a ser o projeto dominante

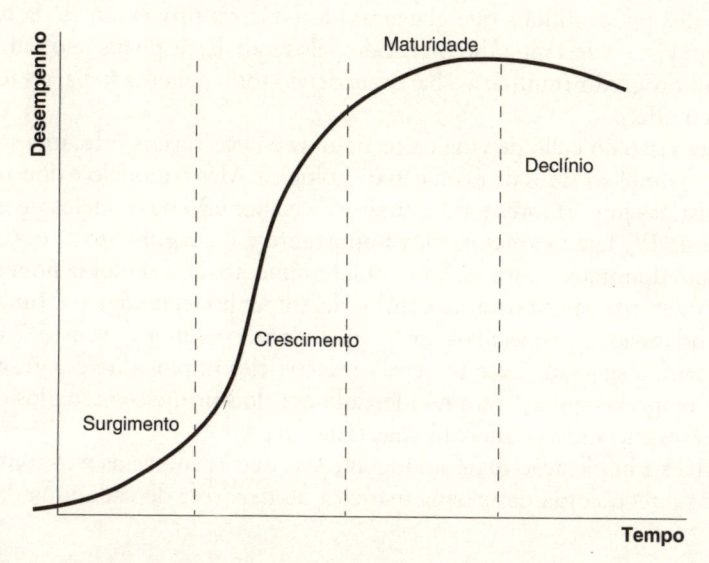

Figura 4-6 Estágios no ciclo de vida da tecnologia.

para a usina de força do carro, e as inovações começaram a se concentrar em como aumentar a quantidade de cavalos-vapor do motor. O modelo T de Henry Ford, e mais tarde o modelo A, são exemplo de produtos nessa fase.

A terceira fase da curva é a fase de maturidade, quando o crescimento do mercado se torna mais lento e a indústria alcança seus níveis máximos de receita para a tecnologia. Nesse estágio, a tecnologia já foi bem compreendida, os líderes de mercado estão bem estabelecidos e há pouca ou nenhuma brecha na indústria para a entrada de novas companhias. A tecnologia começa a se subdividir, criando novos nichos de oportunidade para novas aplicações e a penetração agora está disseminada por todo o planeta. Dentro da indústria automobilística, isto poderia corresponder à segmentação de Alfred Sloan do mercado de automóveis em diferentes categorias de veículos e preços. Mais recentemente, o aumento das categorias de veículos utilitários esportivos (SUV) e minivans pode ser visto como resultado de uma fase de maturidade da indústria. Agora, os clientes demonstram interesse real, pois as tecnologias já foram testadas e são confiáveis. Os próprios clientes são capazes de inovar, criando novas maneiras de aplicar a tecnologia aos seus problemas comerciais.

A quarta fase é a do declínio da tecnologia. Nesta etapa, a taxa de melhoria do desempenho da tecnologia atinge um patamar. Muitas vezes, uma tecnologia mais nova surge para tomar o lugar da anterior, substituindo as funções desempenhadas por essa. Embora os automóveis continuem a crescer e evoluir, mesmo que lentamente, há exemplos de tecnologias em declínio nessa indústria. Um exemplo claro foi a reação dos fabricantes de pneus norte-americanos ao advento dos pneus radiais que chegaram à indústria provenientes da Europa. Tendo em vista o desempenho oferecido pelos radiais, os pneus não radiais não poderiam progredir muito e acabaram cedendo todo o mercado para a tecnologia mais moderna.[8]

Esta visão do ciclo de vida da tecnologia é necessariamente uma simplificação das complexidades da evolução tecnológica. Mas o modelo exibe algumas características importantes para a análise da elaboração de modelos de negócio e gestão da PI. Uma característica importante é o surgimento necessário de um projeto dominante para estimular o crescimento da tecnologia no mercado. Outra característica importante é que o desempenho tecnológico é fundamental logo no início, e apenas mais tarde a qualidade, o volume e o custo se tornam críticos para o sucesso. Uma terceira característica importante é o grande número de empresas que entram no mercado nos dois primeiros estágios e a falta de empresas entrando no mercado nas fases finais.

Talvez a implicação mais abrangente seja que as empresas não conseguem gerenciar a tecnologia da mesma maneira no decorrer de cada uma das fases do ciclo. Os fatores-chave de sucesso para a tecnologia em uma fase *não são* os fatores-chave para a tecnologia em uma fase diferente. Em vez de usar um modelo único de gestão da tecnologia, uma empresa deve adaptar sua gestão à fase do ciclo em que concorre.

O MODELO DO CICLO DE VIDA DA PI

A mesma lógica de evitar o modelo único também se aplica aos modelos de negócio e à gestão da propriedade intelectual. Assim como não se deve gerenciar a tecnologia da mesma maneira em cada fase do seu ciclo de vida, também não se deve gerenciar a PI que abrange essa tecnologia da mesma maneira durante a sua vida legal. Assim como na gestão da tecnologia, a gestão da PI deve ser adaptada à fase do ciclo de vida tecnológico coberta pela PI. Chamo essa abordagem adaptada de "modelo do ciclo de vida da PI". Veja a seguir o modo de funcionamento do modelo:

- Nos estágios iniciais de uma nova tecnologia, as empresas devem investir na criação da PI e escolher o melhor método para protegê-la. Essa escolha dependerá do papel que a nova tecnologia poderia desempenhar no modelo de negócio da empresa.
- Na fase seguinte, a empresa implanta a tecnologia e segue para o mercado. As opções para levar a tecnologia ao mercado incluem a criação de parcerias a fim de obter as capacidades distintivas necessárias para completar a oferta e acessar os ativos complementares necessários para apoiar essa oferta.
- Na terceira fase, a empresa considera como vai colher os frutos da tecnologia. Embora isso inclua certamente usar a tecnologia no próprio negócio, as possibilidades estendem-se muito mais além, incluindo concorrentes, clientes, fornecedores e terceiros em outros mercados. Existem oportunidades de receita e lucro que, em muitos casos, promovem o licenciamento externo ou a criação de novas empresas, assim como considerações estratégicas que poderiam limitar o licenciamento da tecnologia para fora da empresa.
- Na fase final, a empresa gerencia sua saída da tecnologia. Isso pode ser forçado pela expiração da proteção legal da PI (observe que embora as patentes e *copyrights* expirem, os segredos comerciais não expiram). Ou a saída pode ser motivada pela introdução de uma tecnologia nova e aprimorada que substitua a anterior. Nesses casos, a proteção legal da PI pode se estender para muito além do seu valor em um aplicação dentro do modelo

de negócio original. Entretanto, a PI ainda pode ser bem valiosa para o modelo de negócio de outra empresa em uma aplicação diferente.

Vamos explorar esse processo mais profundamente e ver como a PI poderia ser gerenciada em cada estágio.

Fase de surgimento

Nos estágios iniciais de uma nova tecnologia, a gestão da PI dependerá muito do enquadramento da tecnologia em um modelo de negócio existente. Caso não se enquadre, talvez o modelo de negócio com melhor aplicação para a tecnologia não seja visível e precisará ser descoberto.

No último caso, a gestão da PI é direta. A empresa deveria buscar o máximo de proteção para a PI pela qual possa pagar e desenvolver agressivamente a tecnologia. Quando a Texas Instruments desenvolveu suas patentes de microprocessador (que vimos no capítulo anterior), ela já possuía um modelo de negócio forte baseado na fabrição de componentes (o chamado OEM), no caso *chips*, para vender para as indústrias de produtos eletrônicos e de computadores. A TI poderia fazer esses investimentos pois sabia que os demais elementos de seu modelo de negócio se ajustariam bem à tecnologia. Os aspectos importantes do modelo de negócio – tais como o sistema de distribuição, os processos de produção e operacionais e os elementos de serviço e suporte – atuam como recursos complementares nessa fase. As marcas e marcas registradas já detidas pela empresa podem ser estendidas a fim de abranger a nova tecnologia. O ajuste com tais recursos complementares proporciona a garantia adicional de que a empresa será capaz de lucrar com o investimento na tecnologia.[9]

Quando a Apple começou o desenvolvimento do seu aparelho iPod, enfrentou muitos riscos. Esse aparelho poderia concorrer com os outros reprodutores de MP3 que já estavam no mercado? A sua loja iTunes, que usa um formato próprio para baixar músicas, poderia se tornar o lugar preferido para os proprietários de conteúdo exibirem seus títulos? Se a Apple puder criar uma experiência melhor para o usuário, o seu modelo de negócio mais próprio (em comparação com os aparelhos de MP3 que usam serviços de música gratuitos e que fazem *download* de música ilegalmente) vai se encaixar com a música para *download*?

A Apple apostou essencialmente que a resposta para esses desafios era sim. O modelo de negócio da companhia é centrado em oferecer uma experiência superior para o usuário como uma proposição de valor. A Apple sabia, por estar há vários anos no negócio de PCs, que a tecnologia da Microsoft era mais fácil de usar e de aprender e que os usuários de Mac acreditavam estar recebendo uma experiência superior para a música baixada e reproduzida em um dispositivo portátil. Além disso, seu iPod usava muitos outros elementos do seu modelo de negócio nas operações, distribuição, *marketing* e vendas.[10] Sua PI é fortemente protegida, visto que a Apple pode manter os elementos internos de sua solução patenteados, permitindo operar com a proteção de segredos comerciais, patentes, *copyrights* e marcas registradas. Os recursos complementares que a circundam em seu modelo de negócio proporcionaram proteção adicional, o que foi um aspecto tranquilizador para as empresas que forneceriam o conteúdo.[11]

Contudo, haverá momentos em que uma tecnologia não vai se encaixar em nenhum modelo de negócio estabelecido, devendo ser criado um novo modelo para comercializar a tecnologia de forma eficiente. Quando a Kodak começou a trabalhar em fotografia digital, ela dominou rapidamente a tecnologia, mas lutou para entender onde conseguiria ganhar dinheiro. Não foi equivalente ao filme, que a Kodak usou como a sua fonte primária de lucros a partir da fotografia química.

Mais próximo do universo do iPod, a RealNetworks desenvolveu uma tecnologia excelente para atuar como um reprodutor de mídia em *streaming*,* capaz de reproduzir tanto a música em formato MP3 quanto conteúdo de vídeo digital. Seus produtos RealAudio e RealPlayer, respectivamente, permitem que os usuários reproduzam música e vídeo em vários formatos. A RealNetworks era uma empresa *start-up* e precisava descobrir um modelo de negócio que melhor lhe permitisse competir usando suas tecnologias. A companhia tentou várias abordagens: venda do reprodutor isolado, agrupamento com assinaturas, fornecimento de conteúdo específico em áudio e vídeo, criação de rádio pela internet e, mais tarde, jogos de computador pela internet.

No começo, a Real precisava estabelecer-se como a primeira e maior tecnologia de mídia em *streaming* e tentar se tornar o padrão da indústria. Sua estratégia de PI foi a de criar uma marca para o seu reprodutor e abrir o código de suas interfaces, mantendo o controle de propriedade do código interno. Mas o objetivo estratégico principal foi fazer que seu *software* RealAudio se estabelecesse como o padrão de fato (isto é, o projeto dominante) para o conteúdo de áudio em *streaming* e, mais tarde, conseguir que seu outro *software* RealPlayer se estabelecesse igualmente como o padrão de fato para o conteúdo de vídeo em *streaming*.

Nessa fase de surgimento, quando a empresa não possui um modelo de negócio adequado no início e não existe um projeto dominante que determine como a tecnologia vai se desdobrar, a proteção da PI é secundária à missão estratégica de encontrar o modelo de negócio que possa comercializar melhor a tecnologia. Na realidade, muitas vezes uma empresa não sabe qual é a melhor utilização de uma tecnologia no início e, portanto, pode não estar claro como proteger da melhor forma a tecnologia para essa finalidade. Há pouco valor na proteção muito forte de uma tecnologia que perdeu a corrida para ser o projeto dominante.

---

* N. de T.: *Streaming* é a tecnologia que permite o envio de informação multimídia através de pacotes, utilizando redes de computadores, sobretudo a internet.

Fase de crescimento

Na fase seguinte, a empresa implanta a tecnologia e entra no mercado por meio de um modelo de negócio. Se a tecnologia da empresa vencer a concorrência e se tornar o projeto dominante, sua tecnologia e modelo de negócio provavelmente serão amplamente copiados por toda a indústria. Vencer essa concorrência exige a prática bem-sucedida da tecnologia e o desenvolvimento de *know-how* considerável necessário para incorporá-la no negócio dos clientes, muitas vezes, encaixando a tecnologia em um sistema maior. Ao fazer isso, é gerado um conhecimento tácito significativo.

Se a tecnologia da empresa não vencer, há pesquisas demonstrando que é inútil insistir na abordagem de tentar transformá-la no projeto dominante.[12] Em vez disso, é melhor se retirar totalmente da indústria ou adotar o projeto vencedor. Neste último caso, a companhia precisa ter acesso à PI do projeto dominante, bem como ao *know-how* associado e necessário para aplicar a tecnologia eficientemente. Embora a engenharia reversa e a contratação de funcionários da empresa rival possam ajudar, a PI da empresa perdedora também pode ser recrutada aqui. Essa PI pode funcionar como uma moeda de troca para obter uma licença à tecnologia vencedora em condições atraentes. De outra maneira, a empresa perdedora pode preferir sair da indústria e receber algumas receitas de licenciamento por sua PI, uma espécie de prêmio de consolação por ter perdido a corrida para ser o projeto dominante.

Para a tecnologia vencedora, a gestão da propriedade intelectual nessa fase assume um caráter dual. A primeira parcela da gestão da PI apoiou a empresa em sua capacidade de transformar sua tecnologia no projeto dominante. Isso pode levar a empresa a compartilhar uma boa parte de sua tecnologia com outras companhias na esperança de recrutar algumas delas para se reunirem em torno de sua tecnologia. Nessa segunda fase do ciclo de vida da PI, entra em cena a segunda parcela da proteção da PI. Aqui, a empresa procura capturar uma porção do valor criado pelo projeto dominante.

Nesta fase, há uma tensão natural entre esses dois elementos da gestão da PI.[13] Como tem sido observado em muitas concorrências tecnológicas, pode-se vencer uma batalha para se tornar o projeto dominante e ainda assim perder a guerra da captura de valor.

Rambus, a empresa que vimos no capítulo anterior e que só comercializava a PI da Dram, começou tentando estabelecer um padrão com a sua tecnologia. Só depois que o esforço fracassou ela mudou para um modelo de licenciamento agressivo visando gerar seus lucros.

O computador pessoal da IBM é outro exemplo dessa tensão. O PC triunfou como a arquitetura que definiu a evolução da computação pessoal desde a sua introdução no mercado em 1981. Nos anos seguintes, a IBM viu a sua arquitetura ultrapassar a participação de mercado da Tandy, Commodore e ainda mais a da Apple, tornando-se o fornecedor dominante de PCs em 1985.

A IBM também criara uma proteção significativa para as porções-chave de sua propriedade intelectual do PC. Tinha uma marca forte, tanto para a sua identidade corporativa quanto para o seu produto PC (os leitores acima de uma determinada idade podem se lembrar da campanha publicitária *Little Tramp*, com Charlie Chaplin). Ela também tinha patentes em muitos elementos de seu projeto de computador e cercou cuidadosamente o código da sua ROM BIOS, que conectava o sistema operacional DOS ao *hardware* do PC. Como aconteceu, empresas como a Compaq e a Phoenix Software perceberam que poderiam fazer a engenharia reversa desse código sem violar a propriedade intelectual da IBM. Embora isso tenha sido caro e demorado, uma vez alcançado o objetivo dúzias de empresas (que compraram os *chips* de ROM BIOS da Compaq e da Phoenix Software) agora podiam oferecer computadores realmente compatíveis com o da IBM.

Assim, a IBM venceu a batalha de se tornar o projeto dominante. Em 2004, porém, a organização jogou a toalha e vendeu o seu negócio de PC para a Linova, uma fabricante de computadores baseada na China. A guerra na arquitetura da indústria de IBM PC no longo prazo foi vencida por outras empresas, tais como a Dell e a HP (que comprou a Compaq). Os esforços da IBM para gerenciar sua PI foram bem-sucedidos no estabelecimento do projeto dominante. Porém, esses esforços não foram suficientes para que a IBM protegesse a sua tecnologia e mantivesse a liderança na indústria duas décadas mais tarde.[14]

O iPod também deve encontrar o equilíbrio certo, agora que o dispositivo está em fase de forte crescimento. Caso perca inteiramente o controle de sua arquitetura, pode ter o mesmo destino do IBM PC. E se mantiver aferrado demais à sua abordagem proprietária, outras abordagens mais abertas acabarão ultrapassando-o no mercado (como aconteceu nos anos 1980 com o Macintosh *versus* o PC).

Fase de maturidade

Na fase de maturidade, já ocorreu o maior volume de crescimento de mercado. Em vez de se posicionar para o futuro, a empresa deve se concentrar em como colher os frutos da tecnologia. À medida que a vida útil dos produtos diminui em determinados mercados, a maturação estimula as empresas a começarem a vislumbrar outros usos da tecnologia em segmentos de mercados recém-surgidos dentro da indústria e até mesmo em aplicações inteiramente diferentes em outras indústrias.

Na literatura sobre o ciclo de vida do produto, este é o momento em que a base da competição técnica passa da tecnologia superior de produto para tecnologia superior de processo. Em parte, isto se deve à crescente dificuldade de diferenciar os produtos de uma empresa dos produtos das rivais. Hoje há quantidade suficiente de informações compartilhadas por toda a indústria que confere menos benefícios às organizações integradas verticalmente, ao mesmo tempo em que as partes mais especializadas e focadas dentro da cadeia de valor (com processos altamente otimizados para esses elementos da cadeia de valor) se tornam cada vez mais competitivas.

Esta fase introduz uma série de inovações nos modelos de negócio, mesmo com a diminuição das diferenças tecnológicas. Agora as companhias criam muitos modelos de negócio alternativos, frequentemente envolvendo novos arranjos com os concorrentes, clientes, fornecedores e terceiros em outros mercados. No mercado de PC, por exemplo, o modelo Dell Direct se tornou uma força dominante à medida que a indústria amadureceu. As empresas taiwanesas começaram a fabricar PCs e *laptops* dentro das especificações dos grandes fabricantes de computadores. Outras companhias começaram a fazer engenharia reversa nos cartuchos de impressora de empresas bem-sucedidas como a HP.

Essa fase também introduz um objetivo diferente para a gestão da propriedade intelectual. Já não basta mais a gestão da PI estabelecer e defender o modelo de negócio da empresa dentro da indústria. Agora, a gestão da PI deve apoiar a sua aplicação nos novos segmentos da indústria atual e buscar também novas aplicações dessa PI em outras indústrias. A Polaroid, por exemplo, inseriu a sua fotografia instantânea em muitas aplicações comerciais, tais como crachás de identificação e documentos de segurança. A Kodak, por sua vez, inseriu a sua tecnologia de filmes em muitas partes da medicina para proporcionar imagens de alta qualidade no diagnóstico de pacientes.

Em muitos casos, essas aplicações não serão buscadas pela empresa que possui a PI, mas serão percebidas por outras empresas. As estratégias excessivamente restritivas de gestão da PI prejudicarão a busca por esses novos usos da tecnologia. As estratégias proativas e adequadas, porém, podem ajudar a organização a identificar e explorar essas novas oportunidades. Os modelos de negócio para essas novas áreas de aplicação devem levar em conta o valor proporcionado pelo novo parceiro de aplicação, bem como o do fornecedor da tecnologia.

Nos estágios finais de sua evolução, a RealNetworks passou a trabalhar cada vez mais com conteúdo e serviços, contando agora com a exclusividade no acesso ao conteúdo para meios particulares de exibição (tais como PCs e dispositivos sem fio, por exemplo, os celulares). À medida que a mídia em *streaming* amadureceu, a RealNetworks passou o seu *software* de reprodução de conteúdo (ao contrário do seu conteúdo) para uma abordagem de código aberto. Isso aumenta a quantidade de desenvolvedores criando sobre a tecnologia da RealNetworks, ao mesmo tempo que diminui a capacidade de essa empresa controlar a direção da tecnologia do *software* RealPlayer.

É provável que o iPod da Apple venha a ter a oportunidade de ser útil em várias aplicações muito além da reprodução de música e vídeo. Mas a Apple tem de ser bem ágil e adaptável para encontrar a composição correta de proteção e abertura a fim de penetrar nessas novas oportunidades de aplicação de uma maneira lucrativa.

Fase de declínio

Na fase final do ciclo de vida da tecnologia, ela não tem mais valor no mercado original. Isto pode ser forçado pela expiração da proteção legal da PI. Em geral, porém, nas indústrias que avançam rapidamente, o valor de mercado de uma tecnologia expira bem antes de caducar a sua proteção legal. Isso ocorre quando há a introdução de uma tecnologia nova e aprimorada que substitui a tecnologia anterior. À medida que a vida útil dos produtos encurta em muitas indústrias, esta última força vem cada vez mais à tona.

À primeira vista, a fase de declínio parece ser a menos interessante do ciclo. As batalhas-chave já foram travadas, os vencedores surgiram e há pouca ou nenhuma perspectiva de crescimento do mercado. Nesse ínterim, tecnologias mais novas estão entrando no mercado e tornando obsoleto grande parte do valor (ou todo) das tecnologias atuais.

Na realidade, porém, os gestores atentos estão criando modelos de negócio que empregam muitas maneiras lucrativas de extrair valor da PI que poderia aparentar pouco valor. A GE saiu da maioria dos seus negócios de eletrônicos (televisões, rádios, aparelhos de som, etc.) muito tempo atrás. No entanto, ainda se pode comprar facilmente muitos tipos de produtos da marca GE, graças a um acordo inteligente que ela fez com alguns fabricantes asiáticos para fornecer esses produtos com a marca GE. Os fabricantes fazem toda a P&D, fabricação, *marketing*, vendas e distribuição, pagando à GE um *royalty* pelo uso de sua PI (no caso, a marca registrada GE). A GE não assume nenhum risco no negócio, não exige ativos para apoiar o uso de sua PI e recebe um bom *royalty* pelo seu nome. Na verdade, este é um modelo de negócio muito lucrativo que veio da escolha da GE de sair de um decadente conjunto de negócios que ela julgou não serem mais atrativos estrategicamente para a companhia.

A IBM é outra empresa que gerou alguns lucros ao sair de negócios que ela achava estrategicamente sem importância. Quando ela saiu do negócio de PC, descobriu que possuía alguns ativos de PI enormes que poderiam alavancar negócios com os líderes do mercado de PC, como a Dell e a Linova. No caso da Dell, a IBM empacotou seus ativos de PI em um acordo de longo prazo para fornecer vários serviços de TI para a Dell, e anunciou um relacionamento que resultará em muitas dezenas de milhões de dólares no caixa da IBM. No caso da Linova, a empresa também recebeu mais de 1,7 bilhão de dólares em pagamento, além de um maior acesso na China para os seus serviços de TI. Ao fechar uma porta (seu negócio de PCs), a IBM abriu outra (seus serviços de TI na China). Uma terceira saída veio no negócio de *switches* e roteadores, em que a IBM concorria sem muito sucesso com a Cisco Systems. Quando a IBM fechou seu negócio, ela licenciou uma parte de sua PI para a Cisco (mais uma vez empacotada em um acordo anunciado para vender serviços de TI para a Cisco) e recebeu muitas dezenas de milhões de dólares.

Esses exemplos ilustram o valor da gestão atenta da PI na fase de declínio do seu modelo do ciclo de vida. Um fator que se soma à oportunidade de realização de valor nesse estágio é o fato de que a empresa não vai mais operar nesse negócio. Enquanto ela estava no negócio, seus próprios ativos e operações corriam o risco de violar os direitos de PI de outra empresa. Se a companhia optar por fazer valer seus direitos de PI sobre uma outra, muitas vezes essa outra empresa fará o mesmo com a primeira empresa. A contra-argumentação alega que a primeira empresa estava violando a PI da segunda. O curso normal para essas questões é uma boa dose de pose de ambos os lados, seguido de um acordo pelo qual cada lado licencia a sua PI para o outro, talvez com um pagamento para compensar qualquer diferença percebida. Esta é a situação na Figura 4-2.

Uma vez que a empresa decide sair do negócio, a situação muda. Agora, ela não possui mais os seus ativos expostos a potenciais contra-argumentações da outra parte. A fraqueza aparente (em outras palavras, a decisão de sair do negócio) cria uma posição mais forte a partir da qual se pode negociar com as outras empresas que poderiam violar a sua PI (que, no final das contas, continua em vigor mesmo depois de a empresa sair do negócio). Esta é a situação na Figura 4-3.[15]

Outro exemplo de descoberta de valor da PI na fase de declínio do CVT vem dos fracassos de empresas *start-ups*. De 1998 até o início de 2001, o mundo dos negócios testemunhou uma explosão de empresas *start-ups* (durante os assim chamados "anos da bolha econômica"), seguido pelas falências correspondentes. Empreendimentos que receberam pré-avaliações financeiras de 100 milhões de dólares ou mais tiveram de vender todos os seus ativos em leilão para recuperar alguns centavos por dólar de seus investidores. Esses ativos incluíram a PI detida pelo empreendimento. Embora muitos desses empreendimentos não tivessem ativos de valor real, alguns deles podem ter sido proprietários de patentes de boas tecnologias e ideias que fracassaram por outras razões. Em geral, esses ativos de PI são leiloados junto com o mobiliário, de modo que os compradores atentos podem obter patentes legalmente válidas por alguns milhares de dólares cada. Por comparação, o processo de desenvolver e submeter uma nova patente que finalmente é emitida fica em torno de 15 a 50 mil dólares. Muitas vezes, é mais caro analisar cuidadosamente as patentes do que apenas comprá-las. As empresas estabelecidas estão refinando suas carteiras de PI, adquirindo mais patentes nesses leilões.

Gerenciando pelas fases do ciclo de vida da tecnologia: o Windows na China

Com o modelo de ciclo de vida da PI, é varrida a concepção dominante de gerenciar a propriedade intelectual com uma mentalidade única e invariável. Em seu lugar, surgirá uma abordagem mais variada, dinâmica e focada estrategicamente, fazendo as empresas buscarem ativamente oportunidades de negócio não realizadas e latentes em sua base de conhecimento, mesmo enquanto gerenciam os riscos que surgem em seus negócios atuais. Embora eu já tenha dado exemplos de diferentes estratégias para a gestão da PI em cada fase do CVT, a maior parte do poder dessas abordagens vem da observação das fases do ciclo.

Na fase inicial da tecnologia, vale a pena ser bem aberto. Nem você nem ninguém sabe qual é a melhor aplicação de uma determinada tecnologia, e ninguém tem um modelo de negócio adequado para comercializar qualquer aplicação. À medida que surge o projeto dominante, passa a ser muito importante aumentar a proteção das ideias. Na fase de maturidade, a gestão da PI deve ser mais diferenciada e segmentada a fim de apoiar diferentes aplicações da tecnologia com várias finalidades. Na fase de declínio, as empresas podem colher agressivamente os frutos de seus investimentos iniciais na proteção da PI.

Para visualizar o benefício dessa abordagem através das fases do CVT, considere o problema que a Microsoft está enfrentando na China com as cópias pirateadas do Windows. Nos Estados Unidos e na Europa, o Windows se tornou o sistema operacional dominante para o PC e o crescimento nessas regiões é bem estável – colocando-o diretamente na fase de maturidade do ciclo de vida da tecnologia. Porém, na China as coisas são bem diferentes. A crescente prosperidade econômica do país criou uma grande multiplicação na quantidade de PCs à venda no país, de tal forma que nessa região o ciclo de vida da tecnologia está passando do surgimento para o crescimento.

O pensamento padrão sugere que a Microsoft deve procurar empregar as mesmas proteções contra a pirataria na China que utiliza nos Estados Unidos. Ou seja, a empresa (talvez orquestrada com outras empresas de *software*) deveria policiar vigorosamente o uso de seu *software* e empreender uma ação legal contra todo e qualquer uso ilegal, independente da parte do mundo em que essas atividades ocorram.

Uma visão mais variada de onde se enquadra o Windows no CVT sugere uma abordagem radicalmente diferente. Nos Estados Unidos, a Microsoft venceu a batalha pelo PC. Seu sistema operacional Windows usufrui de uma participação de mercado acima de 90%.[16] Mesmo o sistema operacional rival, o Linux (da comunidade do código aberto), é uma pequena ameaça real para a posição da Microsoft quando se trata de computadores pessoais. Na China, porém, a batalha pelo PC ainda está em andamento. Embora a Microsoft seja líder, o Linux está impondo um forte desafio. Na realidade, a comunidade Linux fez um acordo com o governo chinês para fazer dele o sistema operacional básico dos computadores do governo chinês e de muitas partes do sistema educacional daquele país.

Nesse contexto, o emprego das políticas ocidentais de aplicação da PI para conter a inundação de cópias ilegais do Windows na China põe em risco a vitória na batalha (de deter e punir a violação da PI) e pode fazer que a Microsoft perca a guerra (de se tornar o padrão dominante no PC). Enquanto o Linux se mantiver como um sério rival como sistema operacional preferido para o PC na China, a Microsoft, na verdade, deveria *dar boas vindas* às cópias pirateadas do seu *software*. As cópias ilegais do Windows são gratuitas, o que ajuda a Microsoft a compensar a vantagem do custo inicial do *software* "gratuito" de código aberto. Toda cópia pirateada instalada em um computador chinês e que é utilizada por um ou mais cidadãos chineses traz mais uma pessoa para o ecossistema da Microsoft. Isto fortalece o seu mercado para o desenvolvimento de aplicações, ferramentas e outros produtos complementares de terceiros (alguns dos quais são feitos pela própria Microsoft; assim, ela pode ganhar dinheiro com as versões pirateadas do Windows através desses outros produtos). Ainda mais importante, essa abordagem nega ao Linux o próximo novo cliente que, de modo similar, reforçaria o *seu* ecossistema contra o Windows.

Se a Microsoft conseguir desestimular a pirataria do Windows na China durante essa fase atual, é muito mais provável que impulsione o usuário de *software* pirateado para o lado do Linux do que para as estatísticas de usuários pagantes do Windows naquele país. Enquanto o Linux continuar a ser uma ameaça estratégica para o Windows, isto é exatamente o oposto do que a gestão de PI da Microsoft deve tentar realizar. Sua estratégia na China deveria se concentrar em garantir a vitória do Windows em todos os PCs naquele país. Isso pode exigir esforços deliberadamente frouxos na aplicação contra as cópias de Windows pirateadas no curto e médio prazos. E há pistas de que a Microsoft estaria fazendo exatamente isso.[17] Só depois que a ameaça do Linux for eliminada é que a Microsoft poderá se dar ao luxo de apertar a proteção do Windows contra a pirataria, como está fazendo agora no Ocidente.

Logo, é recomendável que a Microsoft adote uma abordagem muito diferente da gestão de sua PI em torno do Windows na fase inicial do CVT na China, em comparação com a sua abordagem nos Estados Unidos. Sua gestão da PI deve ser guiada principalmente pelos objetivos comerciais da empresa e não por uma perspectiva legal.

Uma perspectiva legal poderia ser, por exemplo, que a aplicação relaxada da PI em uma região cria um mau precedente para a aplicação da PI em outras regiões. Outra visão legal seria a escolha de um caso especialmente notório de pirataria do Windows na China visando a servir de exemplo às outras pessoas, que poderiam elas mesmas copiar o Windows ilegalmente. Estes são pontos que valem a pena considerar, mas estão subordinados ao objetivo estratégico de estabelecer a posição de mercado como sistema operacional padrão na China. A não ser que a equipe legal seja incluída em todos os negócios-chave e tomadas de decisão estratégicas do Windows na China, os juristas, realizando seu trabalho da melhor maneira que sabem, poderiam sabotar inadvertidamente a estratégia global.

UMA ABORDAGEM ABERTA DE GESTÃO DA PI

As patentes lhe permitem excluir as outras empresas de praticar uma tecnologia coberta pela sua patente. No entanto, elas podem lhe impedir de praticar a sua própria tecnologia, caso alguém detenha patentes que cubram a sua abordagem. Essa distinção sutil cria diversas circunstâncias que a empresa deve controlar à medida que cria e gerencia um modelo de negócio para lucrar com uma tecnologia. Em alguns casos, a empresa pode ter liberdade de ação mediante o licenciamento cruzado. Em outros, porém, os detentores de outras patentes podem empregar modelos de negócio que tornem o licenciamento cruzado desestimulante para eles. Nesse último caso, o licenciamento cruzado não proporcionará qualquer proteção para o modelo de negócio.

O mapeamento da patente pode ajudar a identificar os riscos e oportunidades existentes nas cadeias de valor em que o seu modelo de negócio atua. As áreas de risco podem ser demarcadas proativamente visando a uma atenção específica para com elas. Aqui seguem algumas medidas que você pode adotar para se proteger contra os *trolls*. Áreas de oportunidades podem ajudar a orientar a entrada em produtos e serviços relacionados que se beneficiam da carteira de PI da empresa, melhorem as relações com os fornecedores e consumidores ou gerem fluxos de receita.

No capítulo anterior, discutimos o surgimento dos mercados secundários de inovações e sua PI associada. Esses mercados secundários se tornam um *shopping center* de PI a fim de ajudar a fornecer proteção quando se entra em novos mercados. Como vimos neste capítulo, eles também podem ajudar a criar valor monetário a partir da PI associada com o negócio no qual você não está operando mais.

Geralmente, tanto no lado da compra quanto no lado da venda, a gestão da PI requer uma abordagem em fases que corresponda ao ciclo de vida da tecnologia na indústria. A gestão eficaz variará de acordo com a fase nesse ciclo, em vez de usar uma abordagem única. Uma abordagem verdadeiramente dinâmica aproveitará a gestão da PI para os objetivos estratégicos maiores do negócio, estejam esses objetivos operando nos Estados Unidos ou em todo o mundo.

5

Um *framework* para promover o seu modelo de negócio

No último capítulo, vimos como uma proteção mais forte para as patentes e outras propriedades intelectuais, combinada com os recém-surgidos mercados secundários de inovações e sua PI associada, mudou o cenário da criação dos modelos de negócio. Neste capítulo, veremos os próprios modelos de negócio em muito mais detalhes. A ideia central deste livro é que as empresas devem desenvolver modelos de negócio mais abertos se forem tirar o máximo proveito das oportunidades oferecidas pela inovação aberta.

Os modelos de negócio são essenciais para converter ideias e tecnologias em valor econômico, porém, eles não são todos iguais. Alguns conferem pouca ou nenhuma vantagem em relação a outras empresas. Outros diferem no quanto segmentam sua abordagem para seus mercados-alvo. Muitos modelos de negócio são fechados, usando pouco as ideias e tecnologias externas. Alguns estão se tornando mais abertos, incorporando ideias úteis provenientes de diversos lugares fora das quatro paredes da empresa. Poucos têm sido capazes de se posicionar como uma plataforma e atrair muitas outras organizações a fazerem investimentos e construir modelos de negócio sobre essa plataforma. Neste capítulo, examinaremos um *framework* sistemático para avaliar e depois melhorar o seu modelo de negócio.

O QUE É UM MODELO DE NEGÓCIO?

O *modelo de negócio* é um *framework* útil para ligar ideias e tecnologias a resultados econômicos. Embora este termo geralmente seja aplicado no contexto das organizações empreendedoras, também é valioso para compreender como as empresas de todos os tamanhos podem converter o potencial tecnológico em valor econômico. Em outras palavras, toda empresa possui um modelo e negócio, seja ele claro ou não.

Em sua essência, um modelo de negócio desempenha duas funções importantes: criação e captura de valor. Primeiro, ele define uma série de atividades que resultarão em um novo produto ou serviço que possua um valor líquido criado no decorrer de várias atividades. Segundo, ele captura valor de uma parcela dessas atividades para a empresa que está desenvolvendo o modelo. (Para saber mais sobre o que faz um modelo de negócio, veja "Funções de um modelo de negócio").

Os modelos de negócio não devem apenas ser desenvolvidos, mas também têm de ser gerenciados. A gestão de modelos de negócio é uma atividade inerentemente arriscada e incerta. Há muitas maneiras potenciais de comercializar uma ideia ou tecnologia, muitas delas com pouca probabilidade de serem bem-sucedidas. Os modelos de negócio bem-sucedidos apresentam riscos adicionais. Eles criam uma forte inércia dentro da empresa que torna qualquer mudança muito mais difícil de realizar.

Todavia, algumas companhias têm sido capazes de promover uma mudança em seus modelos de negócio. As pioneiras o fizeram reagindo a mudanças drásticas em seus mercados, muitas vezes em resposta a uma crise. Muitas outras o fizeram comparando as melhores práticas de outras e imitando um subconjunto dessas práticas dentro de suas próprias companhias. Isso deu-lhes alguma noção de como melhorar seu modelo de negócio, onde melhorar e que melhoria é realmente possível.

Mas as empresas precisam ter mais do que uma noção de que a mudança é possível: elas também necessitam de um roteiro que possa fornecer alguma direção global de como poderia mudar seus modelos de negócio e como estabelecer a sequência das mudanças necessárias. Este capítulo descreve um *framework* que explica os diferentes tipos de modelos de negócio. O capítulo também esboça os processos de inovação associados e a gestão da PI que apoia cada modelo de negócio.

Os modelos de negócios não são todos iguais. Uma maneira de considerar os diferentes modelos de negócio é denominada *framework* do Modelo de Negócio (FMN). Este postula seis tipos de modelos de negócio – dos muito básicos, com pouca vantagem, aos altamente sofisticados, que usufruem de tremendas vantagens. Esses variam em duas dimensões: primeira, a profundidade do investimento realizado para apoiar o modelo de negócio e, segunda, a abertura do modelo de negócio. Como todos os modelos, esse *framework* é uma simplificação considerável da realidade. Mas os bons modelos isolam questões importantes que não são claramente visíveis na imensa complexidade que acompanha a realidade. O modelo procura ajudar as empresas a avaliarem onde estão seus

> **Funções de um modelo de negócio**
>
> Um modelo de negócio abrange essas seis funções:
>
> 1. Articular a *proposição de valor* – ou seja, o valor criado pela oferta para seus usuários.
> 2. Identificar um *segmento de mercado* – ou seja, os usuários para os quais a oferta e a sua finalidade são úteis.
> 3. Definir a estrutura da *cadeia de valor* necessária para a empresa criar e distribuir a oferta, e determinar os recursos complementares necessários para apoiar a posição da empresa nesta cadeia (isto inclui seus fornecedores e clientes e deveria abranger das matérias-primas ao cliente final).
> 4. Especificar os mecanismos de geração de receita da empresa e estimar a *estrutura de custo* e o *potencial de lucro* para produzir uma oferta, dadas a proposição de valor e a estrutura escolhida para a cadeia de valor.
> 5. Descrever a posição da empresa dentro da *rede de valor* (também chamada de "ecossistema"), ligando os fornecedores e os clientes, incluindo a identificação de complementadores potenciais (outros desenvolvedores de *software*) e concorrentes.
> 6. Elaborar a *estratégia competitiva* com a qual a empresa inovadora obterá e manterá uma vantagem sobre as rivais.
>
> Henry Chesborough, *Open Innovation: The New Imperative for Creating and Profiting from Technology* (Boston: Harvard Business School Press, 2003).

modelos de negócio atuais em relação ao seu potencial e a definir os próximos passos adequados para o maior progresso desse modelo. Ele também identifica as conexões entre as atividades do modelo de negócio de uma empresa, as atividades inovadoras correspondentes da organização de P&D e a gestão da PI associada com o modelo de negócio.

O *FRAMEWORK* DO MODELO DE NEGÓCIO

Os seis tipos de modelo de negócio são:

Tipo 1 – A empresa possui um modelo de negócio indiferenciado.

Tipo 2 – A empresa possui alguma diferenciação em seu modelo de negócio.

Tipo 3 – A empresa desenvolve um modelo de negócio segmentado.

Tipo 4 – A empresa possui um modelo de negócio externamente consciente.

Tipo 5 – A empresa integra seu processo de inovação ao seu modelo de negócio.

Tipo 6 – O modelo de negócio da empresa é capaz de mudar (e ser mudado pelo) mercado.[1]

Existem processos de inovação e aspectos da gestão da PI associados a cada tipo de modelo. Veja na Tabela 5-1 a matriz que descreve esses aspectos inter-relacionados.

As seções a seguir ilustrarão cada tipo de *framework*, assim como a inovação associada e a gestão de PI implícita a esses tipos. Para ser mais concreto, são fornecidos alguns exemplos que ajudam a ilustrar os processos das empresas para cada tipo de modelo. Vamos começar pelo primeiro, ou tipo 1.

Tipo 1: A empresa possui um modelo de negócio indiferenciado

Toda empresa possui um modelo de negócio, seja ele nítido ou não. Embora as definições de modelos de negócio variem até certo ponto, os especialistas concordam que os modelos de negócio são as maneiras pelas quais as empresas pretendem ganhar dinheiro com suas ideias, recursos e tecnologias.[2] Entretanto, a ampla maioria das empresas em operação hoje não possui um modelo de negócio nítido nem um processo para o gerenciar. Essas empresas operam com modelos de negócio tipo 1. Uma companhia que utiliza o modelo de negócio indiferenciado compete em termos de preço e disponibilidade, atendendo aos clientes que compram com base nesses critérios. Em outras palavras, as companhias que usam os modelos de negócio tipo 1 vendem produtos de consumo e o

Tabela 5-1 Matriz do *framework* de modelo de negócio com sua inovação associada e seus processos de gestão da PI

	Modelo de negócio	Processo de inovação	Gestão da PI
Tipo 1	Indiferenciado	Nenhum	Não disponível
Tipo 2	Diferenciado	Proposital	Reativo
Tipo 3	Segmentado	Planejado	Defensivo
Tipo 4	Externamente consciente	De suporte externo	Ativo capacitador
Tipo 5	Integrado	Conectado ao modelo de negócio	Ativo financeiro
Tipo 6	Adaptativo	Identifica novos modelos de negócio	Ativo estratégico

fazem da mesma maneira que muitas outras e, frequentemente, elas são apanhadas na "armadilha do produto de consumo".

As empresas que operam no tipo 1 acham muito difícil manter qualquer vantagem competitiva em seu negócio. Às vezes, elas mudam, seja copiando uma ideia que observam em outra empresa seja contratando alguém de uma outra empresa que possa ensinar-lhes algo novo. Mas elas têm mais chances de não conseguirem mudar e de serem varridas à medida que as melhorias chegam em suas indústrias, e não em sua empresa.

Uma vez que essas empresas se baseiam extensivamente em copiar as outras, raramente, se é que isso ocorre, são as primeiras a implementar inovações. Qualquer vantagem que venha a caminho é igualmente difícil de proteger quando se tenta copiá-la. Isso quer dizer que falta à empresa tipo 1 a capacidade de controlar seu destino. Quando uma tecnologia superior chega à sua indústria, a empresa tipo 1 não tem o modelo de negócio para reagir. Quando o mercado atendido por ela fica saturado e desaparece, essa empresa provavelmente também desaparece.

As organizações com modelos de negócio tipo 1 criam muito pouca PI; elas também carecem de recursos para defender a pouca PI que criaram. Embora escutemos histórias na imprensa a respeito de pequenos inventores ganhando grandes casos de violação contra grandes corporações, esses casos são bastante excepcionais. Normalmente, as empresas tipo 1 têm pouco o que proteger e pouco com o que se proteger. A maioria dos inventores obtém um sucesso limitado contra as grandes, mais financiadas e mais estabelecidas.

Para ser justo, existem também vantagens no modelo de negócio tipo 1; é de longe o de custo mais baixo. Este modelo diminui o custo de uma empresa entrar em um novo mercado, pois não requer dinheiro a ser gasto em itens caros como a inovação. Também é um ponto de partida útil para os empreendedores que estejam à procura de emprego para si próprios, para os membros de sua família e, talvez, para seus amigos. O trabalho árduo e a sorte podem levar a empresa tipo 1 a alguma distância. Mas uma empresa como essa encontrará dificuldades para atrair investimentos e ampliar suas atividades. Se ela deseja sobreviver, precisará ir além de suas origens e evoluir seu modelo de negócio, passando para o próximo tipo.

Entre as empresas tipo 1, temos muitos restaurantes e fazendas de família, livrarias independentes, cafés e barbearias; na verdade, vários tipos de estabelecimentos que prestam serviços básicos. Nos semicondutores, as empresas tipo 1 incluem os desenvolvedores e fornecedores de produtos de consumo. Na indústria farmacêutica, temos como exemplo determinadas organizações de pesquisa por contrato ou fabricantes de medicamentos genéricos. No entretenimento, temos muitas marcas que estão por aí tentando fechar contratos com artistas, representar talentos promissores ou elaborar novos conceitos de roteiro para cinema. (Outras empresas que você pode achar que são do tipo 1 possuem modelos de negócio muito mais complicados. Veja "Que tal a Dell e a Wal-Mart? a seguir".)

Que tal a Dell e a Wal-Mart?

Os leitores atentos podem levantar uma objeção poderosa neste momento. A empresa tipo 1 não investe muito em inovação e, portanto, encara um futuro incerto. Que tal as empresas como a Dell e a Wal-Mart? Elas são bem conhecidas por investir muito pouco de seu próprio capital em inovação e, mesmo assim, seu futuro parece estar assegurado durante muitos anos.

É verdade que empresas como a Dell e a Wal-Mart não investem muito do seu próprio dinheiro na inovação de produtos. Cada uma, porém, é líder em inovação de *processo* dentro de sua indústria, o que é no mínimo tão importante para o futuro sucesso quanto a inovação de produtos. Por exemplo, a Dell foi pioneira na capacidade de encomendar uma ampla variedade de PCs direto do fabricante e investiu somas significativas na criação de processos que podem aceitar e preencher pedidos em apenas 48 horas. A Wal-Mart liderou o caminho no intercâmbio eletrônico de documentos via código de barras com seus fornecedores e hoje é líder na adoção de dispositivos de identificação por radiofrequência (RFID) em sua cadeia de abastecimento. Estes são progressos significativos na tecnologia de processos.

Ambas as empresas também impulsionam a inovação por toda a sua cadeia de abastecimento. Elas usufruem de uma economia de escala tão imensa que podem induzir sua cadeia de abastecimento a criar modelos de negócio para atendê-las. Agora os fornecedores fazem investimentos que incluem depósitos nos locais da Dell ou da Wal-Mart, manutenção de estoque extra, adoção de padrões técnicos e, naturalmente, vender para esses varejistas pelos preços mais baixos (como veremos, a capacidade de induzir esses investimentos é um atributo das companhias com modelos de negócio muito avançados no FMN). Essas e muitas

Tipo 2: A empresa possui alguma diferenciação em seu modelo de negócio

Outras empresas – as do tipo 2 – criam algum grau de diferenciação em seus produtos e serviços. Isso as leva a diferenciar também o seu modelo de negócio, permitindo-lhes atingir clientes diferentes daqueles que compram simplesmente com base no preço e na disponibilidade (tal como um cliente orientado pelo desempenho). Isso permite que a empresa tipo 2 atenda a um segmento de mercado diferente e menos congestionado daquele atendido pela do tipo 1. A capacidade de se diferenciar de seus muitos concorrentes tipo 1 sustenta um período de crescimento para a empresa. Se a diferenciação for suficientemente alta, a empresa também pode usufruir de um período de lucros acima do normal.

A empresa tipo 2 escapou, pelo menos por enquanto, da armadilha do produto de consumo que coloca em perigo a empresa tipo 1. Embora exista

> outras inovações de processo dão a cada empresa uma vantagem poderosa e sustentável em seus mercados.
> A Dell e a Wal-Mart também inovam de um outro modo importante. Cada empresa deve decidir se e quando acrescentar novos tipos de produtos e serviços à sua linha. Esta é uma capacidade vital para o futuro de cada empresa, porque todo produto tem um ciclo de vida e no final sairá do mercado. Para crescer, essas companhias devem abranger novos tipos de itens dentro de seus modelos de negócio. Em alguns casos, como o do RFID, elas também devem inovar seus modelos de negócio a fim de trabalharem com a nova tecnologia.
> Estas decisões de se e quando acrescentar novos produtos são arriscadas. Caso a Dell e a Wal-Mart esperem demais, outras passarão à sua frente e tomarão sua fatia de mercado. Se se moverem cedo demais, seus sistemas internos incorrerão em um grande custo, com receita insuficiente para cobri-lo. A Dell, por exemplo, expandiu seu negócio dos PCs e notebooks para impressoras e servidores. Isso é muito bom porque os mercados de PC e notebook amadureceram, enquanto os segmentos mais novos ainda estão crescendo. Enquanto muitas pessoas pensavam que a Dell não tinha capacidade técnica para vender servidores, a empresa forjou parcerias com a Intel e a EMC e está ganhando participação rapidamente neste mercado mais avançado e sofisticado. A Dell também está desenvolvendo melhores maneiras de colaborar com os principais parceiros tecnológicos, e este um processo proporcionará vantagens futuras à medida que a empresa procurar entrar em mais segmentos.
> Se considerarmos a combinação dos investimentos em tecnologia de processo, os desafios de acrescentar a seus negócios produtos e serviços novos e quase sempre mais complexos e a capacidade de fazer os fornecedores criarem modelos de negócio segundo suas necessidades, fica claro que a Dell e a Wal-Mart não empregam modelos de negócio tipo 1.

atividade de inovação na empresa tipo 2 (que é uma fonte de diferenciação da qual ela usufrui), esta é específica por natureza. Ela não é bem planejada e os orçamentos são ditados pelo que pode ser custeado e não pelo que é necessário. Muitas vezes, existem poucos processos organizados e fundos insuficientes para desenvolver mais inovações. Seu foco primário está na execução do seu negócio, e a empresa do tipo 2 pode carecer de recursos e poder de permanência para investir nas inovações de apoio que sustentam a sua posição de diferenciação. Por exemplo, uma vantagem de desempenho só pode ser mantida com a geração de futuras melhorias de desempenho, pois qualquer vantagem atual diminuirá com o tempo à medida que as outras empresas copiarem, alcançarem ou talvez ultrapassarem essas melhorias.

Examinamos no capítulo anterior este tipo de característica de muitas empresas *start-ups* que estão promovendo uma nova tecnologia na fase emergente do CVT. Elas possuem alguma diferenciação em sua tecnologia e estão envolvidas em uma disputa para se tornar o projeto dominante.

Existe algum nível de organização no processo de inovação em uma empresa tipo 2. A atividade de inovação é liderada geralmente pelo presidente ou um dos líderes técnicos-chave. Desenvolve-se na empresa um pouco de PI e alguns recursos são dedicados a criar e defender essa PI. Isso é feito normalmente trabalhando-se com um conselho de patente externo. No entanto, a gestão da PI é bastante reativa e sem direção em uma empresa tipo 2. Como ela é criada apenas de maneira ocasional, não é planejada e gerenciada regularmente.

Este tipo de maturidade de inovação é típico de muitas empresas jovens, especialmente as *start-ups* baseadas em tecnologia. Essas recebem uma rodada de financiamento e devem demonstrar a viabilidade de sua tecnologia e desenvolver um modelo de negócio dentro das restrições do financiamento. A menos que sejam extraordinariamente bem-sucedidas, não possuem fundos para inovar além do conceito original. Este tipo também é típico de muitos inventores individuais, os quais chegam com uma invenção bem-sucedida e são capazes de licenciar ou comercializar. Contudo, falta-lhes qualquer capacidade de dar seguimento a esta conquista. Esta situação dá origem ao padrão dos chamados sucessos únicos, ou seja, uma empresa ou inventor tem um primeiro produto bem-sucedido, mas é incapaz de dar seguimento a este sucesso com produtos adicionais tão bem-sucedidos.[4]

Há muitos exemplos desses sucessos únicos. A GO e a Collabra, do Capítulo 2, encaixam-se neste perfil. Na indústria de discos rígidos em que eu trabalhava, muitas empresas estreantes diferenciavam seus produtos fornecendo um desempenho acima da média da indústria. No entanto, a maioria delas saíram do negócio em poucos anos, devido à incapacidade de trazer uma segunda geração de produtos que usufruíssem de uma vantagem com desempenho semelhante. Os semicondutores são outra indústria com muitas empresas de um só produto. Na indústria farmacêutica, muitas instituições surgidas nas universidades começam com uma forte vantagem competitiva em um determinado nicho. Depois, elas selam um acordo com uma grande empresa farmacêutica para comercializar esse produto, apenas para descobrir que não possuem uma tecnologia adequada para dar seguimento e lançar um novo produto. (Os sucessos isolados não são uma particularidade do mundo dos negócios. No entretenimento, muitas estações de rádio tocam sucessos musicais de grupos que nunca foram capazes de trazer novos sucessos. Existem até *sites* dedicados ao fenômeno.)[5]

O problema de ser um sucesso isolado é que a empresa tipo 2 não consegue manter seu sucesso além de seus produtos ou serviços iniciais. Não há profundidade de investimentos suficiente para apoiar e manter o modelo de negócio. Isso cria um padrão de crescimento rápido devido ao sucesso da inovação, seguido apenas de uma queda rápida, à medida que a inovação se torna cada vez mais obsoleta e não há outra para levar a empresa a partir daí.

Resumindo, existem diferenças-chave entre as empresas tipo 2 e tipo 1: (1) alguma diferenciação é alcançada pela empresa através do seu modelo de negócio; (2) agora há um trabalho de inovação sendo realizado; (3) alguma PI está sendo gerada e ocasionalmente defendida.

Tipo 3: A empresa desenvolve um modelo de negócio segmentado

É necessário muito trabalho para que uma empresa passe do modelo de negócio tipo 2 para o tipo 3. Agora, há investimentos muito mais profundos para apoiar o modelo de negócio. As empresas do tipo 3 são capazes de planejar mais o seu futuro, em parte porque desenvolveram um modelo de negócio que lhes permite começar a segmentar seus mercados, elas podem concorrer simultaneamente em segmentos diferentes. Portanto, é atendida uma parcela maior do mercado e mais lucros são extraídos desse mercado. O segmento sensível ao preço proporciona a base de volume para a produção em alta escala e baixo custo. O segmento de desempenho proporciona altas margens para o negócio. Outros nichos também podem ser abordados, criando uma presença mais forte nos canais de distribuição.

Para retornar ao modelo de CVT do capítulo anterior, as companhias que vencem a batalha para se tornar o projeto dominante encontram-se muitas vezes nesse tipo de modelo de negócio. O crescimento no mercado proveniente do fato de ser o projeto dominante está estimulando a capacidade de segmentar e fornece os recursos para desenvolver ofertas para múltiplos segmentos de mercado.

O modelo de negócio da empresa agora é mais diferenciado e rentável, o que apoia a sua capacidade de planejar o futuro. A empresa se baseia em seu modelo de negócio para selecionar os resultados úteis de suas atividades internas de P&D e comercializá-los pelo seu modelo de negócio. Periodicamente, os novos projetos fazem o negócio da empresa progredir.[6] A capacidade de planejar também lhe permite enxergar um pouco mais longe nas suas atividades de inovação (talvez, até uns três anos) e buscar novos segmentos de mercado que possa atender no futuro.

Em uma empresa tipo 3, a inovação não é mais um evento aleatório, mas passa a ser uma atividade planejada, com o comprometimento de financiamentos e recursos organizacionais contínuos. Quase sempre há um departamento dedicado a buscar a inovação (geralmente, o departamento de engenharia ou de P&D). Esse maior nível de planejamento e comprometimento de recursos ajuda a empresa tipo 3 a evitar alguns perigos dos sucessos isolados encontrados nas empresas tipo 2.

Um indicador importante da natureza mais planejada e organizada da inovação nas empresas tipo 3 é a criação de roteiros para produtos e serviços futuros. Quando falo em *roteiro*, refiro-me a quais produtos e serviços a empresa pretende oferecer em datas específicas no futuro próximo (normalmente, de um a três anos à frente). Diferente do roteiro de uma empresa tipo 2, agora o planejamento abrange múltiplos segmentos. Porém, não existe só um roteiro; este roteiro também é apoiado por cronogramas e orçamentos que permitirão à organização cumprir seus planos. Os orçamentos de inovação agora começam a refletir as exigências de manter o negócio, não só o que pode ser expandido no período atual para a inovação.

Devido a essa atividade de P&D mais planejada e abrangente, a companhia começa a criar sua carteira de PI. Em uma empresa tipo 3, a gestão da PI passa a ser uma atividade de tempo integral dentro da organização (em vez de se basear primariamente no conselho de patente externo). As empresas tipo 3 começam a usar mapas de patente para identificar áreas de vulnerabilidade em sua cadeia de valor, como discutimos no capítulo anterior.

Organizacionalmente, a inovação em uma empresa tipo 3 envolve múltiplas áreas funcionais. Embora o presidente examine as atividades de inovação, a responsabilidade agora recai em um dos subalternos diretos do presidente, geralmente o chefe da engenharia ou da P&D. Normalmente, a engenharia é a área impulsionadora, como no tipo 2, mas agora ela solicita ao cliente insumos por meio da organização de vendas, embora os insumos do fornecedor sejam buscados ativamente por intermédio da organização de compras. Os roteiros ajudam a engenharia a coordenar as interações críticas com outros grupos funcionais na empresa.

Embora este maior nível de planejamento ajude a empresa tipo 3 a evitar a síndrome do sucesso isolado, ainda existem problemas. Essas empresas pensam na inovação em uma perspectiva de produto ou tecnologia. Embora estejam atentas às oportunidades dentro dos limites do negócio e do mercado atuais, elas não veem a inovação como algo capaz de esticar esses limites. A empresa tipo 3 continua vulnerável a qualquer nova mudança tecnológica importante além do escopo do seu negócio e de suas atividades de inovação atuais, além das mudanças importantes no mercado.

Como exemplos de empresas tipo 3 temos aquelas com bons produtos ou tecnologias de processo. Entre elas, poderíamos ter as jovens empresas *start-ups* que cresceram além dos riscos do sucesso isolado do tipo 2, criando conjuntos adicionais de produtos ou tecnologias de processo. Os exemplos também incluem empresas da era da industrialização que construíram uma merecida reputação de bravura e que agora estão lutando para adaptar seus processos às exigências da era da informação digital.

Uma das mudanças sutis com as quais se depara uma empresa tipo 3 é que ela considera a inovação em termos de produto ou processo, sem levar em conta as dimensões comerciais da inovação. Como o modelo de negócio é tido como certo, sua influência sobre quais ideias serão consideradas e quais ideias serão rejeitadas geralmente não é suficientemente examinada. Este foi um grande problema para a Xerox em muitos projetos que foram puxados do seu Palo Alto Research Center. Os projetos que não se enquadraram no modelo de negócio "barbeador e lâmina de barbear" das copiadoras e impressoras (em que você vende o barbeador a um preço competitivo e depois obtém a maior parte dos lucros com a única lâmina de barbear que se encaixa no seu barbeador) criou um valor extraordinário quando colocado em empreendimentos arriscados que usaram muitos modelos de negócio diferentes na nascente indústria de computadores.[7]

Resumindo, existem muitas diferenças fundamentais que separam uma empresa tipo 3 de uma empresa tipo 2: (1) a empresa segmenta seus mercados e atende a múltiplos segmentos, além de selecionar os projetos de inovação dentre muitos projetos possíveis com base em seu modelo de negócio; (2) a inovação é um processo organizacional planejado, não um evento aleatório; (3) a inovação é tratada como um investimento no futuro da empresa, permitindo-lhe olhar para o futuro; (4) as funções além da engenharia ou P&D fazem parte do processo de inovação; e (5) a gestão da PI é de responsabilidade de alguém dentro da empresa.

Tipo 4: A empresa possui um modelo de negócio externamente consciente

Neste modelo de negócio, a empresa começou a se abrir para as ideias e tecnologias externas no desenvolvimento e na execução do negócio – uma diferença importante em relação ao modelo de negócio tipo 3. Isto desbloqueia um conjunto significativamente maior de recursos disponíveis para a empresa, ajudando-a a buscar possibilidades de forma mais ampla.

Com um modelo de negócio tipo 4, a empresa continua a segmentar seus mercados apoiando-os com seus processos de inovação. No entanto, a segmentação é auxiliada por fontes externas e internas de tecnologia. Os modelos de negócio tipo 4 atravessam um limiar conceitualmente importante que não fazia parte dos modelos anteriores; eles significam o tipo inicial dos modelos de negócio mais abertos que estão por vir.

O modelo de negócio tipo 4 é externamente consciente e incorpora de maneira seletiva os insumos de inovação em seu negócio. Tal inovação externa reduz o custo de atender o negócio, diminui o tempo necessário para levar novas ofertas ao mercado e compartilha os riscos dos novos produtos e processos com outras partes.[8] Esta inovação externa amplia a faixa de segmentos que podem ser acessados pelo modelo de negócio. Ela possibilita à empresa atender aos clientes não só quando gera o produto ou serviço, mas também quando integra o item externo à sua oferta.

O modelo de negócio não apenas molda a seleção dos projetos de inovação internos, mas também começa a moldar o cultivo de oportunidades de inovação externas. Os roteiros da empresa fornecem uma lista de compras de suas necessidades quanto a ideias e tecnologias externas. As relações com as pessoas de fora ajudam a identificar os projetos externos que poderiam atender a algumas dessas necessidades.

O modelo de negócio também começa a atuar como uma fonte para o novo crescimento da empresa tipo 4. Os mercados adjacentes passam a ser áreas de investigação para ampliar o seu negócio. Agora o crescimento é proveniente da maior penetração no mercado atual e/ou da aplicação do modelo nos mercados adjacentes que podem ser atendidos com esse modelo.

Este tipo de modelo de negócio corresponde bem à fase de maturidade do CVT. Na fase de maturidade, existem muitas oportunidades para aplicar o projeto dominante em novos segmentos de mercado. Geralmente, as empresas não possuem os recursos para buscar a maioria dessas novas oportunidades de nicho. Abrir a tecnologia para as outras empresas, e permitir que elas criem em cima disso a fim de atender a novos mercados, é uma maneira de atender os novos segmentos sem perder o foco no mercado principal.

Além do planejamento e dos comprometimentos organizacionais do tipo 3, a inovação agora impulsiona a empresa a olhar para fora em busca de ideias e insumos para o processo de inovação. Essa perspectiva mais externa se manifesta em uma multiplicidade de formas. Uma delas é que agora os roteiros são compartilhados regularmente com os fornecedores e clientes, o que permite à empresa fazer um uso muito mais sistemático das ideias inovadoras dos fornecedores e clientes. Também possibilita aos fornecedores e clientes planejarem suas próprias atividades de maneira orquestrada com as atividades de inovação da empresa. Surge um outro papel que é o do Conselho Consultivo Técnico ativo, composto de especialistas técnicos e industriais. Este CCT proporciona um fórum para que os insumos externos cheguem à companhia, muito além dos insumos disponíveis através dos fornecedores e clientes. As universidades, por exemplo, são contatadas e cultivadas visando a possíveis ideias novas. Muitas vezes, os projetos formais e as ligações em curso são forjados fora das conexões do CCT.

A perspectiva da empresa tipo 4 na direção da inovação começa a mudar do foco produto/processo/tecnologia para um foco comercial. Isto reduz ainda mais os problemas do sucesso único do tipo 2 e aborda a miopia de curto prazo que ainda está presente no tipo 3. A empresa tipo 4 pode iniciar a mudança nas áreas relacionadas, em vez de reagir à mudança iniciada pelas outras empresas. No entanto, ela ainda concentra suas atividades de P&D nas áreas atuais e adjacentes e, portanto, permanece desprotegida das inovações que surgem em áreas aparentemente não relacionadas e que invadem seus mercados.

Em termos organizacionais, a inovação se torna uma atividade multifuncional. A função de *marketing* agora está envolvida na inovação como um parceiro, assim como ocorre com a engenharia ou a P&D. Em vez de depender de insumos de vendas para novos projetos, faz parte do processo de inovação uma investigação mais sistemática dos clientes atuais e potenciais nos mercados atual e potencial. São desenvolvidos casos completos de empresas para as oportunidades de inovação alternativas, com a organização das finanças exercendo um papel importante no desenvolvimento e verificação desses casos. Isso permite que a empresa tipo 4 planeje mais no tempo e avalie os riscos financeiros dos investimentos de P&D de longo prazo dentro do portfólio de projetos.

A gestão da PI passa a ser uma função comercial nas empresas tipo 4, com seus próprios objetivos financeiros e organizacionais. A propriedade intelectual é vista como uma outra classe de ativos corporativos. Os custos para criá-la e protegê-la são comparados com as vantagens de possuir uma PI. São criados orçamentos para ela, com os empregados encarregados de administrar esse orçamento. O mapeamento da PI é realizado frequentemente e a PI externa pode ser comprada ou licenciada para ajudar a reforçar os elementos vulneráveis da cadeia de valor. As tecnologias internas não utilizadas às vezes são licenciadas a fim de obter receita adicional.

Como exemplos de empresas tipo 4, temos muitas indústrias com atividades de P&D corporativa estabelecidas. Companhias como a RealNetworks, que estão trabalhando ativamente tanto com tecnologia externa quanto com tecnologia própria se enquadram aqui. Muitas empresas de medicamentos que estão começando a trabalhar mais estreitamente com companhias de biotecnologia *start-ups* e empresas saídas de universidades também se encaixam aqui. As organizações do ramo alimentício também estão seguindo nessa direção.[9] Alguns bancos e instituições financeiras também são do tipo 4, pois chegam de forma mais sistemática aos seus clientes e mercados de ideias de inovação. As empresas de tecnologia mais jovens que conseguiram fazer a transição de uma tecnologia para outra ao firmarem parcerias com companhias externas também podem cair nessa categoria.

Um exemplo recente de empresa poderosa do tipo 4 é a companhia de *software* alemã SAP, com o seu *software* de integração de processos comerciais líder de mercado, o R/3. A situação do R/3 indica tanto a força quanto a potencial fraqueza da empresa tipo 4. Por um lado, o R/3 lidera as vendas em seu segmento de mercado, sendo altamente rentável para a SAP. Por outro, o R/3 é uma tecnologia com profunda integração vertical, construída com ferramentas patenteadas, baseada na linguagem de programação patenteada pela SAP e em seu conhecimento particular dos processos comerciais dos clientes. Durante mais de uma década, a SAP usufruiu de um crescimento espetacular com o R/3. Sua principal estratégia para a abertura foi a sua distribuição: firmou parcerias com empresas de consultoria em TI que executaram as tarefas de configuração e instalação necessárias para rodar o *software*. Agora, porém, novas tecnologias estão chegando ao mercado de TI, oferecendo ampla conectividade através dos processos comerciais, tais como as arquiteturas voltadas para serviços (SOAs). O R/3 corre o risco de ficar isolado e seus clientes correm o risco de ficarem ilhados em uma plataforma proprietária, enquanto o mundo segue na direção de uma arquitetura mais aberta e interconectada. Portanto, o modelo de negócio do R/3 corre um risco significativo, independente do seu grande sucesso até hoje.

Resumindo, mais uma vez existem diferenças essenciais entre um modelo de negócio tipo 4 e tipo 3: (1) o modelo de negócio tipo 4 incorpora tecnologias externas no atendimento dos clientes atuais e pode ser estendido para os mercados adjacentes em busca de um novo crescimento; (2) a empresa tipo 4 começa a olhar proativamente tanto para fora quanto para dentro em busca de inovações; (3) no processo de inovação há um papel bem maior para os fornecedores e clientes; (4) a inovação se torna uma atividade multifuncional entre muitas funções internas em pé de igualdade; e (5) a PI agora é gerenciada como um ativo capacitador, ajudando a acessar os mercados adjacentes e a gerar valor.

Tipo 5: A empresa integra seu processo de inovação ao seu modelo de negócio

Em uma empresa tipo 5, acontecem coisas muito interessantes no modelo de negócio. Este exerce um papel integrador indispensável dentro da empresa. Há uma forte noção comum do modelo de negócio – do que ele pode e não pode fazer – que conecta as muitas funções diferentes da empresa e as ajuda a trabalhar eficazmente os desafios complexos. Essa perspectiva comum do modelo de negócio também se estende para fora, com partes externas que entendem os tipos de inovação que a empresa está procurando.

Os fornecedores e clientes usufruem de acesso institucional formalizado aos processos de inovação e este acesso é retribuído pelos fornecedores e clientes. Por exemplo, o pessoal da empresa pode ser convidado a se unir ao CCT de um ou mais fornecedores e receber instruções regulares sobre os roteiros desses fornecedores. Os clientes compartilham seus próprios roteiros com a empresa e fornecem uma visibilidade muito melhor sobre suas exigências futuras. Os principais clientes e fornecedores estão envolvidos em múltiplos níveis organizacionais e funcionais para ideias de inovação.

Nem a visibilidade na cadeia de abastecimento nem a base de clientes param por aqui. As empresas tipo 5 investem tempo para entender à cadeia de abastecimento no sentido contrário, indo até as matérias-primas básicas, à medida que buscam mudanças técnicas importantes ou oportunidades de redução de custo. Essas empresas também investem recursos substanciais para estudar "o cliente do cliente" a fim de conhecer as necessidades mais profundas e não atendidas e as oportunidades no mercado. Os canais de distribuição também entram em cena. Embora os canais atuais sejam alavancados ao máximo possível, os arranjos de distribuição alternativos são considerados ativamente. Conduz-se alguma experimentação sobre os canais de distribuição alternativos e, na realidade, em configurações alternativas do modelo de negócio.

O modelo de negócio tipo 5 utiliza a sua compreensão dos clientes e fornecedores para identificar discrepâncias e conexões entre o modelo de negócio do cliente ou fornecedor e o próprio modelo de negócio da empresa, tanto no negócio atual quanto nas novas áreas de negócio. Essas questões são identificadas proativamente e são tomadas medidas para abordar a situação, de modo que a empresa mantenha um alinhamento do seu modelo de negócio com o dos clientes e fornecedores principais.

Esse tipo também se encaixa bem na fase de maturidade do CVT. Agora a empresa é capaz de forjar alianças e parcerias fortes com empresas complementares, como aproveitar as oportunidades em novas áreas de mercado. Como os investimentos e riscos são compartilhados com seus parceiros, a empresa e esses parceiros podem buscar e atender a uma maior fatia de mercado a um custo mais baixo. A empresa não só pode oferecer seu modelo de negócio para terceiros a fim de incorporar sua tecnologia, mas também oferecer suas tecnologias para os modelos de negócio de terceiros.

A inovação está sendo incorporada ao DNA corporativo nas empresas que funcionam neste tipo de modelo de negócio. Os membros da equipe de cada área funcional se sentem capazes de contribuir para o futuro da empresa, e ela se transforma em um integrador eficaz das P&Ds interna e externa. O modelo de negócio considera conscientemente como criar sistemas e arquiteturas que extraiam o melhor das duas P&Ds e começa a pensar em si como uma plataforma para conectar e coordenar as atividades de inovação.

A gestão da PI assume um caráter mais estratégico. O mapeamento da patente identifica as oportunidades de geração da receita, assim como as oportunidades de diminuição dos riscos. As tecnologias externas são buscadas ativamente no mercado secundário para reforçar a carteira de PI interna. O licenciamento externo é configurado como um centro de rentabilidade, com metas quadrimestrais e anuais de receita, além de orçamentos alocados para apoiar o licenciamento como um negócio. Resumindo, a organização começa a gerir sua PI como um ativo financeiro, procurando otimizar melhor o lado da venda (com as próprias tecnologias não aproveitadas da empresa) e da compra (buscando tecnologias externas). A organização começa a monitorar esses mercados secundários, com uma equipe interna e intermediários externos, ambos contribuindo com os esforços da empresa.

Em termos organizacionais, a inovação em uma empresa tipo 5 é vista como uma função comercial liderada por um executivo. A engenharia, o *marketing* e as finanças colaboram no desenvolvimento e na gestão do modelo de negócio com equipes de inovação multifuncionais. A perspectiva anterior de produto/tecnologia foi substituída por um foco comercial na inovação. Isso coloca a necessidade de identificar e entender as mudanças nos mercados e nas necessidades dos clientes em paridade com o conhecimento das mudanças técnicas e oportunidades.

Os exemplos de empresas com modelos de negócio tipo 5 incluem as que adotaram fontes externas de tecnologia e que estão criando reativamente modelos de negócio criados em cima dessas tecnologias. Um sinal indicador deste fenômeno provém da criação dos processos para promover ativamente a empresa como parceira ideal das outras visando aproximar-se das oportunidades de inovação. Inúmeras companhias despertaram para o valor de gerenciar suas marcas desta maneira. Em TI, a IBM Global Services tentou promover uma reputação de parceiro ideal para seus clientes de TI, bem como para as empresas *start-ups*.[10] No setor de medicamentos, a Eli Lilly empreendeu uma iniciativa muito famosa para recrutar jovens companhias de biotecnologia com compostos promissores a virem trabalhar com ela. No setor de brinquedos, o Big Idea Group, que examinaremos no capítulo seguinte, luta para ser o parceiro ideal do inventor. Na indústria de bens de consumo, a P&G está na frente, promovendo-se como líder em inovação aberta, assim como a Kraft, a MasterFoods e outras empresas, que começam as suas próprias atividades de inovação aberta a fim de aumentar a entrada de ideias e tecnologias externas.

Um exemplo adicional mostra como uma empresa pode passar de um tipo mais fechado do *framework* para outro mais aberto. Há uma nova iniciativa da SAP que aborda explicitamente os riscos enfrentados por seu produto líder de mercado, o R/3, discutido no tipo anterior de FMN. A SAP chama essa iniciativa de Enterprise Service Architecture e busca conectar os processos de negócio do R/3 com os padrões de internet do SOA, incluindo as arquiteturas .NET e WebSphere da Microsoft e da IBM, respectivamente. A empresa ainda comercializa um novo produto, o NetWeaver, que ajudará os clientes a as companhias desenvolvedoras de *software* a conectarem o R/3 e outros produtos da SAP com essas arquiteturas mais amplas. A SAP está começando a se ver de forma diferente. Em vez de ser a líder no fornecimento de *software* com aplicações comerciais (e fornecer ela mesma todas essas aplicações de uma maneira estreitamente integrada), ela agora vê-se como lançadora de ferramentas para conectar os processos comerciais desenvolvidos dentro *e* fora da empresa. Ela percebeu que nem todas essas aplicações para conectar processos comerciais podem ou devem ser fornecidas pela SAP. Se ela conseguir executar essa transição, seu modelo de negócio passará do tipo 4 para o tipo 5.

Resumindo, existem várias diferenças-chave na passagem do modelo de negócio do tipo 4 para o tipo 5: (1) o modelo de negócio da empresa agora se concentra em novos mercados e negócios, bem como nos negócios atuais, e a empresa esforça-se para alinhar os clientes e fornecedores ao seu modelo de negócio; (2) as atividades internas e externas de P&D são integradas mediante o modelo de negócio amplamente compreendido da empresa; (3) os roteiros de inovação da empresa são compartilhados com os fornecedores e clientes e este acesso é retribuído por eles; (4) a inovação é uma função comercial liderada por um executivo; e (5) a PI é gerenciada como outro tipo de ativo financeiro dentro de um centro de rentabilidade.

Tipo 6: O modelo de negócio da empresa é capaz de mudar o (e ser mudado pelo) mercado

O modelo de negócio tipo 6 é ainda mais aberto e adaptável do que os tipos 4 ou 5. Um atributo importante de uma empresa com esse tipo é a sua capacidade de inovar o próprio modelo de negócio. Isso exige um compromisso de experimentar uma ou mais variações do modelo de negócio e uma disposição para investir alguma quantidade de recursos financeiros e atenção gerencial a fim de explorar maneiras alternativas de lucrar a partir da inovação. Esta experimentação pode assumir muitas formas diferentes. Algumas companhias usam capital de risco corporativo como um meio de explorar modelos de negócio alternativos em pequenas empresas *start-ups*. Outras usam *spin-offs* e *joint ventures* como um meio de comercializar tecnologias fora do seu próprio modelo de negócio atual. (O sucesso posterior com uma *spin-off* ou *joint venture*, por sua vez, poderia ajudar a empresa a mudar seu próprio modelo de negócio nessa direção.) Algumas criaram incubadoras internas para cultivar ideias promissoras que ainda não estão prontas para a comercialização em larga escala.

A experimentação com o modelo de negócio também se estende aos clientes e fornecedores. No tipo 6, os fornecedores e clientes principais se tornam parceiros comerciais, entrando em relações nas quais tanto os riscos técnicos quanto os comerciais são compartilhados. Os modelos de negócio dos fornecedores agora são integrados aos processos de planejamento da empresa, que, por sua vez, integrou seu modelo de negócio ao de seus clientes principais. Isso permite à empresa criar seu modelo de negócio como uma plataforma para liderar sua indústria, incluindo os fornecedores e clientes. Essa plataforma organiza e coordena eficientemente o trabalho de muitas outras a serviço do modelo de negócio.

A Dell é um bom exemplo das dimensões de fornecedor e cliente dessa parceria tipo 6 com esses fornecedores e clientes. No que diz respeito à sua gestão dos fornecedores, a empresa os segmenta, assim como segmenta os clientes. Sua relação com a Intel, por exemplo, vai muito além de um fornecedor ou vendedor tradicional. A Dell trabalha estreitamente com a Intel no planejamento da tecnologia futura. Ela atua como uma instalação de testes inicial para os novos *chips* da Intel e, muitas vezes, é a primeira empresa a desenvolver uma nova placa-mãe para um *chip* de nova geração. Ela compartilha todos seus dados de falhas de campo com a Intel. Até maio de 2006, a Dell comprava seus *chips* exclusivamente da Intel, em vez de comprá-los da rival FMD.

A Dell também trabalha estreitamente com seus clientes empresariais, os quais ela segmenta (e trata de forma bem diferente) dos clientes pessoa física.

Ela mantém um banco de dados de todos os seus produtos vendidos em cada empresa. O cliente pode especificar um período de rodízio de três ou quatro anos para receber novos computadores Dell, e ela administra eficientemente a política de rodízio da empresa em nome do cliente. Ela mesmo cria e instala uma configuração de *software* personalizada para o cliente, de modo que todo empregado em cada localização da empresa receba um novo PC ou notebook a cada três ou quatro anos, carregado com o *software* exato especificado pelo cliente. Isto economiza custos de TI para os clientes da Dell e cria fortes incentivos para relações permanentes com ela, e que geram mais dados para a Dell sobre todos os usuários de cada cliente empresarial.

Um dispositivo importante que permite esta integração dos modelos de negócio por toda a cadeia de valor é a capacidade de a empresa estabelecer suas tecnologias como base para uma plataforma de inovação para essa cadeia de valor. Dessa maneira, a empresa consegue atrair outras empresas para o seu negócio compartilhando ferramentas, padrões, PI e outras práticas necessárias para que esses participantes de apoio implementem a plataforma com sucesso. Esta plataforma não só coordena a P&D interna com a P&D externa na direção dos objetivos comerciais desejados, mas também molda a direção futura dessa coordenação.[11] Ela estende mais a coordenação além da cadeia de valor para a rede de valor circundante, ou ecossistema, na qual os investimentos de terceiros acrescentam mais valor à própria plataforma.[12]

Esta tem sido a feliz realização do iPod da Apple. O sucesso do iPod e do modelo de negócio da Apple para esse aparelho agora suscitam novos tipos de acessórios e várias melhorias que somam no conjunto um investimento industrial significante na plataforma do iPod. Ainda outras companhias estão explorando maneiras de usar o iPod para gravar e exibir informações médicas, financeiras e informações em tempo real. A presença dessa abundância de itens complementares adicionais aumenta bastante o valor do iPod. Contudo, a Apple não paga nada para induzir esses investimentos. Outras companhias estão investindo o dinheiro que ajudará a Apple a ganhar mais dinheiro. Trata-se de um modelo de negócio fantástico!

À medida que o iPod passa da fase de crescimento para a fase de maturidade do CVT, porém, o modelo de negócio da Apple provavelmente também precisará mudar. Para aproveitar a plataforma do iPod em vários segmentos de novos mercados, a Apple terá de abrir mais a sua arquitetura aos aliados e parceiros a fim de explorar essas oportunidades. A empresa já começou a fazer isso com os telefones celulares e sua tecnologia do iPod, mas terá de formar muitas parcerias para os mercados médicos, aplicações de informações financeiras e assim por diante. A Apple também precisará injetar novas tecnologias externas na arquitetura do iPod para ficar à frente do aprimoramento do MP3 e de outras tecnologias rivais na reprodução de mídia.

O licenciamento externo nas empresas tipo 6 se tornou parte do DNA organizacional dentro do modelo de inovação global. A síndrome do NIA não é mais um problema e a tecnologia externa é colocada em pé de igualdade com a tecnologia interna. De modo similar, é bem natural que essas empresas também licenciem ativamente suas tecnologias internas subutilizadas para fora da empresa. A PI não é mais um mero ativo financeiro. Agora ela é gerenciada como um ativo estratégico, capacitando a empresa a entrar ou sair dos mercados, promover *spin-offs* ou *spin-ins*, criar ecossistemas dentro dos mercados e ganhar dinheiro. A organização central de gestão da PI existe como um centro de excelência para apoiar as unidades de negócio. A empresa se envolve com o mercado secundário de PI numa base sustentada e goza de conhecimento superior sobre qual é o preço usual de várias tecnologias que ela poderia decidir comprar ou vender. Ela também usufrui de uma relação preferencial com intermediários de PI e criadores de mercado, permitindo-lhe ser apresentada às oportunidades bem antes da maioria das outras empresas.

A PI agora é gerenciada de várias maneiras além da geração de receita. O mapeamento de patente é usado tanto para gerenciar o risco quanto para identificar potenciais recompensas dentro dos mercados atuais e futuros. Isso também ajuda a identificar novos negócios potenciais que poderiam alavancar a PI da empresa, usando-a para oferecer aos novos negócios um bilhete de entrada. De outra forma, a PI pode proporcionar um prêmio de consolação para a empresa quando ela sair de negócios antigos. Ela pode ajudar a definir os meios pelos quais os riscos e recompensas são compartilhados com os parceiros-chave.

Esta abordagem da gestão da PI harmoniza-se bem com a fase de declínio do CVT, pois ela converte a fase de declínio em uma fase de renovação para a empresa. Em vez de simplesmente se retirar do negócio, a organização pode decidir capacitar um parceiro comercial para assumir o negócio, enquanto obtém receitas de sua tecnologia e experiência técnica. Ou a empresa poderia adotar um modelo de negócio novo e diferente que reestruture o negócio de uma forma que lhe permita implantar uma nova configuração de ativos e recursos. Por exemplo, a PI poderia ser usada como um ativo estratégico para melhorar as relações com os fornecedores e clientes, assim como outras partes da cadeia de valor; ela pode ser aproveitada para ajudar a criar um novo ecossistema. Em alguns casos, a PI pode ser embutida como parte dos termos de uma compra ou venda de um produto ou serviço. Em outros casos, ela ajuda a estabelecer padrões dentro da cadeia de abastecimento ou da base de clientes, ou, ainda, cria segundas fontes para instilar uma concorrência mais vigorosa na cadeia de abastecimento. O dinamismo e a agilidade, combinados com a colaboração estreita com os parceiros-chave que investem junto com a empresa, diferenciam os modelos de negócio tipo 5 e tipo 6.

Resumindo, existem várias diferenças-chave entre as empresas tipo 5 e tipo 6: (1) o modelo de negócio da empresa tipo 6 guia os modelos de negócio dos seus fornecedores e clientes-chave; (2) a inovação do modelo de negócio da empresa, o qual é amplamente compartilhado pela empresa, faz parte da tarefa de inovação dessa empresa; (3) os parceiros externos compartilham riscos financeiros e técnicos, além de recompensas, com a empresa no processo de inovação; (4) a PI é gerenciada como um ativo estratégico, ajudando a empresa a entrar em novos negócios, alinhar-se com os fornecedores e clientes e sair de negócios existentes; e (5) a gestão da inovação e da PI está incorporada em cada unidade de negócio da empresa.

Exemplos desse modelo de negócio tipo 6 podem ser encontrados na IBM e na Procter & Gamble. A IBM está ensinando bastante ao mundo sobre as muitas maneiras diferentes de gerenciar carteiras de patente, que hoje inclui a doação de patentes a entidades de código aberto, operando em paralelo com um programa altamente lucrativo de licenciamento para fora da empresa. A Procter & Gamble liderou o caminho no desenvolvimento de técnicas para a busca de tecnologias externas para suas próprias marcas e também no uso de licenciamento para fora da empresa, a fim de criar valor a partir de suas tecnologias internas não utilizadas pelas marcas de outras empresas. Exploraremos mais essas empresas no Capítulo 8.

UMA FERRAMENTA PARA AVALIAR O TIPO DO SEU MODELO DE NEGÓCIO

A menos que você esteja trabalhando em uma empresa *start-up*, sua empresa já possui um modelo de negócio. Para evoluir para um tipo diferente, primeiro deve avaliar onde você se encontra neste momento, no *framework* de modelo de negócio. As questões-chave para aprimorá-lo dependerão do tipo atual em termos da profundidade de investimentos que você faz para apoiar o seu negócio, da abertura do seu modelo de negócio às ideias e tecnologias externas e de sua disposição para permitir que outras companhias usem as ideias não aproveitadas pela sua empresa.

Para ajudá-lo a avaliar onde você está e quais são as considerações mais importantes, a Tabela 5-2 fornece uma lista de questões de avaliação, organizada por tipo de modelo. Ela é destinada a guiá-lo em sua própria avaliação. Essas questões não são, de maneira alguma, completas. Mesmo depois de trabalhá-las, você precisará exercitar seu próprio julgamento.

NA DIREÇÃO DE UM MUNDO DE MODELOS DE NEGÓCIOS ABERTOS

No modelo de inovação aberta, é o modelo de negócio da empresa que dirige sua busca pelas atividades de inovação (a partir de fontes internas ou externas). As empresas devem buscar tecnologias úteis que possam fazer o modelo de negócio progredir a partir de quaisquer fontes que proporcionem oportunidades apropriadas no momento certo. Elas devem ser muito mais abertas em relação ao compartilhamento ou licenciamento de tecnologias que não se ajustem com seu modelo de negócio, mas podem funcionar bem no modelo de outra empresa. Portanto, elas devem construir modelos de negócio abertos para sustentar esses progressos.

Assumir essa visão aberta do modelo de negócio também requer uma visão diferente em relação à PI. A visão do modelo de negócio aberto não examina os ativos de PI isoladamente, limitando-se à consideração de tecnologias individuais ou experiências específicas. Em vez disso, ela enxerga a PI como pacotes ou agrupamentos da carteira global que apoiam o modelo de negócio. São identificadas conscientemente as sinergias entre os elementos individuais da PI. A PI interna que não apoia o modelo de negócio torna-se candidata para o licenciamento externo ou a venda definitiva. A PI externa que complementa o modelo de negócio torna-se uma candidata atraente para a aquisição externa.

Quando as ideias e inovações se conectam diretamente ao modelo de negócio de uma empresa, elas criam poder adicional e alavancagem para outras partes da estratégia. Inversamente, quando essas ligações não estão presentes, mesmo as ideias muito boas podem valer pouco ou nada, visto que elas carecem dos outros elementos necessários para transformar uma ideia em valor real. Como veremos mais adiante neste livro, estão surgindo companhias especializadas que dedicam seus próprios modelos de negócio a atividades que podem ajudá-lo a usar a sua PI para fazer o modelo de negócio progredir. Essas atividades incluem os intermediários de PI que ajudam a localizá-la para compra ou venda. Entre eles, temos os bancos comerciais, que emprestarão o equivalente ao valor de sua PI, e os agregadores, que lhe ajudarão a liquidar sua PI indesejada. Eles incluem companhias que avaliarão seus direitos sobre a PI em relação a outras empresas, em troca de uma porcentagem do dinheiro arrecadado. Também estão incluídas as instituições de capital de risco e as participações privadas especializadas em extrair PI subutilizada e outros ativos para formar novas empresas.

O gerenciamento das inovações e da PI internas e externas em um modelo de negócio aberto exige a construção e o suporte de uma rica rede de inovação interna, conectada a uma comunidade diversificada de inovação externa. Poucas empresas já fizeram essa transição. Para a maioria das outras, isto exigirá mudanças mais substanciais no modelo de negócio e na estrutura dos processos gerenciais corporativos, que requer muito trabalho árduo por parte de um grande número de pessoas dentro da organização. Porém, o esforço valerá a pena pelo tempo e pelos problemas, sua conclusão aproveitará o esforço de muitas pessoas que não trabalham na empresa, mas cujos esforços, adequadamente estimulados, e depois integrados, sustentarão os negócios mais duradouros do século XXI.

Tabela 5-2 Questões de diagnóstico para avaliar seu modelo e negócio

	Tipo 1	Tipo 2	Tipo 3	Tipo 4	Tipo 5	Tipo 6
Descrição	Não diferenciado	Diferenciado	Segmentando	Externamente consciente	Integrado com o modelo de negócio	Plataforma molda os mercados
Exemplos	Restaurantes de família	Empresas de tecnologia *start-ups*	Empresas de tecnologia	Empresas de P&D industrial maduras	Principais empresas financeiras	Intel, Dell, Wal-Mart,
Questões de diagnóstico	• Há alguma coisa que diferencie esse negócio dos seus concorrentes? • Por que os clientes compram de nós? • Por que os clientes nos abandonam? • Que controle temos sobre a direção futura do nosso negócio?	• Cobraremos um preço especial pelo nosso produto ou serviço? • Podemos manter a nossa diferenciação ao longo do tempo? Por quanto tempo? • Temos chance de desenvolver uma segunda oferta bem-sucedida? Quando?	• Somos uma empresa guiada pela engenharia? • Criamos novos segmentos de mercado ou os clientes nos descobrem? • Podemos segmentar mais nossos mercados? • Podemos expandir nossos mercados?	• Olhamos para fora regularmente em busca de ideias e tecnologias? • Nossos clientes e fornecedores principais conhecem nossos roteiros futuros? • O *marketing* é um parceiro em condições de igualdade no processo de inovação?	• Nosso modelo de negócio é amplamente compreendido dentro da empresa? • Nossos clientes e fornecedores principais compartilham seus roteiros conosco? • A inovação é gerenciada como um negócio ou como uma função tecnológica?	• Podemos direcionar a evolução futura de nossos mercados? • Os clientes e fornecedores adequarão seus modelos de negócio ao nosso? • As outras empresas investem rotineiramente em projetos que requerem nossa tecnologia como plataforma?

Diferenças para o tipo anterior	ND	• Há trabalho de inovação sendo feito dentro da empresa tipo 2. • Alguma diferenciação é alcançada pela empresa mediante suas inovações e, talvez, pelo seu modelo de negócio. • Alguma PI está sendo gerada e defendida.	• A inovação é um processo organizacional planejado. • A inovação é tratada como investimento no futuro da empresa. • A empresa segmenta seus mercados e atende a múltiplos segmentos. • As funções além da engenharia ou da P&D fazem parte do processo de inovação. • A gestão da PI é coordenada dentro da empresa como responsabilidade de alguém.	• A empresa tipo 4 busca inovações no lado de fora. • Há um papel para os fornecedores e clientes no processo de inovação. • O modelo de negócio pode ser estendido para os mercados adjacentes visando um novo crescimento. • A inovação se torna uma atividade multifuncional. • A PI é gerenciada como um ativo corporativo, com o ocasional licenciamento externo das tecnologias internas subutilizadas.	• As atividades de P&D internas e externas são integradas pelo modelo de negócio amplamente compreendido da empresa. • Os roteiros de inovação da empresa são amplamente compartilhados e o acesso é retribuído por essas partes. • O modelo de negócio da empresa é direcionado para novos mercados e negócios, bem como nos negócios atuais, e a empresa é capaz de alinhar seu modelo de negócio com os clientes e fornecedores. • A inovação é uma função comercial. • A PI é gerenciada como outro tipo de ativo financeiro.	• O modelo de negócio da empresa é interconectado com os modelos de negócio dos fornecedores e clientes-chave. • Inovar o próprio modelo de negócio da empresa faz parte da sua tarefa de inovação. • Os parceiros externos compartilham riscos financeiros e técnicos, além de recompensas da empresa no processo de inovação. • A PI é gerenciada como um ativo estratégico, ajudando a empresa a entrar em novos negócios e sair dos já existentes. • A gestão da inovação e da PI está incorporada em cada unidade de negócio da empresa.

6

Intermediários de inovação

O Capítulo 1 explorou as diversas oportunidades disponíveis para as empresas que desejam abrir seus processos de inovação. O Capítulo 2 abordou alguns desafios que se apresentam às companhias que desejam abrir seus processos de inovação. O Capítulo 3 examinou o impacto de uma maior proteção da PI na elaboração dos modelos de negócio e discutiu o surgimento dos mercados secundários de inovação. O Capítulo 4 examinou como ligar a gestão da PI a um modelo de negócio, enquanto o Capítulo 5 apresentou um modelo de seis estágios para avançar o modelo de negócio.

No entanto, este rico ambiente de conhecimento distribuído por esses capítulos pode parecer assustador para uma empresa. Como saber onde procurar informações nesse contexto turbulento? Como gerenciar a PI envolvida quando se trabalha com ideias que surgiram fora da sua empresa? Como você pode gerenciar a PI quando permite que outros usem suas ideias em suas empresas? A boa notícia deste capítulo é que as outras companhias já começaram a criar negócios, além de seus próprios modelos de negócio, para ajudá-lo a enfrentar esses desafios da inovação aberta.

AS DIFICULDADES DE PROCURAR E AVALIAR TECNOLOGIAS EXTERNAS

Como discutimos no Capítulo 3, existem dificuldades reais encontradas pelas empresas quando desejam procurar tecnologias externas para seus negócios – ou mercados externos para suas próprias tecnologias. Este é o paradoxo informacional de Arrow: "Eu, como cliente, preciso saber o que sua tecnologia é capaz de fazer, com algum nível de detalhe, antes de me dispor a comprá-la. Mas você (como vendedor) já me disse do que se trata essa tecnologia e o que ela é capaz de fazer em um nível de detalhe suficiente para que eu entenda sua capacidade; assim, você transferiu a tecnologia para mim sem nenhuma compensação por isso!". Assim, os fornecedores devem limitar conscientemente as informações que fornecem e, em consequência, os clientes precisam fazer avaliações em cima das informações bastante incompletas que recebem.

Ainda surgem outros problemas na busca e posterior avaliação das tecnologias externas, como o da contaminação. Se o cliente for uma empresa muito grande e o fornecedor for uma empresa muito pequena, essa situação de Davi e Golias pode fazer um júri simpatizar muito com a empresa pequena, mesmo que a grande tenha desenvolvido sua abordagem de uma maneira completamente independente. As empresas pequenas também precisam se preocupar. Algumas de suas melhores ideias e tecnologias podem não estar bem protegidas. Uma discussão profunda com uma grande empresa que esteja trabalhando em uma área relacionada pode permitir que essa entenda e imite grande parte do valor da empresa pequena sem violar diretamente a sua PI protegida.

O desejo de evitar a contaminação faz as empresas grandes e pequenas adotarem muitas práticas a fim de minimizar o risco. No entanto, essas práticas também diminuem a capacidade de alavancar a inovação aberta. Todavia, em um mundo de inovação aberta, existe muita coisa boa disponível no lado de fora para simplesmente ignorar. Como as empresas podem identificar as ideias externas potencialmente valiosas e como podem acessá-las sem comprometer suas próprias atividades internas de desenvolvimento dentro dessa área geral?

Outros desafios incluem trazer as fontes de informação novas e não óbvias. Se forem reunidos simplesmente os suspeitos de costume, a chance de aprender novas ideias fica mais limitada. Deve-se também desenvolver uma fonte repleta

---

Problemas no acesso às informações externas

- **Gerenciar e proteger a identidade**
- **Gerenciar o risco de contaminação**
- **Identificar as fontes úteis e não óbvias**
- **Estimular um mercado bilateral**
- **Ampliar eficientemente de acordo com o volume**

de ideias e uni-la a um grupo repleto de potenciais compradores a fim de facilitar um mercado bilateral. Finalmente, é preciso ser capaz de ampliar a operação para conduzir os negócios de maneira eficiente à medida que o volume cresce. O quadro intitulado "Problemas no acesso a informações externas" sintetiza esses desafios.

DESAFIOS AO PERMITIR QUE OUTRAS EMPRESAS USEM AS IDEIAS GERADAS INTERNAMENTE

Ampliar e aprofundar a busca por tecnologias externas é apenas a metade de um verdadeiro processo de inovação aberta. Abrir a outra metade do processo exige que uma empresa trabalhe com outras para levar para fora as ideias internas a fim de que sejam usadas nesses outros negócios. Alguns dos problemas são os mesmos observados na busca por tecnologias externas, mas agora a perspectiva de como a empresa vê a transação mudou de comprador para vendedor. Porém, também surgem alguns problemas adicionais.

Um dos problemas mais interessantes é o do sucesso. Caso uma ideia ou tecnologia interna seja levada para fora e passe a ser muito valiosa, esse sucesso levantará uma série de questões. Uma reação natural numa visão retrospectiva é dizer: "Por que não mantivemos essa grande ideia dentro da empresa?". Em vez de avaliar seja qual for a porção do sucesso externo que a empresa originadora recebeu (através de *royalties*, participação ou outra forma de compensação), os conjecturadores acreditam explícita ou implicitamente que a empresa originadora deveria ter 100% do sucesso.

Esta visão em retrospectiva é teimosa porque ignora a natureza tendenciosa e míope de qualquer modelo de negócio bem-sucedido.[1] Se o modelo de negócio da empresa pudesse alavancar a ideia ou tecnologia dentro do modelo de negócio existente, então os pessimistas teriam alguma razão. Com muito mais frequência, porém, o sucesso externo de uma ideia subutilizada internamente se deve ao valor substancial acrescentado pela parte que a recebeu – especialmente porque é utilizado um modelo de negócio bem diferente para comercializar a ideia. Quando a Xerox licenciou sua tecnologia Ethernet para Robert Metcalfe por 1 mil dólares em 1979, ela já estava usando essa tecnologia em suas copiadoras e impressoras. Mas transformar a Ethernet em um padrão industrial e depois desenvolver todos os produtos necessários para conectar IBM PCs com impressoras HP LaserJet, sem falar das estações de trabalho Unix com impressoras *laser*, era muito mais do que a Xerox estava interessada ou era capaz de fazer. Ao criar a 3Com e seu modelo de negócio, Metcalfe e outros acrescentaram um valor imenso à tecnologia inicial.

A atitude pessimista gera outro efeito terrível: é profundamente contrária à inovação. Nesta visão de mundo, é muito melhor enterrar uma tecnologia potencialmente valiosa do que deixar alguém utilizá-la e dividir os lucros com você. Isso é muito ineficiente em termos sociais. Também nega aos inventores e desenvolvedores da ideia a chance de ver seu trabalho sendo usado em um mundo mais amplo e de aprender a partir das experiências dos usuários com essa ideia. Também elimina a capacidade de a empresa aprender com o que as outras fizeram para criar valor com essa ideia, o que poderia sugerir uma direção para o próprio negócio e para a evolução do modelo de negócio. Por fim, enterrar uma tecnologia provavelmente não vai funcionar. As pessoas talentosas contam com muitas opções fora de uma empresa que sufoca seu potencial. Em algum momento, elas podem simplesmente sair para uma outra empresa.

Logo, para ambas as dimensões da inovação aberta – a dimensão de fora para dentro e a de dentro para fora – precisamos de novos processos para lidar com os desafios. Uma solução que surgiu em resposta a essas questões é a série de intermediários de inovação.

INTERMEDIÁRIOS: UMA SOLUÇÃO PARA O PARADOXO INFORMACIONAL DE ARROW

Felizmente, uma série de empresas recentemente organizadas concentraram seus próprios negócios em ajudar outras a implementar várias facetas da inovação aberta. Considero-as *intermediários de inovação*, porque elas ajudam os inovadores a usar ideias externas mais rapidamente ou auxiliam os inventores a encontrar mais mercados onde suas próprias ideias possam ser usadas por outras empresas em benefício mútuo. A presença dessas empresas capacita outras a explorar o mercado de ideias sem se preocuparem, pois os intermediários podem atuar como guias ajudando essas outras empresas ao longo do caminho.

Ser um intermediário de inovação não é um negócio fácil. Existem muitos desafios que essas empresas enfrentarão se quiserem trabalhar eficientemente como intermediárias. Um problema com o qual todo intermediário deve se deparar é como ajudar seus clientes a definir o problema que precisa ser solucionado. Esta definição deve estar suficientemente clara para as pessoas de fora, de modo que possam reconhecer se sabem o bastante para solucionar o problema; mas também não tão explícita a ponto de revelar informações confidenciais do cliente (uma variação do Paradoxo Informacional de Arrow discutido anteriormente). Um segundo problema que todo intermediário deve administrar é o da identidade: *se* e *quando* revelar a identidade de uma parte para a outra. As empresas podem preferir se manter o máximo de tempo possível no anonimato, ainda que em algumas circunstâncias um comprador ou vendedor possa relutar em completar uma transação, a menos que saiba quem é a outra parte. Um terceiro problema para os intermediários é como demonstrar o valor do seu serviço para os clientes. Outros processos, além do controle do intermediário, devem ocorrer a fim de que uma ideia ou tecnologia se torne valiosa; então, como se pode medir a contribuição do intermediário, seja qual for o valor posteriormente criado? Um quarto problema para eles é como criar ou acessar um mercado bilateral, com muitos compradores e vendedores. Quando os mercados são encorpados, com muitos compradores e vendedores, eles funcionam muito bem. Mas quando há poucos compradores e vendedores, sendo portanto sem liquidez, eles não funcionam tão bem. Um quinto problema é como estabelecer uma reputação forte e positiva logo no início da operação de uma empresa. Visto que o próprio conceito de intermediário de inovação é uma novidade, como os intermediários desenvolvem a confiança e a reputação necessárias para convencer os compradores e vendedores a confiarem neles?

Já existem muitas empresas que se submeteram à tarefa de abordar essas questões. No meu trabalho em inovação aberta, conheci uma série desses intermediários. Segue um panorama geral de como essas entidades funcionam, com exemplo de umas poucas entidades selecionadas que ilustram a gama de funções fornecidas pelos intermediários. Escolhi a InnoCentive, NineSigma, Big Idea Group, InnovationXchange, Shangai Silicon Intellectual Property Exchange e Ocean Tomo como intermediários de inovação exemplares. Repare que não estou afirmando que cada uma delas se destina a ser outro sucesso financeiro como o Google. Por enquanto, elas ainda são empresas pequenas. Porém, cada uma solucionou um problema real para seus clientes e demonstrou capacidade para ajudá-los a abrir seus próprios processos de inovação.

DIFERENTES TIPOS DE INTERMEDIÁRIOS

Antes de nos aprofundarmos nesses estudos de caso, é importante observar que os intermediários se apresentam de diferentes formas. Alguns atuam como agentes, representando um lado da transação (aqui, uma permuta de PI e/ou tecnologia, por exemplo). Esses agentes devem lealdade a seus clientes, mas também precisam desenvolver um conhecimento abrangente do mercado na área de especialização que escolheram para que sejam capazes de aconselhar o cliente a como abordar melhor esse mercado. Muitas vezes, o agente deve negociar com o cliente antes de levar uma ideia ou necessidade ao mercado a fim de definir as expectativas do cliente em uma faixa de resultados realistas. Os bons agentes também precisam cultivar uma reputação de honestidade e licitude, para que a contraparte não se recuse a trabalhar com eles.

Outros intermediários atuam como corretores ou criadores de mercado que tentam aproximar as partes visando a obter uma transação. Ao contrário dos agentes, eles podem ajudar a moldar os termos de uma transação e, em alguns casos, até chegar a assumir uma posição na transação para ajudá-la a acontecer. Tais intermediários funcionam como banqueiros de investimento ou de permuta. Eles também precisam cultivar um amplo conhecimento do mercado e uma reputação positiva. Porém, sua lealdade não é apenas ao cliente; eles também se importam com o ambiente de permuta no qual a transação ocorre.

A Tabela 6-1 exibe intermediários selecionados de acordo com a função básica que prestam.

InnoCentive

A InnoCentive é uma empresa *spin-off* que surgiu na organização de P&D interna da indústria farmacêutica Eli Lilly. Um grupo dentro da Lilly sentiu que a empresa precisava aumentar sua presença na internet e os processos comerciais associados que poderiam ser realizados com o uso inteligente desse meio. A Lilly logo lançou a *e.Lilly*, sob a direção de Alpheus Bingham. Bingham, que é PhD em Química, já estava encarregado do laboratório de pesquisas da Lilly na Bélgica.

Um dos primeiros investimentos da *e.Lilly* foi na InnoCentive. Sob o nome anterior de BountyChem, um pequeno grupo dentro da P&D da Lilly achou que a empresa deveria buscar fora de suas quatro paredes pelo menos algumas das soluções de inovação que alimentariam sua série de produtos depois do Prozac.[2] Na realidade, a Lilly acumulara uma série de projetos nos quais ela queria trabalhar, mas sua organização interna de P&D parecia nunca chegar a esses problemas. A BountyChem foi uma maneira de a Lilly obter soluções externas para esses problemas e resolvê-los logo a um custo baixo.

Em uma reflexão posterior, a *e.Lilly* compreendeu que a BountyChem atrairia um número maior de solucionadores de problemas se também fossem incluídos os problemas de outras empresas. Isto poderia criar uma oportunidade

Tabela 6-1 Intermediários de inovação e suas funções

Intermediário	Foco	Função básica
InnoCentive	Portal de trocas online	Mercado para transferência/agente de tecnologia
NineSigma	*E-mail* RFPs	Agente
Big Idea Group	Desenvolvedor de conceitos	Agente/codesenvolvedor
InnovationXchange	Comunidade de inovação com membros associados	Corretor
Shangai Silicon	Repositório para PI de semicondutores obtida legalmente	Corretor
Ocean Tomo	Banqueiro de PI	Criador de mercado

para iniciar um ciclo vicioso, em que mais problemas a ser resolvidos atrairiam mais potenciais solucionadores de problemas. Por sua vez, a disponibilidade de uma grande população de solucionadores de problemas estimularia as empresas a divulgarem problemas não solucionados à BountyChem. Este ciclo vicioso é uma outra maneira de considerar o problema do mercado bilateral discutido anteriormente. Esta percepção levou a uma empresa isolada que operaria de forma independente da Lilly. Darren Carroll, um executivo da Lilly que liderou o trabalho legal no bem-sucedido medicamento Prozac, foi recrutado para liderar a nova empresa: InnoCentive.

A InnoCentive iniciou sua operação em 2001, munida de uma série de problemas de química (chamados de "desafios" no modelo da InnoCentive) que vieram da Lilly. Esses problemas se concentravam em diferentes aspectos da química, incluindo a química orgânica, a química analítica e os processos de formulação de produtos químicos. Uma distinção importante nesses problemas foi a de que alguns deles exigiam exclusivamente o raciocínio conceitual (desafios teóricos), enquanto outros exigiam a demonstração de uma solução (os chamados desafios práticos). A premiação para os desafios teóricos variava de 5 mil a 10 mil dólares, enquanto para os desafios práticos variava de 25 mil a 50 mil dólares, ou mais.

A InnoCentive compreendeu, desde o início, que grande parte da sua equipe precisaria de um conhecimento profundo de química para formular esses desafios de uma maneira que estimulasse o pessoal externo a fornecer voluntariamente as soluções para eles. Para os iniciantes, empresas como a Lilly, que estavam à procura de soluções, *não queriam* que qualquer uma de suas informações patenteadas fosse divulgada, visto que provavelmente alguns dos seus concorrentes acessariam o *site* da InnoCentive pelo menos de vez em quando. Foi preciso uma quantidade substancial de conhecimento (bem como tentativa e erro) por parte da equipe da empresa para vencer esses obstáculos e criar resumos que fossem informativos e que ainda assim não revelassem suas informações confidencias. Uma outra preocupação foi que, no início, a equipe da Lilly teve problemas para definir onde terminava a solução externa (e então seria feito o pagamento do prêmio) e onde começava o uso interno dessa solução. A Lilly precisou aconselhar e treinar os clientes em relação ao que constituía uma "solução" que justificasse o pagamento.

A InnoCentive elaborou seu processo de modo a fornecer proteção contra a contaminação dos seus clientes em busca de soluções, que chamou de "buscadores": os clientes assinam um acordo legal com a InnoCentive, autorizando-a a buscar soluções para desafios específicos. Ela atua como um agente para os buscadores, isolando a equipe do cliente da exposição inadvertida às ideias externas, a menos que (e até que) essas ideias se transformem em soluções pagas.

Estabelecido este acordo, a InnoCentive fornece treinamento para os químicos de P&D dentro da empresa buscadora, explicando como formular problemas solucionáveis e como focalizar suficientemente um problema a fim de permitir que o processo da InnoCentive funcione. "Você não pode dizer simplesmente 'Encontre para mim uma cura para o câncer'", observou Jill Panetta, vice-presidente de P&D da InnoCentive.[3] Aqui temos um exemplo de problema formulado eficientemente: a Eli Lilly precisava de um produto químico intermediário para ser usado como um precursor químico em um processo a ser implementado pelo fabricante de medicamento. A capacidade de especificar a composição química da solução bem-sucedida permitiu que os solucionadores externos percebessem se haviam resolvido o problema. O solucionador não precisa conhecer o processo que a Lilly usaria no produto químico. Isso também impediu os concorrentes de saberem o que a Lilly pretendia fazer com a solução.

Quando os desafios são examinados e formulados, eles são divulgados no *site* da InnoCentive (www.innocentive.com) e o resumo está disponível para qualquer internauta. Se uma pessoa achar que pode resolver o problema, ela deve se cadastrar na InnoCentive como solucionador. O processo de cadastramento possui informações de contato e identificação, o que assegura mais tarde à InnoCentive o pagamento de quaisquer prêmios para o solucionador. Se quiser oferecer uma solução, primeiro ele deve assinar um acordo legal afirmando que o solucionador é o legítimo proprietário da solução e que ele manterá a confidencialidade de quaisquer informações que o buscador deva compartilhar.

Uma vez selado este acordo por parte do solucionador, é criada uma sala privada no *site* para que ele interaja com a equipe da InnoCentive. Nessa sala, o solucionador encontrará informações adicionais a respeito do desafio, que o buscador não deseja que sejam do conhecimento público; elas podem incluir atributos de uma solução bem-sucedida. A solução proposta pelo solucionador é examinada em caráter privado pela equipe científica da InnoCentive, a qual trabalha com o solucionador para refinar a solução proposta. Quando uma solução proposta satisfaz aos critérios especificados pelo buscador, ela é inserida como uma apresentação. A equipe da InnoCentive escolhe a melhor apresentação, pagando um prêmio para o solucionador que a propôs. Isso aborda o primeiro problema observado acima: o Paradoxo Informacional de Arrow.

Um segundo problema que todo intermediário deve gerenciar é o da identidade. No caso da InnoCentive, as identidades são reveladas a ambos os lados só depois que uma apresentação verificada foi aceita e o prêmio pago. A empresa verifica a identidade do solucionador e recebe um acordo posterior, indenizando o buscador e a empresa por qualquer informação falsa fornecida pelo solucionador. Depois, a InnoCentive faz o pagamento do prêmio ao solucionador e cobra a quantia do buscador, mais a taxa de sucesso da própria InnoCentive.

Um terceiro problema para os intermediários é como demonstrar o valor do serviço aos seus clientes. A InnoCentive teve a sorte de manter uma relação estreita com a sua empresa mãe, a Lilly, após a sua criação, o que lhe permitiu perceber um pouco dos benefícios proporcionados pelos seus serviços a um cliente buscador. Doze dos desafios da Lilly que foram divulgados no *site* da InnoCentive, em junho de 2001, receberam soluções no ano seguinte. A InnoCentive recebeu 82 propostas para esses problemas de solucionadores em 16 países, pagando prêmios de 335.500 dólares no total.

A InnoCentive trabalhou com a Lilly para estimar o valor total entregue por essas soluções. Os custos totais da Lilly para obter respostas para esses desafios, incluindo os prêmios para os solucionadores e os pagamentos à InnoCentive, somaram 430.000 dólares. O valor dessas soluções para a Lilly foi estimado em 8,8 milhões de dólares, com 600.000 dólares deste valor sendo o custo de fazer o mesmo trabalho internamente, e 8,2 milhões de dólares sendo a receita incremental que essas soluções criaram para a Lilly. Isso resultou em uma relação custo-benefício de 20:1.[4]

Embora esta evidência sugira um retorno impressionante sobre o investimento, a experiência da InnoCentive com esses clientes buscadores foi, no entanto, muito desigual. Por razões não muito bem compreendidas, o primeiro trimestre de 2002 da InnoCentive foi particularmente baixo, repetindo-se em 2003. A repetição da desigualdade desses clientes, até mesmo da Lilly, foi difícil de explicar.[5] Porém, em 2005, a InnoCentive recebeu um investimento de participação de uma empresa de capital de risco, dando-lhe um segundo investidor estratégico (além da Lilly), bem como mais capital para sustentar o crescimento do seu negócio.

Um quarto problema para os intermediários de inovação é como criar ou acessar um mercado bilateral. Embora logo no início a companhia tivesse uma série de buscadores, ela não teria muito valor a oferecer a eles, a menos que pudesse criar uma comunidade de solucionadores grande e crescente. Em setembro de 2003, a companhia tinha mais de 25 mil indivíduos independentes registrados como solucionadores em seu *site*. Desses 25 mil, mais de 7 mil haviam selado acordos com a InnoCentive e mais de 15 mil salas privadas haviam sido abertas (alguns solucionadores trabalharam em mais de um desafio). Mais de 750 apresentações foram recebidas e 25 prêmios foram pagos. No verão de 2005, a comunidade de solucionadores tinha crescido para mais de 80 mil.[6]

Em um modelo mediado pela *web* como o da InnoCentive, a quantidade de solucionadores é um atributo importante para a empresa gerenciar. Um segundo atributo é a diversidade de solucionadores, visto que uma comunidade mais diversificada tem mais chances de fornecer uma ampla faixa de soluções possíveis. Assim, não é necessário que os solucionadores fora de um cliente como a Lilly sejam "mais inteligentes" do que os funcionários da empresa; pode ser simplesmente que essa comunidade mais diversificada enxergue coletivamente uma faixa mais ampla de maneiras para abordar problemas não resolvidos que clientes como a Lilly enfrentam. No caso da InnoCentive, esses solucionadores vêm de uma ampla gama de experiências profissionais e estágios de vida, incluindo as seguintes:

- laboratórios contratados
- aposentados
- estudantes
- acadêmicos universitários
- pequenas empresas do ramo farmacêutico
- empresas de biotecnologia
- institutos de pesquisas
- outras indústrias
- outras disciplinas científicas

Os solucionadores também eram geograficamente diversos, provenientes de seis dos sete continentes e representando mais de quarenta países.

A Tabela 6-2 mostra a porcentagem de solucionadores de cada país ou região nos 12 meses terminados em junho de 2002 e junho de 2003.

Como mostra a tabela, uma grande parcela da comunidade de solucionadores era de fora dos Estados Unidos e da Europa Ocidental, de lugares que a Lilly havia ignorado historicamente em favor de sua própria P&D, tais como Índia, China e Rússia. Na prática, esses três países foram o segundo, terceiro e quarto, respectivamente, depois dos Estados Unidos em quantidade de solucionadores cadastrados na InnoCentive, a partir de 1º de julho de 2003. Essas pessoas receberam treinamento científico diferente da equipe da Lilly e encontrou diversos tipos de problemas em sua própria experiência.

Essa comunidade diversificada de solucionadores não surgiu por acidente. A InnoCentive manteve um recrutamento ativo para formá-la. Sob a liderança de Ali Hussein, a companhia forjou relações e selou acordos com os principais centros acadêmico-científicos na Índia, China e Rússia. Na Índia, por exemplo, houve um acordo com a CSIR, autoridade central indiana para a ciência acadêmica. Este acordo cadastrou no sistema da InnoCentive mais de 2 mil dos principais cientistas acadêmicos indianos.[7] De modo similar, na China a companhia selou um acordo com a Academia Chinesa de Ciências. A chancela dessa prestigiada academia ajudou a lançar acordos adicionais com dez das principais universidades da China. Na Rússia, a InnoCentive começou pela Academia Russa de Ciências e desde então assinou acordos com a Universidade Estadual de Moscou, Universidade Estadual de São Petersburgo e com os 12 principais centros acadêmicos do país.

As relações com esses proeminentes centros acadêmicos trouxe credibilidade e legitimidade aos esforços da InnoCentive em cada país. Uma surpresa

Tabela 6-2 Localização dos solucionadores da InnoCentive por região

País/Região	2002(%)	2003(%)
Estados Unidos	62	47
Europa Ocidental	17	14
Rússia, Europa Oriental	4	9
Ásia-Pacífico	6	13
Índia, Sul da Ásia	6	11
África, Oriente Médio	1	3
América do Sul, América Central	1	2
Outros	3	1

Fonte: Documentos da InnoCentive.

para os líderes da InnoCentive foi a acolhida calorosa das autoridades de cada país em relação ao seu modelo. "Esses governos estão contentes com o modelo da InnoCentive", disse Hussein. "Em vez de perder grande parte dos seus principais talentos para o Ocidente, como ocorreu no passado, podemos lhes trazer oportunidades sem que eles tenham de abandonar sua terra natal."[8]

Um artigo em um importante jornal de negócios indiano também emitiu uma nota favorável para a nova tendência de aquisição global de P&D.[9] Como descreve o artigo, um tal Dr. Satyam foi premiado com 75 mil dólares pela InnoCentive por uma solução para um problema "prático". Diferente das gerações anteriores de cientistas, que precisavam imigrar para os Estados Unidos a fim de aplicarem seus talentos, o Dr. Satyam simplesmente se conectou na *web* para ver o problema e depois conectou-se novamente para enviar a solução proposta. Ele ficou feliz com o prêmio. Dá para fazer muita coisa na Índia com 75 mil dólares.

Embora o sucesso de longo prazo da InnoCentive ainda esteja por ser determinado, ela demonstra alguns aspectos importantes do que um intermediário de inovação deve fazer para ser eficiente. Primeiro, precisa ajudar a moldar a definição do problema a ser solucionado. Segundo, deve estabelecer um processo que proteja as informações confidenciais e patenteadas, incluindo a identidade de um ou ambos os lados de uma transação. Terceiro, precisa desenvolver evidências dignas de crédito para documentar seu valor para as partes na transação, tanto durante quanto depois da transação. E, quarto, dado o estágio inicial dos mercados intermediários na maioria das indústrias de hoje, o intermediário tem de ajudar a desenvolver ambos os lados do mercado a fim de criar maior liquidez nas transações e extrair uma variedade mais ampla de possíveis soluções (que por sua vez exige um conjunto diversificado de fornecedores de conhecimento).

Mas a InnoCentive também deve decidir como focalizar melhor o seu modelo de negócio para que ele progrida. Até hoje, ela tentou prestar um serviço valioso para seus clientes buscadores, pois é daí que vem a sua receita, de acordo com o seu modelo de negócio. E se, em vez disso, a empresa mudasse seu foco e construísse um modelo de negócio em torno da sua comunidade de solucionadores que conta com 80 mil pessoas? Um ajuste como esse apresentaria uma difícil fase de transição, mas poderia oferecer um valor maior no longo prazo.

NineSigma

Uma segunda empresa, a NineSigma, estabeleceu um processo diferente para fornecer serviços de intermediação da inovação. Para simplificar, a empresa usa um abrangente banco de dados com listas de *e-mail* e trabalha com seus clientes para enviar solicitações de proposta (RFPs), via *e-mail* direcionado, a subconjuntos do seu banco de dados. Mais recentemente, ela também expandiu seu *site* para solicitar propostas *on-line*, bem como respostas para os *e-mails* direcionados.

Diferente da InnoCentive, a NineSigma atende a uma ampla faixa de indústrias além das biociências, incluindo a automotiva, produtos de consumo, embalagens e materiais de engenharia.[10] Uma outra diferença é que a NineSigma identifica publicamente a empresa que está em busca de uma solução quando solicita uma proposta de seu banco de dados e do seu *site*. Como a InnoCentive, a companhia criou uma série de arranjos para definir o problema adequadamente a fim de atrair o interesse das pessoas de fora, sem fornecer informações confidenciais. Como me disse Mehran Mehregany, ex-presidente e fundador da NineSigma: "É uma parte fundamental do nosso processo ajudar os clientes a definirem o problema. Um problema adequadamente definido já é metade da solução!".[11]

Em um artigo, Mehregany continua a dizer:

> A inovação aberta não significa a terceirização da P&D interna nem o encerramento de suas operações. É uma estratégia para encontrar e trazer novas ideias que sejam complementares aos projetos de P&D existentes. A inovação aberta remove muitas barreiras geográficas, tecnológicas e corporativas que se colocam no caminho do desenvolvimento de um novo projeto e de novos mercados. A inovação aberta dá acesso ao conhecimento e às tecnologias que levariam anos e custariam milhões de dólares para serem desenvolvidos internamente. A abordagem torna possível encurtar os ciclos de desenvolvimento de produto e saltar à frente da concorrência. Ela torna possível aproveitarmos

as assim chamadas "tecnologias destruidoras" em vez de sermos surpreendidos por elas.[12]

Embora esses benefícios possam soar atraentes, na verdade eles exigem mudanças organizacionais substanciais antes que possam ser recebidos. À medida que a NineSigma trabalhou com seus clientes, foi levada a entender que o seu valor para esses clientes depende do comprometimento interno deles com uma nova abordagem. O artigo que cita Mehregany continua: "Os executivos seniores são rápidos para enxergar os benefícios... Os executivos intermediários podem ser um problema se não forem informados adequadamente a respeito dos objetivos corporativos. Por exemplo, eles podem ver as buscas da NineSigma como uma prova de que não estavam exercendo a sua função antes. Eles precisam avaliar que a inovação aberta torna a P&D interna estrategicamente mais valiosa para a empresa".[13]

Outra virtude da abordagem da NineSigma é que a empresa é capaz de refinar seu amplo banco de dados de contatos a cada busca que faz. Quando os contatos saem ou mudam o endereço de *e-mail*, a NineSigma é capaz de atualizar seu banco de dados em conformidade. Quando chegam as respostas, a empresa é capaz de analisar quais fatores aumentaram a probabilidade de receber uma resposta, e esse aprendizado a ajuda a direcionar o alcance externo com mais precisão no próximo projeto. O que parece uma atividade comercial (a capacidade de enviar um *e-mail* em massa) se torna uma capacidade altamente direcionada e eficaz (a capacidade de compatibilizar as buscas com as ideias em listas cuidadosamente refinadas devido às experiências com as buscas anteriores).

A NineSigma também recebeu um investimento de capital da Procter & Gamble, dando-lhe mais respeitabilidade e mais capital para fazer o negócio crescer.

Big Idea Group

Os casos da InnoCentive e da NineSigma poderiam sugerir que os intermediários de inovação se restringem em grande parte às empresas de alta tecnologia, como a química e as biociências (embora a NineSigma também atenda a outras indústrias). O Big Idea Group (BIG), porém, é um intermediário de inovação assumidamente de baixa tecnologia. Ele atua como um intermediário nas indústrias de brinquedos e de equipamentos para casa e jardim.[14]

Michael Collins fundou o BIG em julho de 2000. Ele próprio um ex-inventor da indústria de brinquedos, Collins entendeu os brinquedos e as frustrações dos inventores que tiveram muitas dificuldades para forçar a entrada nessa indústria. Ele fundou a BIG com a percepção de que nas indústrias como a de brinquedos e equipamentos para casa e jardim havia pouca (se é que havia) economia de escala em inovação: "Collins acreditava que outras indústrias possuíam curvas de escala de desenvolvimento de produtos praticamente planas, implicando que não havia vantagem real em gastar 20 milhões de dólares *versus* 2.000 dólares para desenvolver um protótipo".[15]

Nessas indústrias com pouca economia de escala, havia um número enorme de invenções potenciais nas mentes dos inventores e das pequenas empresas. Mas essa abundância de abastecimento potencial não tinha um caminho claro até o mercado. As grandes empresas de brinquedos e equipamentos de casa e jardim normalmente desdenhavam das abordagens dos aspirantes a inventores, como o faziam os grandes varejistas que vendiam esses produtos. Na realidade, Collins negociou uma relação com a Toys"R"Us (TRU) para receber todas as propostas que os indivíduos e as pequenas empresas lhe fizeram, precisamente porque a TRU não possui um processo para lidar com essas propostas. Como afirmou Andy Gatto, VP sênior da TRU, "estamos abarrotados de solicitações dos consumidores e inventores amadores que acham que têm grandes ideias... Se fosse cogitar cada uma dessas propostas que chegaram via correio ou fax, precisaria de uma equipe de pessoas apenas para lidar com esse segmento... Eu acharia difícil dar uma prioridade elevada o bastante para fazê-lo internamente".[16]

Collins criou uma série de processos para procurar potenciais inventores e suas ideias. Um dos processos é o BIG Idea Hunts, no qual ele convida inventores para hotéis locais ou espaços de conferência para que demonstrem suas ideias a um painel de julgadores montado pela empresa. O BIG também publica um jornal periódico e uma mensagem de *e-mail* para alcançar os inventores. Com esses mecanismos, agora ele recebe centenas de ideias por mês.

Essas ideias, no entanto, chegam sob muitas condições, a maioria das quais muito longe de estar pronta para o mercado. O BIG não só faz uma triagem dessas ideias enviadas, mas também trabalha para desenvolver e polir as que têm mérito potencial usando o seu conhecimento das indústrias de brinquedos ou de equipamentos de casa e jardim. Esses aprimoramentos de fato agregam valor ao conceito e incluem frequentemente a pesquisa da concorrência, o reposicionamento do produto, melhorias no projeto e na engenharia e, até mesmo, encontra vendedores mais baratos para partes da ideia. O BIG muitas vezes leva de três a seis meses para refinar as ideias que têm potencial real antes de apresentá-las às empresas e varejistas interessadas.

A empresa ajuda os inventores a obterem uma proteção mais forte para suas ideias gerando marcas registradas, *copyrights* e outras proteções. Ela divide adiantamentos e *royalties* em andamento com os inventores de uma maneira aberta e transparente de modo que o inventor não precise se preocupar com surpresas ou "contabilidade criativa". Embora o inventor possa terminar com apenas 40 a 50% do valor de sua invenção, esta é uma pequena fatia de uma torta muito maior devido ao valor agregado proporcionado pelo BIG.

Embora a indústria de brinquedos tenha sido a primeira indústria do BIG, mais recentemente ele se expandiu também para a indústria de equipamentos de casa e jardim. Seu modelo tem potencial para trabalhar em várias indústrias onde existam pequenas economias de escala em invenção, onde a empresa possa criar relações próximas com alguns dos participantes-chave na indústria e onde possa alavancar a criatividade dos inventores externos. Ele é capaz de conectar os inventores e suas ideias com os mercados e suas exigências, e é muito mais do que um quadro de distribuição. Ele desenvolve ativamente as ideias promissoras de modo que os projetos sejam apresentados conforme as necessidades dos clientes potenciais. À medida que o BIG expandir sua rede de inventores e aprofundar suas relações com os clientes, ele desenvolverá uma posição ainda mais forte em seu mercado.

O InnovationXchange

Todos os intermediários anteriores neste capítulo começaram com um problema conhecido que o cliente desejava resolver ou com uma solução específica em busca de um problema ou mercado. O InnovationXchange (IXC) é um tipo diferente de intermediário, pois ajuda as empresas membro a compartilharem necessidades mal definidas e tenta compatibilizá-las com tecnologias e iniciativas residentes em outras empresas membro. O IXC está baseado na Austrália e é oferecido pelo Australian Industrial Group, uma das associações industriais mais antigas do país. É fruto da imaginação de John Wolpert, que anteriormente gerenciou a equipe alphaWorks da IBM e o laboratório de inovação Extreme Blue. Ele acreditava que os próprios processos de inovação tinham de ser renovados. Inspirado pela pesquisa acadêmica em inovação aberta e tendo vivido em primeira mão alguns dos problemas, Wolpert criou um novo tipo de organização, o qual ajudaria as empresas a identificarem e usarem com sucesso a inovação aberta em seus negócios.

A Figura 6-1 fornece uma representação esquemática do modelo da InnovationXchange.

O modelo da IXC constrói uma rede de inovação entre suas empresas membro. No primeiro ano de operação, havia 11 empresas membro, todas operando na Austrália e nos Estados Unidos. A cada empresa membro é designado um intermediário confiável (IC). Este é um funcionário da IXC, mas seu papel é trabalhar como parte do desenvolvimento interno do negócio da empresa membro. Em condições ideais, o IC se torna uma "mosca na parede", ouvindo atentamente para descobrir os problemas e necessidades da organização membro.

Os ICs selam acordos com a IXC que os impedem de possuir ou deter quaisquer direitos sobre a PI em qualquer trabalho que façam, tornando-os intermediários verdadeiros. Eles também assinam acordos de confidencialidade absoluta para proteger o conhecimento das empresas membro com as quais

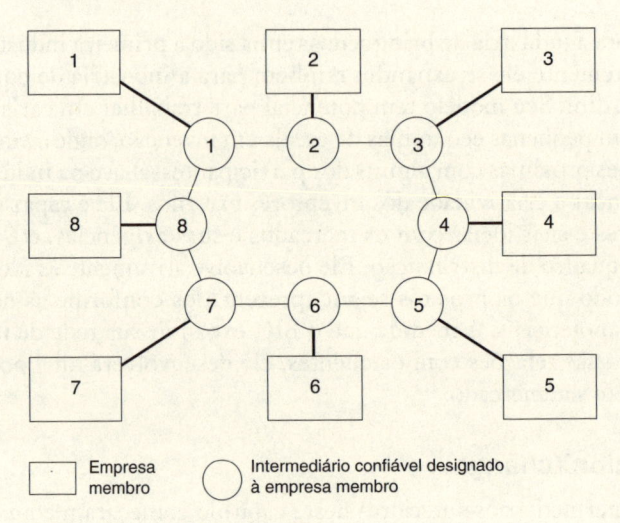

Figura 6-1 O modelo da InnovationXchange.

trabalham. A essas proteções legais que se juntam aos investimentos sociais, visto que os ICs passam bastante tempo com as empresas membro construindo uma maior compreensão e confiança. A IXC descreve o processo de construção da confiança como "os três Bs": *beer, bonding* e *being there* (cerveja, intimidade e estar lá). Em geral, um período de um a três meses é necessário para alcançar confiança suficiente e se tornar realmente envolvido. O papel do IC é permanecer indefinidamente na equipe da empresa membro como pessoal de apoio no dia a dia da comercialização.

A parte final do modelo exige que os ICs se reúnam e troquem ideias entre si com frequência. Depois de ganharem aceitação nas empresas membro e aprenderem sobre as necessidades e oportunidades, eles buscam a sua base de conhecimento seguro das informações da empresa membro e se reúnem com os colegas em busca de possíveis correspondências entre as empresas membro. Como os ICs se apropriaram de quaisquer direitos para a PI da empresa membro e em virtude dos acordos de confidencialidade desses ICs, eles podem compartilhar informações abertamente entre si, sem se preocuparem com o vazamento de informações sigilosas para fora da rede. Isso estimula um debate muito mais rico. A informação compartilhada pelos ICs nem chega a ser revelada para as organizações membro, exceto por meio de um processo de divulgação gradual chamado "sumário de oportunidade" e apenas nos casos em que os ICs identificarem uma conexão mutuamente benéfica entre as diferentes partes.

Um resultado inesperado do modelo é que muitas empresas estão usando seus ICs de maneiras não contempladas pelos fundadores da IXC. Os ICs se tornaram úteis para procurar conexões não só dentro dos membros, mas também para procurar conexões potenciais com empresas não afiliadas. Essas investigações externas se tornaram parte de seu trabalho diário. Hoje, os intermediários investigam mais os não membros do que os membros.

Segue aqui um exemplo de como isso funciona. Uma equipe de desenvolvimento de negócio de uma empresa membro planeja encontrar parceiros para uma nova iniciativa específica. O líder da empresa membro pede ao IC designado para investigar as empresas que poderiam ser boas parceiras, apontando duas empresas não membro que a equipe gostaria de considerar. (O IC já compareceu às reuniões de planejamento dessa iniciativa e compreendeu as intenções internas e a dinâmica em torno delas). Primeiro, o IC procura na base de conhecimento confidencial da IXC as informações sobre os outros membros. Ele entra em contato com os ICs desses membros que ele possa julgar interessantes. Ele também traz a iniciativa para a reunião de cúpula *on-line* agendada regularmente, de modo que a rede de IC fique a par da iniciativa.

Porém, o IC também conduz uma busca nas empresas não membro e, além das duas empresas que o líder o pediu para contatar, ele encontra mais duas. Ele entra em contato com essas empresas não membro (com a permissão do líder), combina um encontro com elas e sela um acordo de confidencialidade. Neste caso, o líder da empresa membro não quis ser identificado pelos possíveis parceiros antes que o intermediário descobrisse se havia um bom ajuste, então ele se identificou como um funcionário da empresa porque foi de interesse para a sociedade IXC. Assim, nessa fase o IC disfarça a identidade do membro interessado.

Há também uma vantagem na velocidade, uma vez que o IC assina o AC de não membro em curto período de tempo, normalmente em uma semana. Se a própria empresa membro fosse iniciar as discussões nessa fase, só o processo de AC poderia levar meses para ser concluído, tornando o processo de busca muito mais lento e pesado. Depois do AC ter sido sacramentado com a empresa escolhida, o IC foi capaz de avaliar em duas semanas se as empresas deveriam ser reunidas. Nos casos em que foi detectado um ajuste, o IC seguiu o processo padrão da IXC para envolver a empresa membro e a empresa escolhida.

Os resultados do primeiro ano de atividades da IXC foram considerados muito bem-sucedidos. No primeiro ano da InnovationXchange, 24 oportunidades foram identificadas entre as 11 empresas membro, dez das quais evoluíram para a fase de envolvimento, em vias de concluir a transação, e uma transação fora completada e gerava valor. Algumas dessas oportunidades transferiram tecnologia de uma empresa membro para outra. Outras envolveram a criação de uma iniciativa conjunta entre duas empresas membro ou trouxeram empresas externas e não membro para um determinado projeto.

Esses resultados são surpreendentes. Com a exceção de uma empresa global, todas essas organizações operam na Austrália, sendo a maioria delas de Sidney ou Melbourne. Os líderes seniores das empresas membro já se conheciam. Logo, já havia uma rede social estabelecida. Como então a IXC identificou tantas oportunidades novas para as empresas membro, quando essas e seu pessoal sênior já se conheciam? Parece que a resposta está no modelo da IXC. Uma chave para o sucesso do modelo é a criação de um novo papel, o intermediário confiável, e a dupla responsabilidade do IC de trabalhar estreitamente com a empresa membro e colaborar com os outros ICs dentro das outras companhias. O modelo da IXC permite que os membros troquem conhecimento tácito e conhecimento confidencial, filtrado através da rede de ICs. Mesmo no mundo relativamente pequeno dos negócios australianos em Sidney e Melbourne, este modelo está encontrando novas oportunidades e agregando novo valor.

Com base nesse sucesso inicial, a IXC expandiu suas operações internacionalmente. Ela dobrou a quantidade de empresas membro em poucos meses após completar a sua fase piloto em junho de 2005, e está recrutando mais empresas membro na Austrália, com a maioria das 11 companhias da rede inicial permanecendo como membros após essa fase piloto.[17] Em julho de 2005, a empresa começou a alocar seus ICs dentro dos Estados Unidos também. Isso vai expandir ainda mais a rede da IXC e deve aumentar bastante a quantidade de áreas potenciais a ser observadas em busca de oportunidades; porém, isto desafia a capacidade de os ICs colaborarem estreitamente uns com os outros. A IXC está desenvolvendo uma série de ferramentas baseadas na *web* para facilitar a maior cooperação virtual entre os ICs. Será interessante ver se os efeitos de criação da confiança dos "três Bs" pode ser alcançado com soluções avançadas de tecnologia da informação ou se a necessidade dos três Bs limita a capacidade de expansão do modelo.

Shangai Silicon Intellectual Property Exchange

Quando pensamos sobre a propriedade intelectual na China, a primeira coisa que lembramos são os relógios Rolex falsos, DVDs de 2 dólares e outros produtos piratas. Certamente, não se espera encontrar alguma prática ultramoderna que promova a identificação e a permuta legal de propriedade intelectual em uma indústria como a de semicondutores. Contudo, este é exatamente o propósito da Shangai Silicon Intellectual Property Exchange (SSIPEX).

A SSIPEX é um dos três centros criados na China para facilitar a permuta legal de PI no ramo de semicondutores. Um centro similar, chamado ICC, proporciona o acesso legal para que as empresas chinesas projetem plataformas de serviço em semicondutores, tais como ferramentas de automação de *design* eletrônico. Outra organização similar, chamada ICRD, fornece às empresas chinesas acesso autorizado a plataformas de processo de fabricação a fim de ajudá-las a construir os projetos que elaboram.

A SSIPEX coleta, avalia e dissemina tecnologias que façam a ponte entre o projeto de um novo *chip* e o processo e fundição que o produz. Como as demais organizações similares, a SSIPEX é um intermediário de PI. Ela trabalha com os proprietários de PI de semicondutores para acumular bibliotecas de ferramentas de projeto de fabricação, projetos de referência e outros conhecimentos úteis. Depois, ela convida companhias chinesas a experimentarem essa PI. Se a companhia achar a PI útil, então a SSIPEX ajuda no licenciamento dessa PI. Cerca de 70% da PI na SSIPEX vêm de fora da China, enquanto 30% vêm de dentro do país. Atualmente, ela possui mais de 3 mil partes individuais de PI de semicondutor, fazendo dela o segundo maior repositório comercial do gênero em todo o mundo. Diferente dos repositórios das empresas de fundição privadas (tal como a SMIC, a maior fundição da China), a SSIPEX é aberta a todos os membros, independente da fundição escolhida pelos membros para construir seus projetos.

Embora possa soar estranho para os leitores ocidentais, a razão pela qual a SSIPEX e outras organizações similares foram criadas é que o governo chinês apoia vigorosamente a PI. Uma questão-chave que preocupa o governo chinês é que muitos empreendedores não sabem muito a respeito de PI e como usá-la da melhor forma. O governo espera que esses centros capacitem os empreendedores a usar a PI de forma mais eficaz. A SSIPEX foi criada em 2002. Seu financiamento veio do governo municipal de Shangai com 30 milhões de renminbi*, e do Ministério da Indústria e Informação (MII) do governo nacional com 10 milhões de renminbi (esse financiamento combinado soma algo em torno de 5 milhões de dólares).

A receita da SSIPEX é proveniente de três fontes: primeiro, uma taxa de adesão cobrada das empresas que desejam acessar a PI; segundo, uma taxa cobrada dos proprietários de PI que desejam exibi-la e, terceiro, taxas sobre as transações entre os membros e os proprietários de PI. Embora as duas primeiras fontes tenham sido as fontes dominantes de receita até hoje, a empresa espera que a terceira fonte cresça à medida que mais empresas chinesas aprenderem sobre serviços de permuta e entenderem como usá-los. Com dois anos de existência, a empresa tinha um orçamento de 10 milhões de renminbi e uma equipe de trinta pessoas.

Embora a SSIPEX ainda seja muito jovem, está começando a fazer investimentos para agregar mais valor às suas empresas membro, à medida que ela

---

* N. de T.: O renminbi é a moeda da República Popular da China.

avança sobre a extensa biblioteca de PI na troca. Agora ela emprega um punhado de consultores e analistas para auxiliar as empresas membro. Um novo investimento em 2006 estabelecerá um laboratório dentro da SSIPEX. Este laboratório funcionará como uma "caixa preta" de forma que os clientes possam trazer uma amostra do seu projeto para o laboratório, o qual produzirá um leiaute parcial (ou outro resultado, dependendo da PI que estiver sendo testada). Mas a caixa preta impedirá os clientes de verem exatamente como o resultado foi obtido e não os deixará fazer a engenharia reversa ou se apropriar da tecnologia de alguma outra maneira. Logo, os clientes obterão informações mais detalhadas a respeito do valor da PI que estão tentando usar, enquanto o proprietário dessa PI continuará protegido da malversação.

Como a SSIPEX avaliará seu próprio desempenho? A resposta será determinada pelos seus proprietários: a cidade de Shangai e o MII. Ambos querem simplificar a transferência legal da PI na indústria de semicondutores e torná-la tão transparente e econômica quanto possível. Os proprietários também querem promover um maior desenvolvimento da PI de semicondutores na China, acreditando que isso permitirá o crescimento da indústria de semicondutores. Além disso, a empresa deve alcançar o desempenho de equilíbrio financeiro em 2006.

Embora a SSIPEX seja um experimento estimulante de formas inovadoras para facilitar a permuta da PI, a organização enfrenta alguns desafios desencorajadores. Um dos problemas é que seus clientes não são fortes nem grandes; são empresas pequenas. Na China, muitas pessoas acreditam que o trabalho de engenharia é barato, ao mesmo tempo em que o capital é escasso, de modo que elas acham mais acessível desenvolver a PI por conta própria. Essas empresas não avaliam que a alavancagem da PI externa poderia poupar tempo e melhorar a qualidade do produto resultante. Esta mentalidade é amplamente disseminada e exigirá muita reflexão antes que as empresas reconsiderem suas posições.

Outro desafio é o sistema legal subdesenvolvido que está por trás da proteção legal da PI. A SSIPEX toma medidas cautelosas para assegurar que a PI oferecida por ela seja obtida legalmente. No entanto, ela não possui os recursos para monitorar seu uso pelas pequenas empresas chinesas que são suas clientes. Ela pode não saber se os clientes estão revendendo ilegalmente ou de alguma outra maneira transferindo a PI para outras empresas sem a autorização adequada. Caso se detecte tal atividade, não está claro qual seria a eficácia de qualquer recurso em algum tribunal chinês. Naturalmente, como uma corretora, a SSIPEX pode ser capaz de evitar o envolvimento direto e deixar quaisquer ações legais por conta dos proprietários da PI cujos direitos foram violados. Mas se os proprietários da PI chegarem à conclusão de que a SSIPEX estaria minando sua posição de proprietários na China, isso prejudicaria o desenvolvimento da permuta de PI legal na indústria de semicondutores chinesa para todas as empresas.

Ocean Tomo

No centro da cidade de Chicago, uma empresa pequena e em crescimento chamada Ocean Tomo está estabelecendo silenciosamente as bases para uma revolução no uso das patentes e sua PI associada. Jim Malakowsky, presidente da Ocean Tomo, junto com seus colegas de empresa, está atacando de maneira progressiva as muitas barreiras que hoje em dia obstruem uma maior permuta de patentes no mercado.

O próprio Malakowski é um novato na área de gestão e avaliação de PI. Desde quando se graduou na universidade há mais de vinte anos, dedicou sua carreira aos diferentes aspectos de como gerenciar os ativos de uma maneira mais eficaz. No início de sua carreira, ele trabalhou para companhias de contabilidade e consultoria, analisando como contabilizar melhor os ativos intangíveis como a PI e a experiência. Esses anos de experiência lhe deram conhecimento de primeira mão sobre quais eram os problemas-chave. Por exemplo, há um consenso geral de que as patentes podem ser avaliadas com base no custo (quanto custa para desenvolver a ideia), na receita (o fluxo de pagamentos que uma empresa pode esperar receber a partir do licenciamento) ou no mercado (que patentes similares foram vendidas no passado). Dentre essas, a base de mercado é considerada a melhor abordagem. Porém, as vendas de patentes raramente são divulgadas, ficando quase impossível identificar vendas comparáveis. Além disso, pode haver outros termos de venda idiossincráticos para essa situação, os quais influenciaram as negociações da venda e que não são mais identificáveis. Como se pode avaliar uma patente quando a informação sobre o preço não está disponível?

A Ocean Tomo conhece os problemas na gestão e avaliação das patentes e considera que conseguiu algumas respostas. Não é exagero dizer que a Ocean Tomo é o primeiro banco comercial de serviço completo com enfoque exclusivo em negociar PI. Seguem aqui alguns serviços que ela fornece aos seus clientes (e vem mais por aí):

- aconselhamento em fusão e aquisição de PI;
- um sistema de classificação de patentes;
- serviços de consultoria para securitizar patentes e marcas registradas;
- produtos de gerenciamento de riscos em PI;
- o Ocean Tomo 300, um índice de ações negociadas publicamente com base em ativos de PI;
- o primeiro leilão de patentes ao vivo do mundo, abrigado pelo eBay e realizado em São Francisco, nos dias 5 e 6 de abril de 2006.

Embora o conjunto de atividades seja impressionante, a lógica por trás delas é ainda mais interessante. A Ocean Tomo enxerga a economia passando dos ativos físicos para os ativos de conhecimento, e compreende que a PI é um elemento central subjacente ao valor dos ativos de conhecimento. Pensar nas patentes, marcas registradas e outro tipo de PI como outra classe de ativos sugere que podem ser criados instrumentos financeiros que permitam aos investidores participarem dessa classe de ativos. Como colocou Keith Cardoza, da Ocean Tomo: "E se os investidores pudessem investir diretamente em inovações da Boeing, ao contrário de investirem nas ações da empresa? Num futuro próximo, os fundos de pensão tratarão a PI como uma classe de investimento. Ela será a fonte de um novo alfa e uma maneira de diversificar mais as carteiras de investimento".[18]

Apesar da maior parte do trabalho feito pela Ocean Tomo se relacionar com as patentes americanas, muitos dos seus clientes são de fora dos Estados Unidos. As empresas estrangeiras repararam na força cada vez maior das patentes americanas, que examinamos no Capítulo 3, e cada vez mais elas buscam aconselhamento sobre se deveriam comprar as carteiras de patentes americanas das empresas dispostas a vendê-las. A Ocean Tomo ajuda essas companhias a identificarem quais carteiras de patentes poderiam ser do seu interesse e qual seria o preço adequado a ser oferecido pela carteira.

Embora a empresa tenha oferecido aconselhamento nessa área durante anos, mais recentemente ela decidiu colocar seu próprio dinheiro. Em 2005, a Ocean Tomo começou a solicitar investimentos para um fundo de 200 milhões de dólares que concederia financiamento (empréstimos, aquisições, recapitalizações, compras) a companhias que, de acordo com as metodologias da Ocean Tomo, tivessem PI substancialmente subvalorizada em sua carteira. Pode ser uma companhia com 100 milhões de dólares em receitas cujo fluxo de caixa seja positivo, mas esteja à procura de capital para expandir o seu negócio. A Ocean Tomo trabalharia com outros emprestadores a fim de obter os direitos de PI como garantia para a sua parte na linha de crédito ou a participação de outros investimentos da companhia. Por sua vez, a Ocean Tomo poderia emprestar até 25% do valor que ela mesma estimasse para a PI da empresa.[19]

Um dos primeiros investidores convidados por ela para investir no fundo foi Ross Perot. Para grande alegria da empresa, Perot decidiu arcar com os 200 milhões de dólares do fundo, que hoje está instalado e funcionando. Esse nível de investimento de um respeitado investidor confere uma credibilidade significativa ao conceito da Ocean Tomo. Caso os retornos sejam bons como se espera, é provável que outras organizações imitem este modelo em breve, marcando um passo importante na direção de um mercado líquido para securitizar a PI como garantia de transações financeiras.

Outra ideia que ainda não deslanchou é o veículo de retrovenda/licenciamento para a propriedade intelectual. A empresa venderia a sua PI não utilizada para a Ocean Tomo, que pagaria em dinheiro. A Ocean Tomo também licencia de volta a PI para a empresa sem exclusividade, de modo que esta possa continuar a tocar o seu negócio como antes.

Como a Ocean Tomo se beneficiaria com isso? Como aponta Malakowski: "As patentes, quando agregadas, não só diminuem o risco de violação; elas também aumentam de valor. É a única classe de ativos que faz isso".[20] Por quê? Porque muitas vezes é fácil investir em uma única patente, fazendo apenas algo diferente o bastante para evitar a violação. Quando se tem muitas patentes relacionadas, a chance de criar algo em torno delas é muito menor. Isso fortalece muito mais a proteção e aumenta o valor econômico do grupo de patentes.

Agregando a PI por intermédio de centenas de transações como essa, agora a Ocean Tomo possui uma carteira ampla de PIs mais valiosas para oferecer às empesas em muitos tipos diferentes de transações. Uma dessas ofertas poderia ter a forma de seguro da PI, a fim de proporcionar uma proteção maior contra as reivindicações de violação de terceiros.

Em um mundo de patentes mais fortes, onde os *trolls* de patente surgem em lugares inesperados e ameaçam os negócios, pode ser bom conhecer o pessoal da Ocean Tomo.

O VALOR DOS INTERMEDIÁRIOS DE INOVAÇÃO

A busca de tecnologias externas para usar em seu negócio é uma tarefa complexa que, para ser bem-sucedida, requer novos processos organizacionais. Embora, para fazer isso, nada substitua os processos internos eficazes, este capítulo documentou vários intermediários de inovação que podem ajudar as empresas a fazerem essa busca externa. Dessa maneira, as empresas podem testar a ideia de uma busca externa antes de comprometer recursos significativos para reprojetar os processos internos a fim de manter a constância das buscas.

A Tabela 6-3 examina esses intermediários e considera como cada um deles aborda os desafios de acessar as informações externas úteis identificadas em "Problemas no acesso às informações externas", no início deste capítulo.

Cada intermediário tem uma abordagem de gerenciamento dos problemas de identidade, contaminação e fontes de ideias e tecnologias. Cada um deles também enfrenta desafios únicos para atrair mais compradores e vendedores para um mercado bilateral encorpado, onde as permutas são frequentes. Além disso, cada um deles se depara com problemas na ampliação de suas operações para lidar com mais volume. Esta variedade é típica em uma fase emergente de um novo tipo de processo comercial. Certamente, é cedo demais para falar em "melhores práticas", uma vez que cada organização faz experiências sobre como atender melhor essa nova área de mercado.

Contudo, se você ainda não está convencido do valor desses serviços, considere como se sentiria se seus principais concorrentes estivessem para começar a utilizá-los. Seria difícil acompanhar o que eles estão fazendo logo de início. É provável que eles encontrassem oportunidades em novos lugares que

Tabela 6-3 Desafios no acesso às informações externas úteis

Intermediário	Identidade	Contaminação	Fontes úteis, não óbvias	Mercado bilateral	Capacidade de ampliação
InnoCentive	Protegida pelas salas privadas e públicas na internet	O buscador vê apenas as soluções válidas	Mais de 80 mil solucionadores em muitos países	Restringido pela quantidade de buscadores	Forte no lado do solucionador; restrita no lado do buscador
NineSigma	Protegida via listas de *e-mail*	Os clientes veem apenas as respostas qualificadas	Listas de *e-mail* numerosas e diversificadas	Restringido pela quantidade de clientes	Alto envolvimento pessoal para definir problemas e manipular respostas
Big Idea Group	Atua como agente para o inventor	Contorna a P&D interna	Inventores individuais; caças às ideias	Restringido pelo foco de mercado	Limitada pela quantidade de "Michael Collins" na equipe
InnovationXchange	Protegida pelos intermediários confiáveis	Os membros veem apenas as associações válidas	Ideias e intenções não utilizadas liberadas para novos usos	Robusto entre os membros, esparso externamente	Restrita pela capacidade de seus ICs se conectarem profundamente uns com os outros
SSIPEX	Atende como corretora de PI	Nenhum acesso do cliente ao código-fonte até o licenciamento	PI ocidental de semicondutores, muitas empresas pequenas na China	Deve instruir as empresas chinesas a respeito dos benefícios da PI visando a um tempo menor para o mercado	Promissora, se os esforços educacionais forem bem-sucedidos
Ocean Tomo	Atende como banco comercial de PI	Proteções normais de um banco comercial; muralhas entre as funções	PI latente, não utilizada e subutilizada	PI difícil de avaliar, dados ruins sobre fixação de preço; necessidade de instrução	Fase emergente; novo índice de PI para ajudar a criar cultura; possui base de capital significante

ninguém na indústria viu antes, incluindo você. Além disso, algumas dessas tecnologias já podem estar em desenvolvimento bem adiantado, de modo que poderiam chegar ao mercado em um período de tempo surpreendentemente curto. Você quer competir com isso? Você não preferiria dar aos seus concorrentes a dor de cabeça de competir com isso?

Uma vez localizadas as ideias e oportunidades externas, porém, mais trabalho precisa ser feito. Seu modelo de negócio precisa se abrir para dar espaço a essas novas oportunidades. No próximo capítulo, discutiremos alguns exemplos de empresas que estão criando modelos de negócios prósperos no contexto da inovação aberta. Elas podem inspirar o seu raciocínio, à medida que você procura um modelo de negócio que explore a abundância de conhecimento externo útil que o circunda.

7
Modelos de negócios capacitados para a PI

O capítulo anterior discutiu o surgimento dos intermediários de inovação. Esses podem ajudar as empresas de vários tamanhos diferentes a participar nos emergentes mercados secundários de inovação e PI, e a criar modelos de negócio mais abertos. Neste capítulo, examinaremos uma série de empresas que foram muito mais longe na participação desses mercados secundários. Cada uma das companhias mencionadas aqui construiu seu modelo de negócio em torno desses mercados. Não são agentes ou organizações capacitadoras nos mercados secundários; são proprietários dirigindo o desenvolvimento desses mercados. Embora existam muitas diferenças entre cada uma das citadas, o que as liga é o uso da PI como atividade única, e sua principal capacidade é a de criar, possuir, comercializar e vender PI para outras empresas.

Ao examinar essas companhias, veremos como o modelo de negócio se modifica quando é fundamentado na PI. Enquanto alguns aspectos do conceito de modelo de negócio se aplicam às situações apoiadas em PI de uma maneira direta, outros precisam ser ajustados antes de serem aplicados. Nesse sentido, as empresas baseadas em PI estão inovando no conceito de modelo de negócio além de suas abordagens aos respectivos negócios.

Examinaremos três modelos de negócios apoiados em PI – Qualcomm, UTEK e Intellectual Ventures – e veremos como eles estendem o conceito de modelo de negócio na conclusão do capítulo.

QUALCOMM

A Qualcomm é uma empresa baseada no Sul da Califórnia especializada em telefonia celular e internet para celulares. É mais conhecida pela sua tecnologia de acesso múltiplo por divisão de código (CDMA), que proporcionou uma maneira mais eficiente de usar a escassa capacidade das ondas aéreas para suportar um número maior de chamadas de telefone celular. O livro de Dave Mock, *The Qualcomm Equation*, relata o impressionante modelo de negócio que a empresa criou a partir de suas tecnologias-chave e de sua PI associada.[1] Como a Qualcomm vende a sua tecnologia apenas por meio de licenças (e também obtém receitas vendendo alguns *chips* semicondutores que aplicam à sua tecnologia), ela é capaz de gerar uma receita enorme sem implementar exércitos de pessoas ou investir bilhões de dólares em ativos físicos. No ano fiscal de 2004, por exemplo, a companhia gerou 4,9 bilhões de dólares em receitas e 1,7 bilhão de lucro líquido com uma força de trabalho de 8 mil pessoas (gerando uma receita por empregado no valor de 612 mil dólares). Este modelo é muito alavancado![2] Também impressionante é o fato de o desempenho da Qualcomm ser "quase independente de ativos", pois ela cria a PI e projeta os *chips*, mas deixa a sua fabricação ao encargo de outras empresas. No ano fiscal de 2004, a organização tinha 10,8 bilhões de dólares em ativos, mas 7,6 bilhões desses ativos eram em dinheiro ou equivalentes. Subtraindo o dinheiro dos ativos necessários para dar suporte ao negócio, a Qualcomm obteve um retorno de 53% sobre os ativos em 2004.

São números impressionantes para qualquer negócio e, com razão, chamaram a atenção para a Qualcomm como detentora de um novo tipo de modelo de negócio. Como discutiremos mais tarde, porém, seu modelo custou muito esforço para ser criado. Sua realização exigiu uma quantidade substancial de risco, além de um pouco de sorte. Sua história deveria ser lembrada pelas outras empresas que buscam emular a alavancagem financeira de seu modelo.

Como mostra o livro de Mock, a Qualcomm não iniciou seus negócios para mudar o mundo da telefonia. Ela começou como uma desenvolvedora chamada Linkabit, que criou várias tecnologias especializadas para o governo e, particularmente, para as Forças Armadas. Como muitos outros desenvolvedores, a Linkabit vivia de contrato em contrato, tentando manter seu pessoal e suas despesas cobertas e, francamente, sem ganhar muito dinheiro. Ela foi adquirida por outra empresa e discordâncias após a aquisição fizeram que a Qualcomm nascesse da companhia adquirente em julho de 1985. Naquele mesmo ano, a Qualcomm selou um acordo de desenvolvimento com a Omninet Corporation para ajudar a projetar e implementar um sistema de mensagens por satélite. A Qualcomm ficou encarregada de construir o modem na extremidade do sistema em solo.

Para crédito da Qualcomm, a empresa pensou grande e foi bem além dos requisitos especificados em contrato. Ela optou por usar uma técnica inteligente para extrair mais capacidade de uma fatia das ondas aéreas (chamada "espectro") usada para se comunicar com o satélite. Esta tecnologia passou a ser conhecida como acesso múltiplo por divisão de código (CDMA). Contudo, ela era incompatível com as primeiras tecnologias de telefonia sem fio, incluindo uma que estava começando a ganhar volume real no mercado de celulares, conhecida como acesso múltiplo por divisão de tempo (TDMA). Se o TDMA se tornasse o projeto dominante, a tecnologia da Qualcomm poderia perder a corrida. No entanto, a Qualcomm não tinha os recursos, a experiência e a especialização necessárias para entrar no negócio de telefones celulares por conta própria. Além disso, nenhuma das empresas do ramo de celulares com as quais ela conversou tinham muito interesse na tecnologia CDMA. Essas empresas achavam a tecnologia não comprovada. Embora parecesse boa na teoria, ela poderia não funcionar na prática, e havia a tecnologia alternativa TDMA que já estava funcionando.

Após anos de luta com essa frustração, a Qualcomm tardia e relutantemente entrou no negócio de telefonia celular com o único propósito de provar ao mundo que a sua tecnologia poderia funcionar na prática. Isso significa que ela teve de produzir os telefones celulares. A companhia também precisou criar as estações-base que retransmitiam o sinal do celular de torre para torre para lidar com as chamadas. Além disso, a Qualcomm teve de financiar o desenvolvimento e a implantação de múltiplas demonstrações da tecnologia, tanto em Los Angeles (onde a Pacific Bell subscreveu a maior parte dos custos do ensaio em 1989) quanto na cidade de Nova York (onde a NYNEX subscreveu a maior parte dos custos em 1990).

Em 1991, a Qualcomm angariou seu primeiro cliente, o Korean Electronics and Telecommunications Research Institute. Em 1993, ela começou a receber suas primeiras receitas de *royalties* reais pela tecnologia CDMA. Isso aconteceu oito anos depois de a empresa dar início ao projeto Omninet. Nesse meio tempo, a Qualcomm tinha ido a público, feito uma oferta secundária e gasto centenas de milhões de dólares desenvolvendo e comprovando a sua tecnologia. Logo depois, ela precisou desenvolver o *chip* semicondutor de circuito integrado de aplicação específica (ASIC), porque os requisitos técnicos para sua tecnologia CDMA eram suficientemente avançados e incomuns, assim nenhuma empresa de *chip* poderia produzir os *chips* dos quais ela precisava, pois exigiria centenas de milhões de dólares a mais em P&D.

Só muito mais tarde, depois que a tecnologia CDMA foi implementada em dezenas de empresas de telecomunicações em todo o mundo, que a Qualcomm pôde desistir de alguns dos seus investimentos iniciais na integração vertical. Até então, o CDMA se mostrou eficaz em dezenas de operadoras em todo o mundo e a empresa estava liderando os esforços para a tecnologia avançar ainda mais. Foi memorável quando a Qualcomm vendeu seu negócio de *handset* e estação-base para a Ericsson em 1999, como parte de uma solução para uma disputa de PI envolvendo as duas empresas.

Assim, a mediana e enxuta máquina de dinheiro que a Qualcomm é hoje evoluiu a partir de um participante mais integrado verticalmente no início da sua história, que separou as divisões menos relevantes e se desfez dos negócios que apresentavam mau desempenho. Suas receitas impressionantes nos dias atuais são o resultado de milhões de dólares investidos nos anos anteriores e alguns tempos bem difíceis de maus resultados financeiros. Merecidamente, hoje a empresa é mais focada e parece pronta para continuar na liderança da telefonia celular. Com o crescimento da internet e o advento das redes baseadas em dados, a Qualcomm está pronta para atender esses mercados com sua tecnologia CDMA. Mas vale lembrar o trabalho e o investimento feitos para criar seu modelo de negócio baseado em PI.

A própria Qualcomm pode ter esquecido dessa lição. Outra iniciativa recente da empresa foi uma tecnologia chamada Cinema Digital, a qual permite a transmissão e exibição digitais dos mais recentes filmes de Hollywood em salas de cinema de todo o mundo. Em vez de criar uma cópia matriz do filme e depois distribuir as cópias físicas para milhares de salas de cinema, o Cinema Digital possibilita que os filmes sejam distribuídos diretamente sobre redes de dados. Isso elimina os custos de masterização dos filmes, permite a entrega mais rápida dos filmes novos e dá aos proprietários das salas de cinema mais flexibilidade na escolha dos filmes que desejam exibir. A Qualcomm descobriu todos os desafios técnicos para fazer o cinema digital funcionar e esperava licenciar sua tecnologia para todos os estúdios importantes – uma réplica direta do seu modelo de negócio CDMA, rico em tecnologia e quase independente de ativos.

Entretanto, o esforço da Qualcomm para estabelecer o Cinema Digital não obteve sucesso. A empresa tinha um mercado-alvo, mas não uma proposição de valor tentadora para os proprietários das salas de cinema que adotassem a tecnologia. A tecnologia teve um começo promissor, recebendo 14 milhões de dólares em receitas de licenciamento em 2002; no entanto, surgiram os problemas com o modelo de negócio. Os proprietários das salas de cinema não podiam cobrar a mais dos frequentadores para assistirem um filme produzido digitalmente. A abordagem da Qualcomm não foi a única viável para a produção e distribuição de filme digitalizado. Sua insistência em um modelo de negócio baseado em licenciamento significava que alguém teria de descobrir uma proposição atraente para promover a tecnologia e convencer os proprietários céticos de que a tecnologia da Qualcomm era melhor. Nesse caso, ninguém mais se apressou para fazer o investimento e a empresa perdeu a competição; ela interrompeu a iniciativa e saiu do negócio em junho de 2004.

Ao evitar o investimento necessário para implantar e implementar o sistema de cinema digital, a Qualcomm pode ter negligenciado a sua própria história e o papel que seu envolvimento total exerceu no sucesso do CDMA. Colocando de forma diferente, a experiência da Qualcomm com o CDMA e o cinema digital mostra que há muito trabalho árduo por trás de um bem-sucedido modelo de negócio baseado em PI.

UTEK CORPORATION

A UTEK trabalha com as universidades para criar e lançar novas empresas que visam a comercializar tecnologias promissoras criadas nessas universidades. Ao contrário dos intermediários do Capítulo 6, entretanto, a empresa continua dona do capital em seus empreendimentos por um período de tempo prolongado após a conclusão da transação. (Por isso a coloquei neste capítulo). Seu foco como organização está claro na declaração de missão que consta em seu *site*: "A UTEK Corporation se dedica a construir uma ponte sólida entre a tecnologia universitária e as empresas trazendo ideias úteis para o mercado. Esforçamo-nos para inspirar nossos parceiros a desafiarem os limites da tecnologia e introduzirem novos desenvolvimentos que melhorem a qualidade de vida e criem um valor duradouro".

Com sede na Flórida, a UTEK foi fundada em 1997. Seu negócio básico é elaborar acordos de transferência de tecnologia para levar projetos de universidades para uma corporação pré-selecionada por meio de uma empresa de capital de risco criada especialmente para essa finalidade. Ao fazê-lo, a empresa não investe em sua própria P&D. Em vez disso, ela conta com o parceiro corporativo para investir quaisquer fundos necessários para levar a pesquisa universitária ao mercado.

A UTEK é liderada por um ex-professor da University of South Florida, Clifford Gross, que possui 34% da empresa e atua como diretor-executivo e presidente. O próprio Gross foi um inventor e vivenciou em primeira mão os vários problemas que as universidades enfrentam ao tentarem comercializar suas pesquisas.

Para ilustrar o problema que a UTEK foi criada para resolver, Gross aponta que, em 2003, as duzentas maiores universidades dos Estados Unidos divulgaram aproximadamente 15,5 mil invenções novas, mas cerca de 70% dessas invenções não foram licenciadas.[3] "Isto é um profundo desperdício de criatividade e inventividade humanas", disse Gross. Ele é apaixonado por esse assunto e recentemente escreveu um livro chamado *The New Idea Factory*, bem como outros livros que explicam o processo de transferência de tecnologia para empreendedores.[4]

Um fato brilhante sobre a UTEK é como ela criou um modelo de negócio que se ajusta confortavelmente aos limites não só das universidades como também das empresas iniciantes na transferência de tecnologia entre elas. As universidades, por exemplo, não têm dinheiro para investir na comercialização de uma tecnologia e, de modo similar, não têm interesse ou experiência na gestão de participação em pequenas empresas *start-ups*. As universidades gostam dos *royalties*, porque eles proporcionam uma fonte permanente de suporte financeiro para as suas atividades sem expô-las a quaisquer obrigações associadas com a posse de participações sem liquidez em empresas *start-ups*.

As empresas pequenas e médias também se deparam com restrições nítidas na transferência de tecnologia para fora das universidades, e as *start-ups* muitas vezes não sabem qual tecnologia poderia lhes ser útil. Quanto às outras empresas, elas também não têm o dinheiro necessário para comprar uma tecnologia da universidade, mesmo se identificassem uma que fosse promissora. Elas também não têm tempo, experiência e paciência necessários para negociar com os escritórios de licenciamento de tecnologia universitária para ganhar acesso a uma tecnologia promissora. Apenas as empresas grandes conseguem desenvolver essas habilidades.

É aqui que a UTEK entra, com um modelo de negócio inteligentemente adaptado que une essas partes bem separadas. A Figura 7-1 retrata este modelo em ação.

Como mostra a figura, a organização atua como um intermediário entre a universidade e a empresa de tecnologia pública. Embora seu modelo de negócio não invista diretamente no desenvolvimento de tecnologia ou em pesquisa, ele investe na geração de contatos com importantes pesquisadores acadêmicos. Essa ampla rede de contatos acadêmicos é usada para que ela se mantenha a par das tecnologias promissoras em curso nas diferentes universidades dos Estados Unidos. Esta é a matéria-prima intelectual da UTEK, quando ela aborda pequenas empresas públicas que estejam procurando um diferencial de tecnologia. A partir de meados de 2005, esta organização de 7 milhões de dólares tinha um conselho científico com 35 pessoas! Assim, esta rede é uma área de investimento real para a empresa e que dificilmente seria replicada pelas pequenas empresas de tecnologia.

Em paralelo com essa extensa rede acadêmica, a UTEK identifica pequenas empresas de tecnologia que poderiam se beneficiar com uma infusão de tecnologia. À medida que a UTEK trabalha com uma empresa e identifica suas

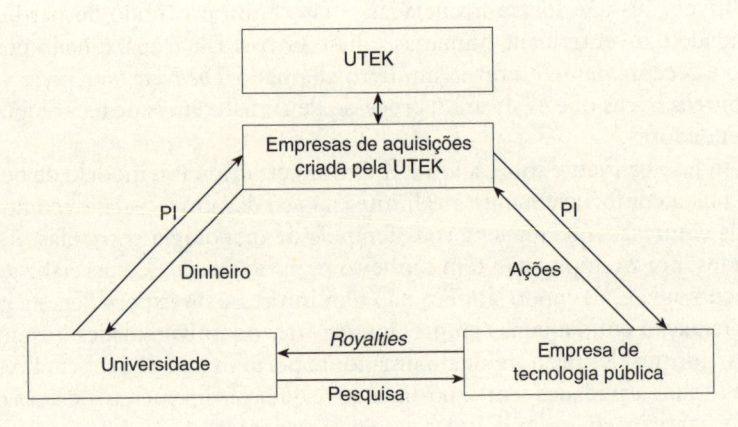

Figura 7-1 Modelo de negócio da UTEK.

capacidades técnicas principais, ela passsa a procurar projetos de pesquisa universitária próximos o bastante das capacidades dessa empresa, de modo que ela possa comercializar o projeto com sucesso. Uma vez que a empresa não possui dinheiro para pagar adiantado, a UTEK estabelece uma empresa de aquisição que assume uma posição de participação (minoria típica) na jovem empresa após a conclusão da transação. A UTEK trabalha com a universidade para transferir a tecnologia, tendo o cuidado de *não* identificar o destinatário da tecnologia até o fechamento da transação. A entidade de aquisição da UTEK adianta o dinheiro para a universidade, recebe os direitos sobre a PI da pesquisa e depois transfere esses direitos para a empresa de tecnologia destinatária em troca da participação. A destinatária assume os riscos comerciais de aplicar uma tecnologia em seu negócio e de criar demanda para a tecnologia. Ao longo do tempo, a empresa pública também pode pagar *royalties* permanentes para a universidade em troca dos direitos à pesquisa adicional, dependendo de como foram feitos os acordos.

Dando um exemplo concreto, suponha que a UTEK identificasse uma jovem empresa pública relacionada na bolsa Nasdaq, no ramo de limpeza industrial, e que está concorrendo com grandes empresas como a Aramark. Suponha ainda que, graças à ampla rede acadêmica da UTEK, ela descubra uma tecnologia de limpeza na Universidade do Alabama baseada em príons. A UTEK tem discernimento para perceber que essa pequena empresa teria uma melhor história de investimento se tivesse uma tecnologia patenteada para competir com empresas como a Aramark no ramo da limpeza industrial.

Então, a UTEK aborda a empresa de limpeza com a oportunidade de se diferenciar no mercado e desenvolver uma tese de investimento mais forte para os investidores. Além disso, ela receberá seu pagamento em ações, não em dinheiro – digamos, a uma taxa de 10 mil dólares mensais durante um ano, cancelável com um aviso prévio de trinta dias. A UTEK e a empresa selam um acordo.

Depois, a UTEK aborda a Universidade do Alabama e negocia os direitos exclusivos sobre a tecnologia de limpeza baseada em príons. Ela paga a comissão à universidade em troca dos direitos sobre a tecnologia. Por sua vez, a UTEK vende os direitos sobre a tecnologia para sua cliente em troca de ações da empresa, pelo acordo que as duas partes assinaram. Depois, a empresa cliente vai até seu banco de investimentos com a nova tecnologia e esse banco ajuda a levantar o dinheiro para buscar essa tecnologia (talvez por meio de uma colocação privada ou oferta secundária) e o valor da ação (esperançosamente) sobe à medida que saem as notícias sobre a nova tecnologia. A UTEK desconta a sua posição inicial ou talvez mantenha uma parcela da participação para uma avaliação posterior. Portanto, o modelo da UTEK requer que ela atue como uma exploradora de tecnologia, uma corretora e um banco de investimentos em vários pontos do seu negócio. Em 2004, ela tinha mais de dez acordos com empresas de tecnologia para ajudá-las a identificar e obter das universidades tecnologias promissoras para seus negócios.

A organização tem crescido nos últimos anos adquirindo empresas que trabalhavam em áreas relacionadas ou que estavam desenvolvendo serviços similares. Sua última aquisição foi em dezembro de 2004, quando adquiriu a EKMS. Esta foi, fundada em 1986 e se tornou líder no campo de gestão estratégica de PI, sob a liderança de Edward Kahn. A EKMS fornece especialização técnica e comercial para ajudar as empresas a identificar, avaliarem, proteger e alavancar ativos de PI a fim de aumentarem a liderança de mercado e a rentabilidade.

Sob a liderança de Gross, a UTEK está claramente a par de alguma coisa. Embora com apenas oito anos de idade, a empresa gerou mais de 7 milhões de dólares em receitas e lucros de mais de 300 mil dólares em 2004, apoiada por uma equipe de apenas 29 pessoas. Os mercados financeiros enxergam a promessa de muito mais sucesso, atribuindo à jovem empresa uma capitalização de mercado de mais de 112 milhões de dólares (uma valorização de 16 vezes a receita de 2004) a partir de 26 de julho de 2005. Além de sua equipe pequena, a empresa gastou apenas 50.000 dólares em sua própria P&D em 2004.[5] Muito da alavancagem financeira que vimos no modelo da Qualcomm também está evidente aqui.

INTELLECTUAL VENTURES

A Intellectual Ventures foi fundada com o conceito de "reinventar a invenção". Os cientistas Nathan Myhrvold e Edwarw Jung compartilhavam a visão de criar uma empresa que tivesse como objetivo inventar e investir na invenção. Embora uma invenção soe incomum para os leitores modernos, esse tipo de empreendimento foi muito popular no início do século XX, como fica evidenciado pelo sucesso dos laboratórios de Thomas Edison em Menlo Park, New Jersey. A categoria profissional de "inventor" foi usada pelo U.S. Census até 1646, quando foi substituída pelo título bem menos atraente de "trabalhador profissional".[6]

Depois de muitos anos trabalhando com empresas *start-ups* no lançamento de novas tecnologias, Myhrvold, Jung e seus parceiros reconheceram que havia alguns problemas fundamentais com o processo de invenção. Para um deles, toda tecnologia ficava trancada em uma única empresa, muitas vezes uma *start-up* com um foco muito restrito. Essa empresa tentaria selecionar e comercializar a aplicação mais promissora de sua tecnologia. O foco era pôr em prática essa aplicação; mas havia pouco tempo, dinheiro ou paciência para explorar maneiras alternativas de usar a tecnologia. Além disso, os inventores na empresa se certificariam de trancar a tecnologia à empresa, diminuindo ainda mais as chances de buscar outras aplicações por meio de terceiros.

Como geralmente 90% das empresas *start-ups* fracassam, muitas tecnologias valiosas nunca tiveram de fato uma chance de realizar seu potencial no mercado. "Ninguém mais experimenta essa invenção", observou o diretor administrativo da Intelectual Ventures, Greg Gorder, em uma entrevista comigo.[7]

Outro conjunto de problemas surgiu nas grandes organizações. Elas enxergavam as novas tecnologias com os anteolhos dos negócios atuais e de seu modelo de negócio associado. Além disso, muitas se concentravam em oportunidades de inovação mais no médio prazo e mais incrementais, deixando um buraco cada vez maior para as inovações de longo prazo. "Certamente, existem inventores nas grandes organizações, como também nas universidades e nas empresas *start-ups*", disse Gorder. "Mas a invenção não é o seu foco básico. Vimos uma oportunidade de criar uma organização em que a invenção fosse o foco básico para tudo o que fizéssemos."

Uma das primeiras iniciativas levadas a cabo por Myhrvold e seus colegas foi a criação da ThinkFire. Essa empresa procurava ajudar as outras a monetizarem o valor de sua propriedade intelectual além do valor que obteriam usando seu próprio negócio. "Queríamos ajudar as empresas a ganhar dinheiro com suas invenções", disse Gorder. "Como você pode fazer que mais invenções aconteçam? Encontre uma maneira de torná-las rentáveis. Neste momento, a maioria das empresas subvaloriza suas invenções e as trata simplesmente como matéria-prima para seu próprio produto."

Para perseguir essa visão, a Intellectual Ventures (IV) contratou algumas das mentes mais brilhantes em negócios, tecnologia, ciência da computação, física, biotecnologia, matemática e propriedade intelectual. Os empregados exploraram as invenções e as oportunidades de investimento em uma ampla variedade de áreas tecnológicas, passando por *software*, semicondutores, dispositivos eletrônicos, produtos de consumo, *lasers*, biotecnologia e equipamentos médicos. Um foco particular do processo de invenção para a empresa foi o de atingir as áreas em que diferentes disciplinas científicas se juntavam, por exemplo computação e biologia, e onde uma compreensão profunda de cada campo abria novas avenidas de exploração em outro campo.

Embora os parâmetros precisos do modelo de negócio da IV ainda estejam em desenvolvimento, ele antecipa a venda da sua diversificada carteira de invenções como uma base para a prossecução de vários modelos de negócio. Isso também não foi diferente dos modelos de negócios dos inventores do final do século XIX e início do século XX, quando dispositivos como o automóvel, a lâmpada incandescente e a televisão eram vendidos para outras empresas mediante modelos de negócio como licenciamento, *spin-offs*, *join ventures*, venda definitiva, ou investindo para eles mesmos desenvolverem as invenções. Em geral, porém, a empresa espera atuar como fornecedora de tecnologias para outras, em vez de aplicar a tecnologia em seu próprio negócio.

Até mesmo o modelo de invenção da IV evoluiu nos cinco anos desde a sua fundação. "Mudamos uma série de aspectos do nosso modelo nos últimos cinco anos", observou Gorder. "No início, gastamos mais tempo tentando compreender o estágio de evolução exato de todos os campos nos quais estávamos interessados em criar invenções. Aprendemos que o estágio de evolução nem sempre é conhecido, particularmente nas fontes públicas. Hoje contamos mais com especialistas para nos ajudarem. Frequentemente eles conhecem não só a literatura pública em suas áreas de especialização, mas muita coisa que está nos bastidores e ainda não chegou a público."

A maioria das empresas de qualquer tamanho tinha processos um tanto burocráticos para examinar as divulgações de invenções e decidir se deveriam solicitar a sua patente. Em geral, um grupo de gerentes de pesquisa se reunia mensal ou trimestralmente e revisaria as invenções descobertas pelos empregados em seus grupos. A qualidade da ciência no projeto era uma preocupação básica, juntamente com o que se sabia sobre o mercado e qualquer outro trabalho anterior na área. Como os pedidos de patente eram caros, a comissão classificava as invenções em razão da prioridade e gastava seu orçamento naquelas que parecessem mais promissoras para o negócio. Exceto em raras circunstâncias, as empresas controlavam suas patentes de acordo com um orçamento rigoroso. Contudo, uma vez concedidas, a maioria das patentes ficava na prateleira, sem uso e impedida de ser usada por mais alguém.

A IV oferece um processo um pouco diferente. O processo de invenção é bem distinto. O foco da organização em torno da invenção é exclusivo. As pessoas contratadas pela empresa são incomuns. As partes externas desempenham um papel diferente do que exercem comumente. Embora o resultado ainda seja uma patente, ele é gerado por um processo muito diferente.

Um dos processos-chave criados pela IV foi a "sessão de invenção". "Essa é a parte mais divertida do meu trabalho", disse Laurie Yoler, diretora de desenvolvimento da empresa entre 2004 e 2005. "Embora tenha que me preocupar com muitas outras coisas, é a chance de me aproximar da ciência e das coisas que fazemos, as quais nos diferenciam de qualquer outra empresa."[8] Foi difícil para Yoler descrever uma "sessão de invenção". Embora fosse um aspecto-chave do processo de invenção da Intellectual Ventures, ele precisava ser vivido para ser entendido.

A Sessão de Invenção da Intellectual Ventures

Na mesa, havia latas de Diet Vanilla Coke, Pepsi One, Dr. Pepper e água engarrafada ao lado de pratos de amendoim, sacos de carne seca e pratos de brioche. Nos gabinetes de exposição em uma parede da sala de conferência, havia máquinas de escrever do início dos anos 1900, equipamento antigo de criptografia e até mesmo várias válvulas de mangueira de incêndio. (A adequação da referência à metáfora de "beber água de uma mangueira de incêndio", significando a taxa muito rápida do fluxo de conhecimento, logo se tornaria aparente.) Em volta da mesa, estava sentado um grupo formado basicamente por físicos teóricos, envolvidos em um processo criado pela Intellectual Ventures chamado de Sessão de Invenção. As luzes na sala de conferência estavam tênues porque o projetor do computador estava ligado. Vários *links* da *web* para artigos relevantes e pesquisas anteriores eram exibidos na parede. Havia duas lousas na sala, que seriam preenchidas em breve com as anotações do grupo.

Nathan Myhrvold ficou de pé ao lado de uma lousa, escrevendo rapidamente anotações sobre como a física de alta energia poderia permitir uma nova classe de materiais ópticos, usando fótons e plásmons para fazer o trabalho antes feito pelos elétrons. Para qualquer pessoa que não tivesse estudado física em quase trinta anos, era impossível acompanhá-lo (esta foi a parte da metáfora "beber em uma mangueira de incêndio"). Mesmo sendo atualizado em física moderna, as ideias vinham encorpadas e intensamente. (Como a apresentação andava rapidamente, gravadores de áudio e fotos periódicas das lousas ajudaram a reconstruir depois as ideias da sessão).

A sessão de invenção era algo como uma *jam session* musical. Havia os solistas explicando suas ideias para as outras pessoas, sobre como as propriedades de um material poderiam ser aproveitadas, proporcionando uma função útil. Mas, tão logo era feita a apresentação solo (e às vezes antes dela ter sido feita), outras pessoas na sala fariam refrão à ideia, tecendo-a em pensamentos próprios ou questionando as bases do conceito, e como ele trabalharia se a implantasse em um novo contexto, distante das áreas convencionais onde já havia sido aceito. A apresentação não se conduzia de uma forma linear. As inspirações estimulavam apartes, piadas e referências a físicos clássicos (Hiparco, Arquimedes, Newton), aos primeiros astrônomos (Galileu) ou mesmo Horácio na Ponte. De vez em quando, Myhrvold interrompia o grupo apenas para capturar a última série de pensamentos ou para fazer um levantamento do trabalho realizado até o momento na discussão.

Myhrvold é ex-executivo de tecnologia da Microsoft, um indivíduo rico, homem de negócios muito bem-sucedido e de muitos interesses. Também é um polímata intelectual, com profundo conhecimento e interesse em campos intelectuais díspares como a física, as biociências, a ciência da computação e a fotografia. Um inventor com mais de 17 patentes em seu nome (até dezembro de 2004), ele foi o principal instigador nas sessões de invenção, apresentando o cronograma, limitando o campo de exploração (pelo menos até certo ponto) e muitas vezes empurrando o grupo para perseguir ideias que eram "frias como o inferno". O entusiasmo de Myhrvold, a amplitude e a profundidade do seu conhecimento e seu conforto com uma ampla gama de ideias foram ingredientes críticos para o sucesso da sessão.

Lowell Wood também se divertia. Um físico de nível internacional do Lawrence Livermore National Laboratories, ele conhecia Myhrvold há quase trinta anos. A maior parte do trabalho de Wood foi feito dentro do governo e a sua maioria foi classificada. Às vezes, fazia alusão ao trabalho realizado em sistemas de armamento, *lasers* de alta energia, pulsos eletromagnéticos e coisas do gênero, mas voltava rapidamente ao ponto em que estava. Ele também tinha percepções oportunas e ponderadas em biologia humana, técnicas atuais de cirurgia cerebral e efeitos da radiação no tecido humano. Percebia-se que ele achava muito revigorante estar em um ambiente onde pudesse explorar, sem fins defensivos, as ideias, os materiais e as ferramentas com os quais tinha trabalhado durante décadas.

A IV recruta especialistas com amplo volume de informações, como Wood, para participarem das sessões de invenção. Outros inventores conhecidos publicamente por trabalharem com a Intellectual Ventures incluem Leroy Hood, um biólogo e tecnólogo molecular da Universidade de Washington; Robert Langer, um professor de química e bioengenharia do MIT; Eric Leuthardt, um neurocirurgião da Universidade de Washington em St. Louis; e Muriel Ishikawa, um físico do Lawrence Livermore National Laboratory.[9]

Dois outros inventores talentosos apoiavam Myhrvold e Wood: Rod Hyde e Chuck Whitmer, que trabalharam com Wood e Myhrvold, respectivamente, durante muitos anos. Cada um deles trouxe muitas contribuições para o pensamento desses dois, corrigiram inspirações quando foram muito além da realidade e preencheram as lacunas deixadas pelo rápido andamento da conversação. Embora Myhrvold e Wood fossem os mais falantes, ambos ouviam com respeito quando Hyde ou Whitmer tinham algo a dizer. Enquanto as ideias eram muito variadas e às vezes escandalosas, a experiência prévia dos participantes e a pesquisa recente feita para preparar a sessão fornecia dados substanciais para ancorar os participantes e ajudá-los a manter os pés no solo.

Clarence (Casey) Tegreene também monitorava o resultado da sessão. Ele é o chefe do conselho de patentes da Intellectual Ventures. Diferente de muitos conselhos de patente, porém, Tegreene também é um inventor, tendo sido diretor de tecnologia da Microvision. Ele próprio possuía 15 patentes em dezembro de 2004. "Adoro esse cara. É um advogado de patentes que também tem suas próprias ideias de invenção!", declarou Myhrvold.[10] Embora Tenegree fosse um participante e colaborador muito ativo, ele era apenas a ponta do *iceberg* de envolvimento.

Tegreene realizava grande parte do trabalho antes da sessão preparando os materiais para os debates do dia. Ele trabalhou com Corrie Vaa, recente PhD em física da Stony Brook University (e que havia acabado de passar no *patent bar exam**). Juntos, eles faziam uma triagem completa dos trabalhos de pesquisa nas áreas de interesse dos tópicos a ser explorados na sessão. Tegreene fazia

---

* N. de T.: Para ser registrado como agente de patentes ou advogado de patentes nos Estados Unidos, a pessoa deve passar no exame do United States Patent and Trademark Office.

referência aos trabalhos examinados antes da sessão. Vaa podia levantar documentos em tempo real para aprofundar a discussão. Eles tinham a tarefa de capturar propostas de invenções específicas na sessão e depois realizar o trabalho árduo de priorizar, pesquisar e finalmente redigir quaisquer patentes que pudessem fluir das atividades do dia. "Trabalhar conjuntamente em uma dessas sessões é uma verdadeira arte", afirmou Tegreene. "Limitamos o número de pessoas na sala e tomamos cuidado para controlar o *mix* de inventores para os observadores que não são inventores. Se houver muitos observadores, os inventores se sentem como se estivessem num palco, em vez de se envolverem em um processo de invenção".

"A sessão de hoje é um pouco atípica", disse Tegreene. "Hoje, todos na sala são físicos teóricos. Normalmente, tentamos misturar dois ou três tipos de especialistas em uma única sessão e visamos aos interstícios entre as áreas tecnológicas. Hoje também é incomum porque é uma sessão de 'longo alcance', dedicada a explorar ideias consideravelmente distantes." Tegreene explicou que uma sessão de invenção típica com um dia de duração pode gerar até cem ideias ("mais ou menos cinquenta", acrescentou). Não era econômico prosseguir em cada invenção, assim ele e sua equipe precisavam peneirar as muitas invenções para escolher aquelas em que seriam dadas a continuidade. A qualidade da ideia, a quantidade de material em mãos para dar sustentação à solicitação da patente e o mercado potencial eram critérios avaliados na decisão.

As ideias escolhidas eram comparadas ao estágio de evolução anterior na área e também seriam avaliadas em virtude do potencial de mercado a que seriam dirigidas as invenções. Embora não seja uma ciência exata, esses critérios capacitaram Tenegree a definir prioridades para as invenções escolhidas e decidir em quais dar prosseguimento com os pedidos de patente. "Tentamos construir um portfólio de aplicações da patente", comentou. "Algumas delas podem ser de 'curto alcance' e algo que pode se transformar em um negócio real, em um curto período de tempo. Outras aplicações olham bem mais longe. Também tentamos construir uma série de áreas de aplicação em nossa carteira."

Criando um potencial para a patente

Já foi publicada uma patente da Intellectual Ventures, relativa a um novo dispositivo para converter sinais analógicos em sinais digitais. "Mesmo tendo ocorrido rapidamente, é um dispositivo muito legal", afirmou Myhrvold. "Normalmente, leva de dois a três anos para que nossas patentes passem por todo o processo." A empresa procurou minimizar o investimento de tempo e recursos necessários para demonstrar a tecnologia na prática. Enquanto tinham de executar uma certa quantidade desse trabalho a fim de receber uma patente, eles contavam com outras pessoas para o desenvolvimento posterior necessário objetivando fazer a tecnologia funcionar em um produto ou serviço.[11]

Os ativos-chave na abordagem de invenção da Intellectual Ventures são o conhecimento do processo de patente, os contatos com vários polímatas com um amplo volume de informações para inventar de maneira frutífera, e a equipe interna para reconhecer, filtrar e patentear os resultados. Isto lhe permite evitar a contratação de engenheiros, desenvolvedores, pessoal de produção e operações, profissionais de *marketing* e uma equipe de vendas. Quando as receitas começarem a fluir para a IV, isso deve ampliá-las com muita eficiência e gerar muito dinheiro. É fácil perceber por que Myhrvold e seus colegas estão animados com este novo modelo de negócio. A IV alega que levantou centenas de milhões de dólares em capital de seus investidores externos (embora a empresa não confirme a quantidade de dinheiro levantada), os quais também estão bastante animados com esse modelo de negócio.[12]

As sessões internas de invenção não são o único meio pelo qual a Intellectual Ventures obtém suas patentes. A empresa também é uma compradora ativa de carteiras de patente externas. Ela participou do leilão da Commerce One em dezembro de 2004, mas recusou-se a igualar o lance vencedor de 15,5 milhões de dólares da Novell pelas patentes do Commerce One. A Intellectual Ventures comparece a leilões de falência de empresas *start-ups* fracassadas em busca de novas carteiras de patentes. Ela foi capaz de comprar todas as patentes da General Magic (*software* e semicondutores) por 300 mil dólares. A IV consegue ser uma compradora ativa assim devido ao capital que levantou com seus investidores externos.

Não obstante todas as suas abordagens inovadoras para desenvolver PI internamente e adquiri-la externamente, até o momento a companhia não tem um modelo de negócio para comercializar sua carteira de patentes. Em parte, esta falta se deve ao projeto: a IV não quer sugerir prematuramente às outras empresas como planeja converter sua PI em dinheiro. Isso poderia aumentar seus custos de aquisição de PI (se, por exemplo, as outras companhias começarem a fazer ofertas, gerando um leilão) e poderia complicar suas transações subsequentes.

No entanto, pode-se conjeturar que a empresa já apostou em algumas abordagens para o problema de converter patentes em dinheiro. Primeiro, ela espera desenvolver pacotes de licenciamento para potenciais usuários de suas patentes. A amplitude e o escopo das patentes da Intellectual Ventures pode fazer dela um grande magazine para as empresas que estão procurando entrar em uma nova área. Segundo, ela não espera ter de colocar em prática qualquer uma de suas patentes diretamente em seu próprio negócio, o que reforçaria sua posição de barganha *versus* os potenciais licenciados de suas tecnologias. Essa posição mais forte, por sua vez, ajudaria a IV a recuperar o capital de forma mais rápida para seus investidores.

Entretanto, essas duas abordagens do modelo de negócio podem conter problemas potenciais, como vimos no exemplo da Qualcomm. Hoje, essa empresa tem um negócio de licenciamento próspero, mas sua capacidade de ganhar esse dinheiro deriva diretamente da aprendizagem e da experiência que acumulou praticando a própria tecnologia durante muitos anos. Na realidade, pensava-se que suas patentes valiam muito pouco, visto que a tecnologia CDMA era considerada inviável. A companhia precisou investir somas muito grandes de dinheiro desenvolvendo e demonstrando a tecnologia para provar seu valor. Só então suas patentes passaram a ter valor para as outras empresas.

Como a IV não tem a intenção de colocar em prática suas tecnologias, ela pode não ter experiência para demonstrar o valor da sua carteira de patentes para os potenciais licenciados em uma determinada área; e se as licenças não conseguirem fazer a tecnologia funcionar, a IV não terá capacidade de ajudar seus licenciados a usar suas patentes de modo eficiente. Os polímatas altamente capacitados da IV terão de gerar algumas respostas para os desafios desse modelo de negócio a fim de alcançarem as metas ambiciosas da empresa e recompensar seus investidores.

REVISITANDO O CONCEITO DE MODELO DE NEGÓCIO

Agora, voltemos ao conceito de modelo de negócio para ver como essas empresas o estão modificando à medida que insistem nessas abordagens de PI como atividade única. Lembre-se de que um modelo de negócio possui duas funções essenciais: ele *cria valor* para a oferta de negócio na cadeia de valor que a empresa procura atender (fornecedores, clientes, parceiros de distribuição da empresa) e a capacita a *capturar uma parcela do valor* criado para ela mesma. Enquanto os modelos de negócio estão atraindo mais atenção acadêmica, a definição que Richard Rosenbloom e eu desenvolvemos é coerente com a maioria da pesquisa acadêmica sobre o assunto.[13] Para facilitar a referência, esta definição será comentada aqui.

As seis funções de um modelo de negócio são:

1. Articular a *proposição de valor*, isto é, o valor criado para os usuários pela oferta.

2. Identificar um *segmento de mercado,* isto é, os usuários para os quais a oferta e sua finalidade são úteis.

3. Definir a estrutura da *cadeia de valor* exigida pela empresa para criar e distribuir a oferta e determinar os ativos complementares necessários para dar suporte à posição da empresa nessa cadeia.

4. Especificar os mecanismos de geração de receita para a empresa e estimar a *estrutura de custo* e o *potencial de rentabilidade* de produzir a oferta, dadas a proposição de valor e a estrutura de cadeia de valor escolhidas.

5. Descrever a posição da empresa dentro da ***rede de valor***, ligando os fornecedores e os clientes, incluindo a identificação dos potenciais complementadores e concorrentes.
6. Formular a ***estratégia competitiva*** por intermédio da qual a empresa de inovação ganhará e manterá uma vantagem sobre as rivais.

Com o surgimento dos mercados intermediários de tecnologia e inovação baseados na PI da organização focal, deve-se revisar esse conceito de modelo de negócio. A PI representa uma maneira clara de capturar valor a partir da inovação. Como foi observado no Capítulo 4, a PI também pode ser gerenciada de acordo com um ciclo de vida da tecnologia e auxiliar na parcela da criação de valor do modelo de negócio. Mas, por definição, os mercados intermediários implicam que o proprietário da PI não está vendendo um produto ou serviço em um mercado de produto final. Essa função é desempenhada por terceiros. Pelo menos alguns elementos da definição de funcionamento do modelo de negócio (que possui seis atributos) podem ser mais difíceis de desenvolver no contexto de um mercado intermediário de inovações, onde outras empresas devem concluir a tarefa de comercializar as ofertas.

Considere os dois primeiros atributos: o desenvolvimento de uma proposição de valor e o mercado-alvo para a oferta. Estes fazem parte de um produto, ou serviço final, mas não são para um mercado intermediário de permuta. Como os proprietários de PI podem direcionar seus esforços de desenvolvimento de modo a apoiar o modelo de negócio quando o uso definitivo dessa PI dependerá do cliente que for licenciá-la ou comprá-la? De modo similar, como se pode estabelecer a proposição de valor para o cliente final quando a área de uso ainda não é conhecida? Em termos mais gerais, como se pode estabelecer o valor da PI quando ainda não se sabe no que ela será aplicada?

Municiados com uma compreensão melhor dos modelos de negócio da Qualcomm, UTEK, Intellectual Ventures e do *software* de código aberto (Capítulo 2), agora podemos abordar essa questão. A Qualcomm conhecia claramente a aplicação geral para a qual desejava desenvolver e vender sua PI: telefonia sem fio baseada em CDMA. Ela tinha uma proposição de valor clara para as operadoras: oferecer uma maior capacidade de chamadas para o espectro que as operadoras possuíam. Entretanto, passaram-se oito anos até a Qualcomm receber *royalties* significativos com essa tecnologia. Para obter esses *royalties*, ela teve de construir sua rede inteira abrangendo uma cidade em pelo menos duas ocasiões diferentes (os ensaios em Los Angeles e na cidade de Nova York). Esses ensaios demonstraram aos potenciais clientes que o poder teórico de sua tecnologia CDMA se traduzia em mais capacidade quando implementada no mundo real. Sem as demonstrações da Qualcomm, as inúmeras críticas feitas à sua tecnologia pelas empresas com tecnologias rivais poderiam jamais ter sido resolvidas. A companhia teve de ser oportunista na identificação dos seus primeiros clientes. Seu primeiro grande projeto foi na Coreia, distante do primeiro mercado que a empresa considerou quando começou a desenvolver a tecnologia (afinal, as primeiras demonstrações foram em Los Angeles e Nova York). A experiência recente da própria Qualcomm com o Cinema Digital sugere que agora ela se concebe como uma empresa exclusivamente fornecedora de PI. Pode ser que a sua gestão tenha esquecido o longo e árduo trabalho de sua própria história, o qual viabilizou o seu modelo de negócio baseado em PI.

Diferente da Qualcomm, o modelo de negócio da UTEK enxerga a tecnologia sob o ponto de vista dos mercados de capital, e não centrado na tecnologia. O modelo exige que a empresa identifique clientes potenciais cujos preços das ações estejam indo a lugar algum, mas seriam reforçados por uma tecnologia diferenciadora. A UTEK explora tais tecnologias potencias em seu conselho consultivo surpreendentemente grande e das vastas conexões com as universidades. Uma vez encontrada uma tecnologia promissora para um cliente, a empresa o ajuda a desenvolver uma proposição de valor para diferenciar sua tecnologia e aumentar o valor da ação. A UTEK recebe a maior parte dos seus honorários em ações do cliente, as quais ela mantém por um longo período de tempo, de modo que ela só lucra *se* e *quando* o preço da ação subir. Quando isso ocorre, ela pode sair do seu investimento.

Em seu modelo, o valor real da inovação e da PI é determinado pelo aumento no valor da empresa que recebe a tecnologia da universidade e depois a comercializa. Isso é o extremo oposto da "tecnologia pela tecnologia". Os incentivos da UTEK são alinhados com seus clientes, de modo que ela ganha quando o preço da ação do cliente sobe.

A Intellectual Ventures não licenciou nenhuma de suas invenções até o momento, portanto ela ainda não implementou totalmente seu modelo de negócio. Como a UTEK, a empresa se abstém de grande parte do desenvolvimento interno de suas tecnologias (seu foco está na invenção e não no desenvolvimento), então ela deixa a tarefa de construir uma proposição de valor com suas tecnologias para seus possíveis licenciados. Para que a IV seja bem-sucedida, seus licenciados terão de se esforçar para escolher um ou mais mercados-alvo e desenvolver poderosas proposições de valor a eles. Depois, precisarão investir a fim de demonstrar o valor para um mercado cético que pode ter tecnologias alternativas para abordar essas necessidades.

Isso significa que a IV deverá pensar muito sobre os modelos de negócios dos seus licenciados a fim de criar um modelo viável para si mesma. Por exemplo, a ela deve ser capaz de estabelecer um preço suficientemente elevado para suas invenções, de modo a gerar um retorno atraente a seus investidores, mas baixo o suficiente para permitir a viabilidade dos modelos de negócio de seus licenciados. Diferente da UTEK, a IV não quer ações deles; portanto, ela precisa estruturar o calendário de pagamento dos *royalties* de modo que os licenciados venham a ter dinheiro disponível para financiar o desenvolvimento das tecnologias.

De modo similar, a IV terá de pensar muito sobre como a cadeia de valor vai financiar qualquer trabalho de desenvolvimento necessário para incorporar suas invenções nas ofertas comerciais. É bem possível que suas invenções se deparem com abordagens que venham a concorrer com elas em uma futura aplicação de mercado. Nesse caso, as invenções exigirão algum investimento em desenvolvimento para serem testadas na concorrência com essas tecnologias alternativas, de modo similar aos testes que as invenções CDMA da Qualcomm tiveram de realizar antes de encontrarem um mercado viável. Alguém deverá assumir os riscos desses ensaios e pagar pelo investimento no desenvolvimento.

Esta não é uma preocupação fútil da IV. Ela só obterá *royalties* significativos se as suas tecnologias prevalecerem nessas concorrências. Sua capacidade de se manter exclusivamente como fornecedora de invenções pode ser desafiada pela necessidade de alguma parte da cadeia de valor global da IV pagar pelo trabalho de desenvolvimento necessário para demonstrar o valor de suas invenções em uso.

Os outros elementos da definição de funcionamento do *modelo de negócio* com seis atributos parecem se encaixar muito bem com os modelos de negócio baseados em PI. Aparentemente, concentrar-se nos aspectos-chave da oferta, desenvolver a cadeia de valor e a rede de valor circundante e especificar os mecanismos de pagamento são o suficiente para conduzir os modelos de negócios para o espaço baseado em PI – contanto que a organização focal descubra um mercado-alvo e uma proposição de valor convincente. Cada empresa baseada em PI é muito focada em uma atividade específica. Contudo, essas empresas dependem, em última instância, de um ou mais licenciados desenvolvendo modelos de negócio com a PI que satisfaçam a essas exigências. No mínimo, seu próprio modelo de negócio abre espaço para que seus licenciados sejam bem-sucedidos economicamente com a PI, de modo que as empresas sustentem os fluxos financeiros de margem elevada e poucos ativos que procuram obter dos licenciados. Resumindo, os modelos de negócios exclusivamente baseados em PI devem ser elaborados de forma a sustentar o surgimento de outros viáveis entre os licenciados ou clientes desse modelo de negócio.

MODELOS DE NEGÓCIOS ABERTOS CIENTES DA PI

À medida que os modelos de negócio ficarem mais abertos, surgirão mais oportunidades de injetar neles ideias e tecnologias externas, e eles também comercializarão mais ideias e tecnologias internas através dos modelos de negócios de terceiros. Neste capítulo, vimos empresas baseadas em PI que desenvolveram modelos de negócios fundamentados exclusivamente em terceiros para comercializar sua PI. Essas empresas podem tentar comprar a PI que você não deseja. Elas também podem tentar licenciar PI para você. Embora tenham focos variados, cada modelo bem-sucedido deve se alinhar com os modelos de negócio dos parceiros de comercialização. Isso criará os modelos de negócio cientes da PI.

Os modelos de negócios exclusivos para PI oferecem novas maneiras para as pessoas e empresas encontrarem mercados para suas invenções como fornecedores e, como consumidores, para explorar esses mercados em busca de produtos e serviços. Uma vez que esses modelos exigem menos dinheiro antecipado e poucos ativos, eles podem promover uma maior entrada no mercado de ideias que, de outra maneira, poderia estar bloqueado. Como vimos, esses modelos ainda exigem investimentos significativos de tempo e recursos para torná-los sustentáveis ao longo do tempo. Em virtude do sucesso que alguns tiveram até agora, porém, provavelmente veremos mais deles no futuro.

Essas empresas de PI ainda oferecem outra dimensão para os modelos de negócios abertos. Elas são um repositório potencial de conhecimento útil que pode solucionar problemas importantes no mercado, são um outro canal para que as ideias cheguem ao mercado. À medida que as empresas com espírito de inovação buscam tecnologias e ideias novas e diferenciadas para concorrer no mercado, essa classe de empresas se tornará uma outra fonte importante para monitorar, desenvolver e gerenciar.

8

Passando de um ponto a outro

••

Neste ponto do livro, talvez você esteja convencido de que seu modelo de negócio precisa se abrir e incorporar os benefícios dos mercados intermediários de inovação e PI, ao mesmo tempo em que deve gerenciar os riscos associados com esses mercados. Entretanto, sem dúvida, deve haver uma voz irritante por trás de você querendo saber se e como passar do modelo de negócio que tem hoje para um mais aberto.

O caminho para isso envolve um exame do *framework* do modelo de negócio do Capítulo 5. Reveja seu próprio modelo de negócio e determine se ele se enquadra. Depois, examine cuidadosamente o modelo do tipo que você almeja e faça uma lista das mudanças exigidas para alcançar esse tipo de desenvolvimento. Para ajudá-lo a avaliar isso, existem algumas questões diagnósticas no final do Capítulo 5, na Tabela 5-2.

Porém, essa avaliação lhe diz apenas *o que* fazer em seguida. Você ainda precisa descobrir *como* realizar esse conjunto de tarefas. Este capítulo final se destina a relatar as experiências de três organizações um pouco diferentes e como elas conseguiram fazer mudanças significativas que abriram seus modelos de negócio. Embora a sua situação seja indubitavelmente diferente das enfrentadas por essas empresas, provavelmente haverá aspectos da experiência delas que serão relevantes para a sua jornada.

Optei por estudar a IBM, a Procter & Gamble e a Air Products. Elas atuam em três indústrias bem distintas, com tecnologias e produtos bem diferentes. Cada uma delas funcionava com um modelo de negócio fechado e bem direcionado internamente, mas passaram para um modelo bem mais aberto. E cada uma delas encontrou desafios significantes ao longo do caminho.

Particularmente, essas jornadas bem diferentes tiveram alguns elementos em comum, com chance de surgirem quando você pensar na transformação do seu próprio modelo de negócio. Cada jornada começou com um "choque no sistema", ou seja, um evento significativo que ajudou a empresa a alterar a concepção do seu negócio. Igualmente importante, esse choque convenceu as outras pessoas na empresa que "fazer negócios como de costume" provavelmente não era mais eficiente. Isto estabeleceu os fundamentos essenciais para a mudança posterior.

A segunda etapa do caminho foi realizar alguns experimentos com o modelo de negócio. O *framework* do modelo de negócio poderia sugerir certos tipos de experimento (por exemplo, como conseguir mais tecnologias externas ou parceiros ou como se livrar das ideais internas não utilizadas e levá-las para fora) sobre os quais cada organização tivesse poucas informações inicialmente. Nenhuma das três sabia de antemão exatamente o que era necessário para melhorar bastante o seu modelo de negócio. Para aprender mais, cada uma teve de lançar investigações exploratórias, muitas das quais acabaram se mostrando inúteis.

A terceira etapa foi avaliar os resultados desses experimentos e reconhecer um resultado promissor que pudesse ser um prenúncio de um modelo de negócio melhor. Isso não se limitou apenas ao reconhecimento de que algo funcionou em um estudo piloto; também foi necessário que cada organização avaliasse se tinha chance de funcionar em escala muito maior.

Na quarta e última etapa, essas empresas começaram a ampliar os resultados dos experimentos iniciais. Se esse processo corresse bem, então a empresa anunciaria o novo modelo de negócio, tanto internamente quanto para os *stakeholders* externos. Nesta fase, a empresa também teve de descobrir *se* e *como* sustentar o modelo de negócio atual, ao mesmo tempo em que fazia a transição para o novo modelo.

Forneço uma descrição da experiência de cada empresa com base em entrevistas que fiz com muitos executivos, em cada uma delas (bem como em artigos externos publicados sobre cada empresa). Depois de cada descrição, comparo e contrasto essas características ao longo de cada uma das quatro etapas que acabo de citar e desenvolvo as implicações de cada uma dessas etapas para aqueles que desejam embarcar em sua própria iniciativa de abrir seus modelos de negócios.

MODELO DE NEGÓCIOS ABERTO DA IBM: UM VELHO CÃO APRENDE TRUQUES NOVOS

Os leitores com uma certa idade provavelmente vão lembrar que a IBM era uma empresa muito diferente antes de 1993. Para os que não lembram, ou que não têm idade suficiente para saber, a IBM nos anos 1960 e 1970 era mais admirada do que a Microsoft é hoje: uma empresa muito grande, tremendamente bem-sucedida e bem administrada que efetivamente detinha um monopólio – ou quase isso. A organização não só dominava o mercado de computadores de grande porte (com 70% das vendas no segmento e 90% dos lucros), mas também dominava os produtos de *hardware* e *software* associados dentro do segmento, tais como monitores, impressoras, unidades de disco, unidades de fita, bancos de dados relacionais, Fortran e Cobol. A IBM foi tão bem-sucedida como empresa e tão dominante em seus mercados que o Departamento de Justiça dos Estados Unidos a processou em 1969 por razões antitruste, alegando comportamento anticoncorrência por parte da empresa.

Em seu negócio de computadores de grande porte, a IBM se encontrava posicionada no quadrante do tipo 3 do *framework* de modelo de negócio. Ela tinha uma escala enorme e uma profunda integração vertical, permitindo-lhe liderar o mercado em muitas tecnologias. Contudo, ela era quase inteiramente fechada em termos de capacidade e disposição de usar quaisquer tecnologias externas. A IBM não só inventava, desenvolvia e fabricava seus próprios produtos, mas também os vendia, prestava serviços e os financiava por meio de sua própria organização. Dos materiais básicos até o serviço prestado no local, tudo era fornecido pela então chamada Big Blue.

Também se sabe que a organização desenvolvia muitas tecnologias importantes que aparentemente nunca chegavam ao mercado – até que outras empresas se apropriassem da tecnologia e o fizessem. A Oracle comercializou a tecnologia de banco de dados relacional inventada pela IBM, mas à qual a empresa não deu continuidade internamente (até que muito tempo depois a Oracle a desenvolveu). A Sun Microsystems e outras companhias fabricantes de estações de trabalho comercializaram processadores com conjunto de instruções reduzido (RISC), concorrendo com os produtos da IBM, embora esta tivesse processadores RISC em seus laboratórios muito antes desses concorrentes. No negócio de PCs, a Intel e a Microsoft se apropriaram da maior parte do valor criado pela arquitetura de PC da IBM.

O modelo fechado da IBM em crise

Em 1992, o modelo de negócio tipo 3 da IBM chegou a uma crise financeira: o mercado de computadores de grande porte havia amadurecido; as fatias de mercado do PC da IBM estavam em declínio terminal; os negócios de servidores e estações de trabalho estavam desordenados. Em dezembro de 1992, a IBM anunciou as primeiras grandes demissões da sua história corporativa e o que foi então a maior perda da história corporativa dos Estados Unidos: 5 bilhões de dólares.[1] Logo após este anúncio, a empresa demitiu seu presidente e trouxe um outro de fora pela primeira vez em sua história: Lou Gerstner.

A chegada de Gerstner na IBM, e as mudanças subsequentes no modelo de negócio da empresa na sua gestão, foram amplamente estudadas.[2] Entretanto, o processo pelo qual ela passou para chegar ao seu novo modelo de negócio não foi amplamente divulgado.

No começo de sua transformação, a IBM decidiu que sua estrutura administrativa estava muito inchada para a quantidade de receita que entrava na empresa. Como foi observado anteriormente, isto levou a uma extraordinária demissão e à anulação de muitos ativos corporativos, que foram os elementos principais daquela prejuízo trimestral de 5 bilhões de dólares. Entre as primeiras vítimas estavam muitos membros do pessoal de P&D. Foi uma cirurgia radical e de curto prazo, elaborada para estancar a sangria financeira. Os dias de emprego vitalício da IBM haviam terminado e todos os empregados sobreviventes sabiam disso.

A caça a novas receitas

Interrompida a sangria, muitas organizações dentro da IBM começaram uma caçada fervorosa a novas fontes de receita. Uma vez que alguns de seus negócios principais estavam amadurecendo ou mesmo declinando, os gestores sabiam que em breve viriam mais cortes se não fossem obtidas novas fontes de receita. Três áreas dentro da IBM que ilustram essa caçada às novas receitas foram a de semicondutores, licenciamento e gestão de PI e iniciativa de *software* de código aberto.

Dentro do negócio de semicondutores, Gerstner determinou que este passasse a ter um fluxo de caixa positivo. Antes dessa ordem, a IBM tinha investido no negócio de semicondutores como um negócio estratégico que proporcionava vantagens tecnológicas e diferenciação para os seus negócios de estação de trabalho, servidor e computador de grande porte, todos usando *chips* da IBM. Isoladamente, porém, o negócio de semicondutores perdia somas significativas de dinheiro. Para cumprir a ordem de Gerstner, eram urgentemente necessárias novas receitas em semicondutores.

Esta busca por receitas levou a alguns experimentos no lado comercial da área de semicondutores. Um dos experimentos foi oferecer as próprias linhas de produção de semicondutores da IBM para atuarem como uma fundição para os produtos de outras empresas. Isso tinha o efeito positivo de trazer novas receitas e ajudava a aumentar a taxa de utilização dos equipamentos e instalações da empresa. E ainda fez os custos fixos internos da IBM serem diluídos em volumes unitários mais elevados, baixando o custo de seus *chips* para seus clientes internos em outras partes da empresa. Um experimento relacionado foi o de criar um aliança de pesquisa dentro do desenvolvimento de processos de semicondutores para dividir os altos custos e os riscos significativos de pioneirismo dos processos de ponta na área de semicondutores. A organização estava chegando ao ponto de equilíbrio, ou talvez ganhando um pouco de dinheiro, em uma área que antes estava lhe custando dezenas de milhões de dólares em prejuízos a cada ano, e agora estavam dividindo os riscos desse esforço com seus parceiros.[3]

Uma segunda área de iniciativa dentro da IBM visando à geração de fundos se provou ainda mais inovadora. A necessidade de a empresa gerar lucros em seu negócio de semicondutores fez ela repensar toda a sua abordagem de gestão da PI, especialmente em relação a suas patentes e tecnologia. Segundo Jerry Rosenthal, vice-presidente de propriedade intelectual da IBM nos anos 1990:

> Antes de Gerstner, nós apenas licenciávamos nossas patentes. Um ímpeto para que ampliássemos essa política veio da observação do ritmo impressionante que as empresas coreanas alcançaram na área de semicondutores. Elas vieram do nada para se tornarem os participantes mais importantes. Elas não queriam apenas as nossas patentes, queriam a nossa tecnologia – nossa experiência, nossos segredos comerciais – para lhes dizer *como* usar nossas tecnologias patenteadas. Embora não fôssemos dar isso a elas, muitas empresas japonesas dariam e deram. Em consequência, depois de ter visto isso, Lou Gerstner concordou em abrir o nosso licenciamento, incluindo o da nossa tecnologia e a de nossos parceiros.[4]

A experiência e os segredos comerciais da IBM foram ingredientes importantes para a sua política de licenciamento, uma vez que ajudaram os licenciados a descobrirem como tornar a PI útil no negócio de semicondutores. Como ocorreu com a Qualcomm no capítulo anterior, mesmo o licenciamento direto requer muitas vezes uma experiência prática na indústria para saber como usar melhor uma tecnologia.

Como se poderia imaginar, houve alguma resistência dentro da IBM em relação à decisão de licenciar a sua tecnologia. De uma parte da organização – P&D – alguns sentiram que a IBM estava se afastando da sua abordagem histórica para preservar a liberdade de ação. Para outros – os negócios – alguns gestores sentiram que a empresa estava praticamente dando um pouco de sua melhor tecnologia para os concorrentes desses negócios. Como colocou Catherine Lesse, VP de engenharia de soluções da IBM: "Muitas vezes o sentimento inicial foi: 'Por que deveríamos deixar isso partir e concorrermos potencialmente com nós mesmos?'".[5]

Se a condição financeira da empresa estivesse muito forte, esta resistência interna poderia ter obtido sucesso ou pelo menos ter retardado as mudanças nessas políticas. Mas a consideração prioritária naquele momento era descobrir novas receitas e os negócios estavam vivendo tempos difíceis para gerar receitas por conta própria. A crise financeira da IBM significou que a alternativa de licenciar sua PI e tecnologia poderia ser uma outra grande rodada de demissões.

Foi conduzido um terceiro conjunto de experimentos na área de *software*. No mercado de sistemas operacionais, a IBM estava perdendo participação nos anos 1990 para o Unix e o Windows NT. Além disso, à medida que esses sistemas explodiam em volume de vendas, a IBM estava consciente de que esses produtos tinham uma importância estratégica além de suas receitas: eles eram pontos de controle vitais que determinariam a direção das novas tecnologias e arquiteturas na computação empresarial, a qual era o pão com manteiga da IBM. Se ela não conseguisse retomar a frente e ajudar a direcionar esses pontos de controle, a empresa corria o risco de perder sua posição de liderança em um de seus mercados principais.

Foi nesse contexto que alguns programadores e gerentes da IBM avaliaram o potencial do sistema operacional Linux. Este, por si só, dificilmente resolveria os problemas de receita da IBM (uma vez que a base de código estava disponível para qualquer um de forma aberta e não tinha capacidade de gerar receitas para a IBM do mesmo modo que o Windows NT tinha feito para a Microsoft). Porém, o Linux oferecia à IBM a oportunidade de voltar para uma posição de liderança em *software* de sistema operacional, se a empresa conseguisse descobrir outras maneiras de ganhar dinheiro com ele. Como colocou Joel Cawley, VP de estratégia corporativa da IBM: "Precisávamos de algum cavalo para cavalgar a fim de fazermos o nosso próprio negócio crescer. Estávamos observando o Linux e, embora o negócio fosse pequeno (2% de participação no mercado) e rodasse apenas em processadores Intel, estava crescendo rapidamente e já havia atraído muitos seguidores".

O negócio de *software* estava construindo um tipo diferente de modelo de negócio a partir da experiência da IBM. Em vez do modelo de negócio proprietário que a IBM há muito praticava no negócio de *software* (Fortran, Cobol, DB2, AIX, apenas para citar alguns dos seus principais produtos proprietários), passou-se a adotar o Linux e a construir seu próprio modelo de negócio em torno do código desse sistema operacional.

Isto exigiu algumas mudanças internas importantes na IBM e também foi necessário que a empresa influenciasse as opiniões de muitas pessoas de fora que eram céticas em relação a trabalhar com ela. Não foi fácil. Como descreveu Jerry Stallings, atual VP de PI da organização: "A reputação da IBM era de uma empresa grande, às vezes arrogante, que assumia o controle de qualquer coisa com a qual se envolvia. Tivemos de aprender a trabalhar em colaboração".

Modelo de negócio de código aberto da IBM

As mudanças e o trabalho para alcançá-las se pagaram. Cawley delineia a lógica do novo modelo de negócio para o Linux na IBM:

> Há muito tempo observo que são investidos aproximadamente 500 milhões de dólares para criar e sustentar um SO (sistema operacional) comercialmente viável. Hoje, gastamos cerca de 100 milhões de dólares por ano no desenvolvimento do Linux. Cerca de 50 milhões de dólares são em melhorias básicas no Linux, para deixá-lo mais confiável. Os outros 50 milhões de dólares são gastos em coisas das quais a IBM necessita, como acionadores especiais para um determinado *hardware* ou o *software* para se conectar com ele. Pedimos ao Open Source Development Lab para estimar o quanto foi gasto em outros investimentos comerciais no Linux. Isto não incluiu quaisquer trabalhos universitários ou individuais, mas apenas as empresas como a nossa. Eles nos disseram que esses investimentos foram da ordem de 800 a 900 milhões de dólares por ano e que o *mix* (de necessidades básicas *versus* específicas) foi de aproximadamente meio a meio. De modo que, agora, há também um gasto de 500 milhões de dólares para um SO (sistema operacional) viável (contando apenas a parte básica e não a específica). Pagamos apenas 100 milhões de dólares por isso. Então, você pode ver, mesmo a partir de uma perspectiva contábil estreita, que é um bom investimento para nós.

Logo, a IBM recuperou um importante ponto de controle para o mercado de computação empresarial e o fez utilizando um processo criativo e colaborativo que divide os custos com muitas outras companhias. De acordo com o *framework* do modelo de negócio, este é um exemplo poderoso de modelo de negócio tipo 6.

O sucesso da IBM com o Linux, entretanto, não veio de graça. Foi, em grande parte, às custas de sua própria versão do sistema operacional Unix, chamado AIX. Embora o AIX não estivesse crescendo muito no final dos anos 1990, ele era rentável. Apesar do Linux estar crescendo muito mais rápido, era muito mais difícil enxergar como o Linux seria rentável para a IBM. Houve desentendimentos prolongados sobre esse assunto dentro da IBM. No final, porém, a capacidade do Linux de recapturar o lugar estratégico (aqueles pontos de controle nas arquiteturas de computação empresarial) se provou decisiva. Em 2001, a vitória interna do Linux foi anunciada para o mundo com o anúncio de Lou Gerstner dizendo que a IBM gastaria 1 bilhão de dólares em *software* de código aberto naquele ano.[6]

A iniciativa do código aberto que recebeu da IBM a promessa de gastar 1 bilhão de dólares também foi impulsionada por ações recentes da empresa. Uma ação recente foi a sua decisão de doar quinhentas de suas patentes de *software* para a comunidade de código aberto. Provavelmente, virão outras doações da empresa. A doação já foi imitada pela Computer Associates e pela

Sun Microsystems, enquanto a Nokia anunciou que não imporá suas patentes aos desenvolvedores de código aberto. De maneira relacionada, a IBM se uniu à Intel, Dell, HP e Novell, entre outras, para indenizar os usuários de Linux contra ações judiciais por violação de PI. A IBM também assumiu a liderança na defesa dos clientes e desenvolvedores do Linux em relação à ação judicial da Santa Cruz Operation alegando violação de *copyright*.[7]

Levando as tecnologias internas da IBM para fora

Recentemente, o grupo de engenharia de soluções da IBM surgiu com uma proposta diferente: encontrar um lar para as inúmeras tecnologias internas da empresa que não estavam sendo aproveitadas pelos seus negócios. Lasser é a VP de engenharia de soluções. À medida que explica o papel do seu grupo, ela diz:

> Nossa tarefa é descobrir o que fazer com o resultado criado pela pesquisa e que não é aproveitado internamente nos produtos. Geralmente, 80% do nosso resultado vai para o negócio principal, mas 20% não. Afinal de contas, somos uma organização de pesquisa. Concentramo-nos nesses 20%... Meus colegas de pesquisa cansam de me dizer isso, mas sempre digo a eles que "não é apenas a tecnologia; é o modelo de negócio".

O grupo de Lasser deve pesquisar e desenvolver modelos de negócio alternativos no decurso da colocação externa das ideias e tecnologias subutilizadas. Assim, sua equipe inclui pessoal para o desenvolvimento de negócios, executivos de contrato e especialistas em leis para realizar essa função. Passar tecnologia para fora da IBM libera os recursos e a administração para buscarem novas oportunidades e capacita a empresa a obter algum lucro com as ideias que, de outra forma, poderiam não ser aproveitadas.

A IBM confronta imitações do seu próprio sucesso

As práticas bem-sucedidas da IBM na criação de mais valor a partir de sua PI foram bastante imitadas. Ironicamente, o novo foco na criação de valor a partir da PI lançou um grupo de empresas que possuem, mas não aplicam, a PI e procuram extrair valor de outras companhias cujas práticas violam a PI. Como explica Jesse Abzug, gestor de PI da IBM: "Durante os anos 1990, treinamos muitas outras empresas em como fazer a gestão da PI. Ironicamente, agora somos atacados mais do que nunca por empresas de pouca afirmação que tiveram muitas ideias nos estudando. Algumas delas são conhecidas como '*trolls* de patente'... Kevin Rivette lidera uma força-tarefa que está analisando o problema de o que fazer com esses *trolls*".[8] Parece que a IBM precisa inovar mais uma vez para desenvolver novas respostas para as oportunidades e desafios de criar, gerenciar, doar e lucrar com sua PI.

A IBM enfatiza os serviços

Sob a gestão de Gerstner, a organização começou a olhar para os negócios onde as coisas estavam funcionando e continuou a sair dos negócios onde claramente não estava obtendo sucesso (tal como o negócio do OS/2). Uma das ideias que Gerstner trouxe foi a necessidade de a IBM ajudar seus clientes a integrar e gerir todas as complexidades associadas com a tecnologia de informação de ponta. Esta ideia evoluiu para a IBM Global Services, que agora representa mais da metade das receitas da empresa.

A IBM também está adotando uma série de iniciativas em ciências, gestão e engenharia de serviços que prometem trazer a sua capacidade de inovação para dar apoio ao que hoje é a maior parte de seu negócio e a de crescimento mais rápido. A empresa está dando um novo impulso às maneiras de inovar seu desenvolvimento de serviços e a sua entrega a seus mercados. Como afirma Paul Horn: "Se você conversar com o nosso presidente (que agora é Sam Palmisano), ele quer que a IBM seja *a* empresa de inovação e não apenas *uma* empresa de inovação. Isto significa que temos de ajudar nossos clientes a obter sucesso e ajudá-los a inovar seus próprios negócios".

PROCTER & GAMBLE: NÓS CRIAMOS O "NÃO FOI INVENTADO AQUI"

A P&G está na vanguarda do uso da inovação, tanto interna quanto externamente, para seguir na direção de um novo modelo de negócio. Porém, esta organização de 56 bilhões de dólares não chegou facilmente a esta posição. As raízes de sua poderosa transformação vieram do fato de lidar com uma grave crise enfrentada apenas poucos anos atrás.

Em 1990, a P&G aspirava dobrar suas vendas até 2000. Entretanto, quando se aproximava o ano 2000, suas vendas ficaram 10 bilhões de dólares aquém dessa meta, o que ficou conhecido como o "hiato de 10 bilhões de dólares no crescimento", levando toda a empresa a uma iniciativa chamada de Organização 2005, para tentar preencher essa lacuna. Wall Street também estava descontente. Como lembrou Jeff Hammer, VP para P&D corporativa da P&G: "A P&G costumava ser duramente criticada pelos analistas porque seus gastos em P&D (percentualmente em relação às vendas) eram mais altos que os dos nossos concorrentes nos anos 1990. Estávamos nos sentindo menos produtivos".[9]

A P&G perde seus lucros

Durk Jager, que foi presidente de 1998 até meados de 2000, deu início a uma série de iniciativas para restaurar o crescimento da P&G. Embora várias dessas iniciativas tenham sido muito úteis para repensar o negócio da P&G, elas criaram interrupções nas operações diárias e levaram tempo até darem frutos; assim, o negócio atual começou a ter um baixo desempenho, foi uma combinação mortal. Durante o ano de 1999 e a primeira parte do ano 2000, a companhia perdeu uma série de previsões de receita trimestrais consecutivas. Isso fez as ações da P&G caírem vertiginosamente, de mais de 110 dólares por ação, em janeiro de 2000, para a metade dessa quantia em maio do mesmo ano. Em 8 de junho de 2000, a P&G anunciou uma mudança em sua gestão. Jager saiu e A. G. Lafley, que cuidava do negócio de produtos de beleza nos Estados Unidos, foi trazido para substituí-lo.

Ao estudar as causas do hiato no crescimento, a P&G percebeu que o problema não estava no desempenho das suas marcas atuais. Elas eram líderes em seus respectivos mercados, mantendo a posição de número 1 ou 2 em participação de mercado. Mas esses mercados estavam amadurecendo, o que limitava o crescimento dos negócios atuais ao crescimento demográfico das populações americana, europeia e japonesa. A fonte do hiato estava no fato de a companhia não estar desenvolvendo muitas marcas novas. Para ela crescer mais rápido, era preciso aumentar a introdução de novas marcas, mas, nesse meio tempo, tinha de cumprir as metas de seus negócios atuais.

Fechando o hiato de crescimento: conectar e desenvolver

Trabalhando com Gil Cloyd, diretor de tecnologia da P&G, Lafley fincou uma estaca no solo: fazer a P&G acelerar seu crescimento abrindo seus processos de inovação para fontes externas de tecnologia. Em uma iniciativa chamada Conectar e Desenvolver, Lafley proclamou que, em cinco anos, a companhia receberia 50% das suas ideias de fontes externas. Muitas dessas novas ideias viriam na forma de novas marcas, tais como SpinBrush e Swiffer, que foram dois dos primeiros sucessos dessas iniciativa.

Não foi uma transição fácil de realizar para o pessoal interno da P&G. Ela buscava proteger suas tecnologias de modo que outras empresas, incluindo as potencias concorrentes, não pudessem usá-las. O pessoal de P&D queria dar prosseguimento às tecnologias internas da empresa e não viam qualquer valor em trabalhar com tecnologias externas. "Nós cunhamos a expressão 'Não foi inventado aqui'", lembrou Jeff Weedman, vice-presidente de desenvolvimento de negócios externos da P&G.

Para crédito da empresa, esses eventos tumultuados transformaram uma organização grande e focada internamente em uma empresa com uma abordagem mais aberta à inovação. Em vez de terminar a iniciativa Conectar e Desenvolver, a P&G comprometeu-se novamente com essa abordagem. A empresa pegou uma equipe de P&D liderada por Larry Huston e lhe deu carta branca para realizar a meta of Lafley de 50% de insumos externos no processo de inovação em cinco anos. Como apontou Huston: "Nosso modelo de negócio interno não era sustentável. Tivemos de fazer uma mudança descontínua. Estabeleci com meu chefe uma meta de dobrar a nossa capacidade de inovação sem aumentar os custos. Começamos com aproximadamente 8.200 pessoas: 7.500 dentro da empresa, 400 com os fornecedores e cerca de 300 pessoas virtuais ou externas. Agora somos cerca de 16.500; ainda temos 7.500 internamente, mas agora temos 2 mil com os fornecedores e 7 mil parceiros virtuais ou estendidos. Vejo-me como encarregado dessas 9 mil pessoas".[10]

Licenciando as tecnologias da P&G para fora da empresa

Outra mudança foi prestar mais atenção ao licenciamento externo das tecnologias da companhia. Lembra Martha Depenbrock (executiva do grupo de desenvolvimento de negócios externos da P&G): "Descobrimos que muitas das patentes que não queríamos mais as outras empresas também não queriam. As coisas realmente boas estavam sendo usadas pelos negócios da empresa. Foi quando o programa 3/5 foi criado. Três anos após o envio do produto para o mercado, ou cinco anos após a patente ter sido concedida, essa patente ficaria disponível para as outras empresas... Nada era intocável".

Disponibilizar o licenciamento das patentes, porém, foi apenas o primeiro passo. "Nosso próximo problema foi encontrar empresas interessadas nas patentes", disse Depenbrock. "No início, seguimos a abordagem *Casablanca*, como naquela parte do filme em que o inspetor diz, 'Reúna os suspeitos de costume'. Isto trouxe benefícios limitados... Então, passamos a ser mais estratégicos no que dizíamos e onde dizíamos... Tudo isso é para tentar construir a nossa própria rede no lado comercial, para complementar nossa rede técnica que estava sendo criada no lado Conectar e Desenvolver."

Mike Hock, gestor de PI e de licenciamento de *know-how* da P&G, começou a aplicar esse novo raciocínio a outros tipos de ativos da empresa além das patentes. "O *know-how* é a parte da PI que não é patenteada", comentou. "Aplicamos o conceito de inovação aberta ao mundo do *know-how*. Um exemplo disso é um algoritmo de controle de processo de fabricação que desenvolvemos em nossa produção. Embora o algoritmo fosse bom, consumiu muito tempo dos peritos para treinar as pessoas a usá-lo e aplicá-lo às suas operações. Criamos uma licença exclusiva com uma empresa que o levou e desenvolveu mais. Eles o tornaram mais reproduzível e diminuíram a habilidade necessária para usá-lo com sucesso."

A empresa que comprou a licença foi a BearingPoint (ex-KPMG Consulting), que comercializou a tecnologia com o nome de PowerFactor. Desde o acordo em 2002, a PowerFactor proporcionou uma economia acima dos 150 milhões de dólares para os clientes da BearingPoint.[11]

Hock relatou que alguma coisa interessante aconteceu quando essa tecnologia interna alcançou o sucesso no lado de fora. O fato de as empresas externas estarem licenciando este algoritmo fez que a equipe de produção interna com a mentalidade de não-foi-inventado-aqui sentasse e prestasse atenção. Hock relatou: "Acabamos reimportando o produto e nossa taxa de adoção interna subiu três vezes... Isto se deveu ao valor agregado pelo desenvolvimento subsequente e à validação externa de ter alguma coisa que estava obtendo sucesso no lado de fora. Algumas vezes somos mais atraídos por algo que está sendo usado no lado de fora do que por alguma coisa interna".

As grandes empresas com milhares de empregados espalhados por muitos negócios frequentemente têm ideias internas que não recebem a merecida atenção. Ironicamente, a maneira mais rápida de chamar a atenção para uma tecnologia interna não utilizada pode ser justamente a venda dessa tecnologia para as empresas que estão do lado de fora.

Fazendo parcerias abertamente para o crescimento

Outro exemplo soberbo de modelo de negócio mais aberto dentro da P&G é a sua nova *equity joint venture** com um dos seus concorrentes mais antigos, a Clorox. Esta adquirira a marca Glad da SC Johnson, porém essa marca não tinha tecnologia para criar seguimento de produtos com o objetivo de manter a sua diferenciação no mercado;[12] assim, a marca Glad enfrentou o risco de comoditização.

A P&G possuía dois conceitos internos que criariam uma diferenciação significativa: suas tecnologias Press'n Seal e ForceFlex. Essas ideias chegaram a ser testadas no mercado, onde alcançaram o primeiro lugar na categoria de saquinhos e sacos de lixo. No entanto, nesse momento, em 2001 e 2002, a P&G estava entrando em uma crise financeira e não tinha recursos para lançar uma nova marca nesta categoria.

A antiga P&G poderia ter-se acomodado a essas tecnologias e não ter feito nada com elas. Mas a nova P&G criou um processo de leilão para obter o máximo de valor a partir de suas tecnologias, fossem elas implementadas dentro ou fora da empresa. Além de considerar um negócio interno para comercializar suas duas tecnologias, ela buscou potenciais parceiros e logo identificou a Clorox como uma boa candidata. Quando a P&G processou os números sobre os modos alternativos de comercializar sua tecnologia, o acordo da Clorox venceu a abordagem interna, em parte porque esse acordo em particular não exigia que a P&G entrasse antes com dinheiro para obter a distribuição da nova marca.

---

* N. de T.: Empresa de capital conjunto, que é o tipo mais velho e menos flexível de *joint venture*. As *equity joint ventures* operam sob a forma de uma Sociedade de Responsabilidade Limitada, significando que a riqueza pessoal e a propriedade dos indivíduos reais que são os responsáveis pela empresa estão protegidos contra perdas corporativas.

Após meses de cuidadosa investigação e planejamento, as duas empresas criaram uma *joint venture*, em janeiro de 2003, na qual a Clorox detinha 80% e a P&G 10%, com a opção de obter os outros 10%. O empreendimento teve um desempenho tão bom que a P&G exerceu sua opção dos outros 10% em janeiro de 2005 ao preço de 133 milhões de dólares.[13]

De modo subsequente, a Clorox abordou a P&G para ter algumas de suas marcas em outras partes do mundo, tal como o Japão, onde a P&G tinha uma forte distribuição e a Clorox não. Esta oportunidade de seguimento do negócio nunca foi vislumbrada quando as duas empresas começaram a conversar, nem fez parte da modelagem financeira que levou a P&G a trabalhar com a Clorox. Contudo, esta oportunidade se enquadra em um padrão maior ao qual Weedman se refere como Corolário de Weedman à Lei de Moore: "O segundo acordo leva a metade do tempo do primeiro acordo. O terceiro acordo leva um terço do tempo e assim por diante. Os acordos subsequentes não são apenas mais rápidos; eles tendem a ser mais rentáveis". A implicação da observação de Weedman é que você não chega ao segundo ou terceiro acordos, a menos que tenha feito o primeiro.

O Corolário de Weedman significa que a P&G não maximiza o valor da transação inicial porque deseja ter a oportunidade de buscar outros acordos mais tarde. Gil Cloyd, diretor de tecnologia da P&G, coloca assim: "Estamos ficando muito interessados em como construir uma maior colaboração com as outras empresas. Durante muitos anos, usamos equipes de criação do cliente com nossos clientes-chave, em alguns casos, voltando aos anos 1980. No entanto, isso não é fácil fazer porque surgem tensões de quem possui a PI. As melhores parcerias exigem que ambos os lados façam acomodações a fim de que se realize o potencial de colaboração".

A P&G está se planejando no longo prazo e agora aborda suas parcerias usando maneiras mais abertas e criativas. Isso alterou a sua visão de como alcançar uma vantagem competitiva.

A receita da P&G para a vantagem competitiva

No processo de gerenciamento das relações como a que a P&G mantém com a Clorox, Weedman desenvolveu uma visão bem mais variada da vantagem competitiva. "Existem muitos tipos de vantagem competitiva", diz ele. "A visão original era: Eu tenho, e você não. Depois, existe a visão de que *eu tenho, você tem, mas eu consegui mais barato*. Depois, temos a visão: *eu tenho, você tem, mas eu consegui primeiro*. Por fim, temos a visão: *eu tenho, você a obteve de mim, então eu ganho dinheiro quando vendo e também quando você vende.*"

A P&G acha que essa última forma de vantagem competitiva é a mais sustentável no ambiente atual. Ela se encaixa muito bem no modelo de negócio tipo 5 do *framework* de modelo de negócio. Como comentou Steve Baggott, diretor de desenvolvimento de negócios externos da P&G: "Se você não licenciar, há uma chance muito grande de que mais alguém também tenha uma tecnologia muito boa. É raro você ser o único na praça. Então, você quer participar das receitas de licenciamento ou não?". Na realidade, a organização fica feliz com a noção de ter seus concorrentes usando sua tecnologia, porque aqueles que empregam os conceitos da P&G não estão se esforçando por novos – ou até mesmo melhores – conceitos em seus próprios laboratórios. Eles se transformam em "felizes seguidores", em vez de "líderes ameaçadores". Os felizes seguidores permitem à P&G manter a liderança em sua indústria e ajudam a pagar seus custos para manter essa liderança.

Tornando-se o parceiro de inovação ideal

A partir daqui, para onde vai a P&G? Sua modesta ambição é se tornar a parceira ideal dos investidores e empresas com boas ideias que estejam procurando uma maneira de chegar aos mercados de consumo. Como Weedman salienta, isto muda a maneira de ela se comportar quando trabalha com outras empresas. "Como podemos nos tornar um parceiro ideal se você nos traz uma ideia? As pequenas coisas realmente contam aqui. Se você nos envia algo, vamos reconhecer isso e lhe responderemos também. Em 99% dos casos, não estaremos interessados, mas diremos: 'Por favor, nos procure novamente'. Além disso, se parecer uma coisa boa, mas não para nós, iremos recomendá-la até mesmo a um concorrente. Por quê? Porque na próxima vez que o inventor tiver uma ideia, ele entrará em contato primeiro conosco."

A P&G também funciona do outro lado da rua. Em discussões com a Wal-Mart, Weedman pede a essa empresa que envie as ideias promissoras que recebe mas não estão prontas para o volume e a logística que exigem. Weedman fala da Wal-Mart: "Eu os convido a nos ajudarem a encontrar o seu próximo produto em nós. Muitas vezes, há uma ideia muito boa, mas a empresa não consegue alcançar o volume de produção que satisfaça às exigências da Wal-Mart. Nós conseguimos".

Este é um destino lógico para uma das empresas de produtos de consumo mais proeminentes do mundo: não conte apenas com a sua equipe para cavar novas oportunidades. Em vez disso, mude sua estratégia de *marketing* de *"push"*,* quando você precisa descobrir as oportunidades, para uma estratégia *"pull"*, quando as pessoas vêm até você. O presidente da P&G, A. G. Lafley, resumiu a oportunidade da empresa: "Acredito honestamente que podemos aumentar em cinco vezes a nossa capacidade de inovação colaborando de forma mais eficiente com os parceiros externos. Quero criar um ambiente em que haja um mercado aberto para as ideias, o capital e o talento. Mais especificamente, um ambiente

---

* N. de T.: Numa estratégia *push*, a empresa empurra ou VENDE seu produto ou serviço para o mercado. Na estratégia *pull*, a empresa estimula o mercado a puxar ou COMPRAR seu produto/serviço.

em que as grandes ideias possam atrair o capital e o talento dos quais elas precisam para a força da própria ideia, não importando de onde venha".[14]

Fique conhecido como parceiro ideal e use essa reputação para atrair ideias promissoras. Se a IBM aspira ser a empresa de inovação no mercado empresarial, a P&G procura ser o parceiro de inovação no mundo do consumidor. Caso a P&G seja capaz de conseguir isso, ela estará claramente em um modelo de negócio tipo 6.

AIR PRODUCTS: O NEGÓCIO É SER PEQUENO

A Air Products é uma indústria que, à primeira vista, parece bem distante da vanguarda da inovação: produtos químicos industriais. Muitos produtos da organização são, na verdade, produtos químicos industriais muito maduros. Contudo, essa empresa de 7,4 bilhões de dólares remodelou-se silenciosamente para se transformar em líder de inovação. Em contraste com a IBM e a P&G, a Air Products dá muito pouca prioridade a divulgar seu sucesso. No entanto, sua abordagem de um modelo de negócio mais aberto abriga muitas ideias para as empresas em qualquer indústria.

Não é exagero dizer que uma década atrás a Air Products era uma empresa antiquada quando se tratava de gestão da inovação e da PI. Segundo Gus Orphanides, um veterano com 25 anos de empresa e que agora é o responsável pela gestão e o licenciamento de seus ativos intelectuais, "nossa abordagem de licenciamento e PI era defensiva. Patenteávamos para defender nossas posições de mercado e nossos ativos comerciais de modo que ninguém mais pudesse aplicar nossas tecnologias".[15] Um dos executivos da equipe de gestão dos ativos intelectuais do grupo de eletrônicos da Air Products concordou: "Naquela época, eu era membro do Conselho Tecnológico de Patentes e nunca conseguíamos que os executivos comparecessem às nossas reuniões... Examinávamos cerca de quarenta invenções em duas ou três horas, e havia apenas uns poucos minutos por ideia... Em geral, aprovávamos as coisas grandes que envolviam o uso comercial interno significativo feito rapidamente. Mas todas as outras coisas simplesmente se degeneravam". Nessa época, havia muito pouco licenciamento externo das tecnologias da Air Products. Este modelo de negócio era o tipo 3.

Então, o que mudou? O que fez esta empresa pesada revitalizar seu modelo de negócio? Um ímpeto decisivo foi uma fusão que quase aconteceu, mas foi interrompida no último minuto. A Air Products e uma concorrente, a Air Liquide, iriam adquirir conjuntamente a British Oxygen, e algumas partes dessa empresa iria para cada uma das adquirentes. Coube a Miles Drake, o novo diretor de tecnologia da Air Products, descobrir como a empresa integraria suas partes da British Oxygen. Para crédito de Drake, ele foi muito além de desenhar quadros em um organograma.

Drake começou a pensar como a Air Products poderia inovar de forma diferente a partir dessas novas partes. Por exemplo, o que a empresa deveria fazer com os produtos da British Oxygen? E com suas patentes? E com sua propriedade intelectual? Como todos esses ativos poderiam criar mais valor para a Air Products?

Liberando os ativos intelectuais

A fusão nunca foi adiante, mas o pensamento inovador de Drake ficou em sua mente e ele percebeu que não precisava de uma fusão para implementar suas ideias e concorrer. A Air Products tinha seus próprios ativos intelectuais em abundância e Drake sabia que pouca coisa havia sido feita para criar valor a partir deles. Em reunião com sua gestão, ele apresentou a proposta de liberar esses ativos. E sugeriu que o Comitê Executivo Corporativo (CEC) adotasse uma política de que "todos os ativos intelectuais são ativos corporativos e devem ser gerenciados visando a obter o máximo valor para o acionista". O CEC mudou apenas uma palavra na proposta de Drake. A palavra *devem* foi substituída por *vão*, reforçando a proposta e mostrando para toda a empresa que o CEC estava firmemente por trás dessa mudança.

Foi aí que John Tao, um veterano com trinta anos de Air Products, começou a mudar a abordagem de licenciamento da tecnologia. Primeiro, pediu ao CEC que fizesse durante seis meses uma comparação de como as empresas estavam gerenciando seus ativos intelectuais. Depois de seis meses, ele começou a desenvolver um programa de licenciamento externo para a Air Products. Como explica Tao, ele começou pequeno: "Intencionalmente, não solicitei grandes somas de dinheiro. Pensei que se pedisse muito dinheiro antes de sabermos o que estávamos fazendo eu estaria pintando um alvo no programa e tornando-o um alvo fácil para alguma reunião futura de corte de custos... Um colega meu da Boeing adotou a abordagem inversa. Ele criou um grupo de licenciamento com trinta pessoas desde o início e estabeleceu grandes metas de desempenho financeiro para justificar o tamanho do grupo. Quando vieram os tempos difíceis, esse grupo foi dissolvido e muitas das trinta pessoas tiveram de deixar a empresa". Começando pequeno, Tao foi capaz de aprender a como licenciar melhor sua tecnologia sem gastar muito dinheiro ou atrair a atenção da alta gerência antes que a melhor maneira de proceder estivesse clara em sua própria mente. A abordagem dele levou a empresa do modelo de negócio tipo 3 a mudar para o modelo tipo 4.

Fazendo parcerias para a inovação

A Air Products também mudou seu processo de desenvolvimento de tecnologias. Ela passou de uma estratégia de fazer toda a pesquisa e comercialização sozinha para um modelo em que faz parcerias com outras empresas como parte da comercialização de novas tecnologias. Um exemplo disso é a sua abordagem à nanotecnologia. A Air Products desenvolveu alguma maneiras poderosas de manipular as nanopartículas em *nanoclays** (para materiais de alto desempenho) e nanotubos de carbono (para materiais semicondutores). Mas, em vez de fazer esse trabalho por conta própria, ela firmou uma parceria com a DuPont e uma pequena empresa alemã, a Nanogate Technologies, para comercializar esses produtos. Segundo Martha Collins, diretora de tecnologia da Air Products: "O fundamental para o sucesso dos projetos de nanotecnologia são as alianças e as parcerias no espírito da inovação aberta".[16]

No processo de licenciamento externo das tecnologias internas ou da formação de parcerias com outras empresas, a companhia também mudou sua abordagem de gestão da propriedade intelectual. Sob a liderança de Herb Klotz, ela criou uma série de equipes para gerir os ativos intelectuais de cada um de seus negócios. Cada equipe tem liberdade para determinar quais tecnologias possuem o maior valor potencial, independente do fato de serem usadas pela Air Products ou licenciadas para terceiros. Como observou Jeff Orens, da equipe de gestão de ativos intelectuais de materiais avançados: "Agora nossos cientistas também estão animados. Eles pensam: 'Uau! Agora tenho uma razão comercial para dar continuidade à pesquisa e tentar uma patente. Não se trata mais de proteger nossas coisas antigas'... Digo aos nossos cientistas que não estamos protegendo-os ou as suas invenções, mas sim o modelo de negócio". Mais especificamente, essa integração de tecnologias e oportunidades internas e externas é indicativa de um modelo de negócio do tipo 5 (repare, porém, que esse processo de pensamento ainda está em seus estágios iniciais em toda a Air Products).

Large Scale Vortex: um modelo inovador para uma tecnologia inovadora

Um exemplo dessa abordagem aberta de gestão dos ativos intelectuais é a tecnologia de queimador Large Scale Vortex (LSV) que a Air Products desenvolveu. Essa tecnologia reduz as emissões de óxido nitroso (NOx) da combustão industrial nas fábricas de produtos químicos, como hidrogênio, metanol e amônia. O queimador faz parte da via aérea para que os produtos químicos saiam das instalações da fábrica. Ao queimar os efluentes extras, reduz-se as emissões de NOx, melhorando a qualidade do ar que sai da fábrica. A ironia é que essa tecnologia estava dentro da Air Products há algum tempo, mas não era muito popular na empresa. "Uma vez que você construiu uma fábrica de 100 milhões de dólares, você quer usá-la durante algum tempo antes de reajustá-la", explicou

---

* N. de T.: O termo *nanoclay* começou a ser usado com o desenvolvimento do nanocompósito polímero-montmorilonita. A definição de *nanoclay* é: uma argila constituída por lamelas com dimensões nanométricas que podem ser modificadas usando-se diferentes compostos químicos para obter complexos argila-compostos orgânicos compatíveis com monômeros e polímeros orgânicos.

Orens. "Na verdade, é o interesse externo que recebemos no LSV que está fazendo que nossos negócios internos atentem para os fatos". Isto é uma reminiscência da experiência da P&G com seu algoritmo de fabricação.

Orphanides descreve como a Air Products abordou depois a precificação de sua tecnologia LSV: "Pensamos muito a respeito do desenvolvimento do nosso modelo de negócio em torno dessa tecnologia... Calculamos o valor que a nossa solução criava quando incorporada no local do cliente. Depois, discutimos que parcela do valor proporcionar aos usuários finais ou clientes diretos, e a nós mesmos. Sabíamos que tinha de ser positivo para todo mundo a fim de que o modelo de negócio funcionasse". Esta é uma precificação muito sofisticada. Por um lado, a tecnologia está sendo precificada em valor, não em custo. Por outro lado, a fixação do valor é determinada pela necessidade de proporcionar valor além do preço em toda a cadeia de valor.

Mantendo e ampliando o modelo

Com a orientação de Drake e Tao, além da gestão de Klotz das várias equipes de ativos intelectuais, a Air Products elaborou um processo sustentável que está transformando o modelo de negócio inteiro da empresa em um modelo tipo 4. Os programas de licenciamento externo são projetados para dobrar as receitas em 2006. Estas são receitas com margem elevada para um negócio global de produtos de consumo. Os negócios internos estão recebendo o crédito por essas novas receitas e lucros em seu próprio negócio. Estão prestando mais atenção a outras tecnologias novas que estão sendo desenvolvidas dentro da Air Products. O CEC percebeu que o programa está obtendo esses resultados com um orçamento modesto. Agora, o CEC está querendo saber o que mais pode ser feito, o que é um sinal positivo para o futuro da inovação na empresa. Agora, as equipes de ativos intelectuais usufruem de credibilidade dentro da empresa, a qual apresenta um balanço positivo dos resultados – e esses ultrapassaram as expectativas estabelecidas quando o programa começou. À medida que atingirem outros sucessos, provavelmente a Air Products passará para um modelo tipo 5 em muitos dos seus negócios, integrando as tecnologias internas e externas tanto em suas atividades internas de P&D quanto em seu licenciamento externo e nas atividades de parceria.

IMPLICAÇÕES PARA AS OUTRAS EMPRESAS QUE PROCURAM ABRIR SEUS MODELOS DE NEGÓCIOS

Embora cada experiência de transformar seu modelo de negócio seja única, existem alguns paralelos importantes que podem ser encontrados em todas elas. Esses oferecem algumas percepções e direções para outras empresas que queiram examinar como elas mesmas poderiam obter um modelo de negócio mais aberto. As experiências também documentam algumas prováveis barreiras que podem ser encontradas à medida que é feito o esforço para se obter esse modelo de negócio.

Como foi observado no início desse capítulo, as jornadas dessas empresas podem ser examinadas em quatro fases distintas, que provavelmente vão caracterizar quaisquer tentativas das outras empresas de seguir seu caminho. Essas fases são: (1) um choque no sistema; (2) pesquisar e experimentar para encontrar novas fontes de receita; (3) identificar modelos de negócio bem-sucedidos; e (4) ampliar e ajustar o modelo. Discutirei uma fase de cada vez.

Fase 1: Procure dar um choque no sistema

Cada uma das empresas começou sua jornada com um choque na situação atual. No caso da IBM, o choque foi tão grave que a organização quase quebrou. Não é surpresa que ela tenha optado por trazer o seu presidente de fora em 1993; seu conselho percebeu que, sem dúvida, era necessária uma redução de custos significativa e que uma pessoa de fora estaria em uma posição melhor para realizar essa cirurgia. Afinal, esses cortes significaram o fim das políticas de emprego quase vitalício da IBM e destruíram o que fora um valor essencial da empresa.

No caso da P&G, as ações da empresa caíram para a metade do seu valor original em um período de quatro meses e um novo presidente foi trazido. Embora a situação da P&G não fosse tão grave quanto a crise da IBM, era claro para todos na empresa que as coisas não podiam continuar como estavam. Entretanto, a P&G não precisou trazer alguém de fora; ela trouxe um líder que conhecia a empresa muito bem, mas não era prisioneiro de seus velhos hábitos.

A Air Products não enfrentou os ajustes financeiros brutais que a IBM e a P&G enfrentaram. No entanto, a potencial aquisição parcial da British Oxygen despertou uma análise profunda de como a empresa fazia negócios e como poderia se posicionar para alcançar resultados melhores em um negócio maduro de produtos de consumo.

Este padrão é moderado. Ele implica que é improvável que a simples leitura de um livro sobre modelos de negócios mais abertos o faça sair de onde está para onde se quer ir. Existem enormes fontes de inércia em todas as empresas e as bem-sucedidas desenvolvem ainda mais inércia devido ao seu sucesso anterior. Parece ser necessário um choque significativo no sistema para vencer a inércia que se desenvolve dentro das empresas grandes e bem-sucedidas.

O que fazer? Se você estiver caminhando para um período de crise, pode haver oportunidade, em meio a toda dor e dificuldade, de lidar com a crise. Tais condições permitem que os gestores nas empresas suspendam sua defesa usual à situação vigente e pelo menos alguns líderes dentro da organização possam estar ávidos por um caminho que leve a um maior desempenho. Abrir o seu modelo de negócio pode ser esse caminho.

Se você não estiver entrando em uma crise, todas as três empresas mostram que é preciso haver um claro comprometimento e apoio da cúpula da organização. A P&G é líder nessa dimensão, como o envolvimento explícito de Lafley endossou fortemente a abordagem de inovação Conectar e Desenvolver. Gerstner também desempenhou um papel fundamental na IBM. Embora ele não tenha ordenado ou endossado a solução logo no início, ele definiu as condições e regras básicas, tal como a sua determinação para que cada negócio se tornasse lucrativo. Quando vier a inevitável resistência organizacional, como a mentalidade de "não foi inventado aqui", o apoio da cúpula da empresa pode ser crítico para vencer essa resistência.

Se não vier o apoio da alta gestão, a abordagem da Air Products proporciona uma maneira mais sutil de efetuar a mudança. Comece pequeno para ficar fora do alcance do radar corporativo e se dê tempo para aprender. Mantenha as expectativas (e o orçamento) em níveis modestos nesse estágio inicial. Espere até ter alguma prova clara e demonstrável da sua abordagem antes de chamar a atenção para você.

Os choques no sistema descongelam os hábitos dos negócios e dos modelos de negócio existentes. Porém, apenas o choque não é o suficiente. Para continuar a mudar, devem haver provas que apoiem a mudança e mostrem que a empresa está indo na direção certa. Isto nos leva à próxima fase.

Fase 2: Conceber experimentos para buscar novas fontes de receita

Muitas empresas encontram choques e fazem ajustes radicais (como cortar pessoal e despesas) para lidar com eles. Poucas se envolvem com a ampla experimentação com que a IBM, P&G e Air Products se empenharam quando estavam buscando um novo modelo de negócio.[17] É preciso coragem e visão para experimentar novas ideias durante um período de dificuldade financeira. Contudo, sem esses experimentos as empresas poderiam cair facilmente num ciclo vicioso de desaceleração das receitas de negócios, levando a cortes de pessoal e de despesas que disparam mais quedas nos negócios e levam a ainda mais cortes.

Basta olhar para a Ford e a GM na indústria automotiva, cujas fatias de mercado têm recuado lenta e inexoravelmente desde a escassez do petróleo nos anos 1970, para ver um ciclo vicioso desse tipo em ação.

Em vez disso, as empresas que experimentam fontes alternativas de receita e valor comercial começam a coletar informações críticas do mercado sobre o valor potencial de algumas de suas ideias, tecnologias e mercados mediante esses experimentos. Os resultados de seus esforços formaram as sementes da mudança na direção de uma nova abordagem para seus respectivos negócios.

A IBM, por exemplo, começou a oferecer suas instalações de semicondutores como uma fundição e passou a obter somas significativas por suas patentes e tecnologia pelo licenciamento externo. Isso não só ajudou o negócio de semicondutores a se manter lucrativo (e a preservá-lo dentro da IBM), mas apontou o caminho para outras partes da IBM gerirem a sua própria PI.

Na P&G, o sucesso inicial dos produtos SpinBrush e Swiffer, que foram licenciados de outras empresas, deram provas que a sua iniciativa Conectar e Desenvolver poderia gerar fortes resultados financeiros para a empresa. O sucesso posterior com a Clorox na *joint venture* mostrou à P&G o poder da colaboração não só no lançamento de novos produtos e marcas, mas também de levar as marcas dos parceiros para os mercados internacionais. Estes eventos ampliaram a noção da vantagem comercial e de como alavancá-la melhor.

Na Air Products, o interesse externo em licenciar sua tecnologia LSV não só proporcionou uma nova receita para empresa, mas também deu mais credibilidade à tecnologia dentro da empresa. O uso de equipes de ativos intelectuais dentro da empresa permitiu-lhe compartilhar as práticas internas bem-sucedidas com uma faixa diversa de produtos e mercados. As parcerias em nanotecnologia, por outro lado, ajudaram a dividir os riscos e despesas de desenvolvimento e comercialização de novas materiais com terceiros.

O teste e a experimentação são insumos fundamentais para o processo de transformação do modelo de negócio, pois são eles que criam as informações necessárias para traçar o curso a ser seguido. Entretanto, eles também são insuficientes para alcançar uma mudança duradoura, a não ser que surja uma compreensão profunda de um novo modelo de negócio para conectar os resultados díspares dos testes individuais em um todo maior e mais coerente.

Fase 3: Reconhecer um novo modelo de negócio a partir de experimentos bem-sucedidos

A condução de experimentos só resulta em valor se uma empresa for capaz e estiver disposta a agir com base nas informações geradas por esses experimentos. Embora o ímpeto pelas mudanças na IBM tenha vindo muitas vezes de obrigações de curto prazo dos seus negócios individuais para que fossem rentáveis, é mérito da empresa que as pessoas tenham notado essas mudanças e começado a considerar se havia uma lógica subjacente que conectava os resultados desses experimentos. O licenciamento inicial de tecnologias externas de Larry Houston e as experiências de licenciamento de tecnologias internas de Jeff Weedman com algumas das tecnologias da P&G mostraram que havia dinheiro a ser ganho como comprador ou vendedor. Mas foram Gil Cloyd e A. G. Lafley a perceberem que havia uma nova lógica subjacente a essas práticas individuais e que poderia transformar o modelo de negócio da P&G e aumentar sua taxa global de crescimento.[19]

A experiência da Air Products até hoje está indicando uma direção nova e mais aberta para o seu modelo de negócio. Embora a empresa continue a conduzir pesquisas avançadas significativas, agora ela busca tecnologias externas com mais assiduidade nas universidades. Ela também busca parceiros comerciais quando leva suas ideias ao mercado. A empresa é bem mais sensível do que antes aos requisitos do investimento de capital necessário para a comercialização. Como lembrou Gus Orphanides: "Costumávamos ser um enorme companhia consumidora de capital gastando, talvez, 1 bilhão de dólares por ano, sendo uma companhia de 6 bilhões de dólares. Começamos a nos perguntar: 'Estamos obtendo retorno suficiente para o capital dos nossos acionistas?'"[20] Hoje, a empresa é mais ágil e mais criativa no trabalho com outras companhias na divisão desses custos.

Na construção de um novo modelo de negócio, as empresas também devem decidir o que fazer como o modelo atual. Elogiar um novo modelo de negócio pode sugerir inadvertidamente que o atual é obsoleto. Em todas as três organizações perfiladas aqui, o modelo atual continua a desempenhar um papel importante no negócio da empresa. O negócio de computadores de grande porte da IBM continua a funcionar de uma maneira bastante integrada verticalmente. A P&G ainda desenvolve suas próprias marcas e investe uma quantia substancial em suas próprias tecnologias internas. A Air Products ainda desenvolve e fornece uma grande parte de seus gases industriais por conta própria.

Essas empresas devem gerenciar a coexistência do modelo de negócio atual (digamos, tipo 3) com o novo modelo de negócio (talvez tipo 4 ou 5). Em cada caso, foram designados altos executivos para gerenciar o novo modelo de negócio, enquanto outros altos executivos continuaram responsáveis pelo modelo atual. Deve ser alcançado um equilíbrio delicado entre esses dois modelos. Na realidade, quando Durk Jager, da P&G, tentou empurrar iniciativas de mudança demais e de uma só vez, a empresa começou a mudar, mas perdeu a disciplina operacional que proporcionava os lucros trimestrais esperados pelos seus investidores. A. G. Lafley restabeleceu esta excelência operacional mantendo simultaneamente a dinâmica de mudança. Ele encontrou o equilíbrio que escapou de seu antecessor entre o modelo de negócio atual e o novo modelo.

É interessante observar que nem todas as partes da IBM adotaram essas novas iniciativas com igual fervor. Talvez seja o que se espere de uma organização do tamanho da IBM. Seus vários negócios são grandes o bastante e suficientemente autônomos para poderem ter tipos de modelo de negócio diferentes. Porém, à medida que a concorrência, o amadurecimento dos mercados e a globalização apanharem as empresas com modelos tipo 3, os novos modelos de negócios ajudarão a indicar o caminho rumo ao crescimento contínuo.

Fase 4: Ampliar o sucesso e anunciar o novo modelo de negócio aberto

À medida que os experimentos bem-sucedidos começam a apontar o caminho para um modelo de negócio novo e mais eficiente, a empresa deve enfrentar uma fase final em sua transformação. Nesta fase final, ela deve ampliar o modelo, implementando-o em toda a empresa e na relação com seus clientes.

Existem pelo menos dois elementos essenciais na ampliação de um novo modelo de negócio. Primeiro, ele deve ser construído ou ajustado de modo que possa lidar com um novo volume significativo. Como vimos com os intermediários de inovação InnoCentive e NineSigma no Capítulo 6, isso pode ser um desafio. Os modelos de negócios que funcionam quando existe um pequeno número de pessoas altamente treinadas para se prestar atenção podem quebrar quando são exigidas novas camadas de administração para controlar um número muito maior de trabalhadores mais diversificados. Se os processos não puderem ser automatizados ou padronizados, eles podem não conseguir lidar com um grande aumento na atividade sem degradar seriamente a qualidade do resultado. A IBM enfrenta essa preocupação em seu negócio de Serviços Globais. As habilidades do pessoal alocado a esses serviços diferem em relação às do pessoal de produto e tecnologia. Agora a IBM precisa de menos físicos de dispositivo e químicos de polímeros, ao mesmo tempo em que necessita de muito mais pessoas que consigam traduzir as exigências dos clientes em soluções específicas que a empresa possa fornecer. A disponibilidade de pessoas assim está ditando o seu ritmo de crescimento nessa área.

O segundo elemento é a criação de uma coalizão vencedora dentro da empresa para adquirir capacidade de lançar o modelo por toda a sua extensão. Criar escala exige muito mais financiamento e um comprometimento organizacional muito maior com o novo modelo. Esses recursos devem vir de algum lugar. O surgimento do novo modelo pode criar "perdedores" na organização, às custas dos quais alguns desses orçamentos são obtidos. Talvez haja custos significativos para convencer a empresa a fazer essas mudanças em face da resistência dos perdedores.

No caso da IBM, a organização teve de ajustar seu modelo de negócio em sua gestão de PI como um método dentre muitos para abordar essa resistência. No início, os *royalties* e receitas do licenciamento de patentes iam para uma conta corporativa dentro da empresa. Agora, a IBM remete as receitas e lucros diretamente para os negócios associados com essa PI. Isto reduz o atrito que a gestão mais aberta da PI encontra ocasionalmente por parte do negócio, o qual vimos no Capítulo 3. Hoje, seus negócios participam dos benefícios e dos riscos de uma abordagem mais aberta da PI. A P&G e a Air Products também adotaram esse sistema de "repassar completamente", em que as receitas adquiridas do licenciamento externo fluem por meio do grupo de licenciamento para o negócio dentro de cada empresa.

É por isso que a abordagem de John Tao de começar pequeno na Air Products faz tanto sentido. Um programa pequeno requer menos recursos, atenção gerencial e concorrência com outras partes da organização. O programa de Tao agora está se expandindo e no futuro haverá mais concorrência pelos recursos. Hoje, esse programa possui um histórico e está trazendo novas receitas, as quais também são divididas com as unidades de negócio associadas. Essas novas receitas enfraquecem a competição interna, uma vez que há um bolo maior para dividir e seu histórico de sucesso até hoje lhe dá mais respaldo no debate de como dividir esse bolo.

Ganhar escala com o novo modelo de negócio confere benefícios adicionais que não são obtidos durante as primeiras fases do processo de mudança. No caso da IBM, por exemplo, a organização passou de Big Blue, uma fabricante de computadores proprietários de grande porte, para a Nova IBM, campeã do *software* de código aberto. Quando Lou Gerstner adotou publicamente o Linux, este endosso deu ao sistema operacional um tremendo impulso nos mercados essenciais da IBM. Como observam Jerry Rosenthal e Jerry Stallings: "A grande proclamação de Lou em 2001... legitimou imediatamente o Linux e ajudou o seu começo na empresa".[21] Também aumentou a presença da IBM no mundo empresarial, dando-lhe uma nova mensagem para promover em um ponto de controle essencial na computação empresarial.

A P&G também está se beneficiando de uma escala maior. Sua confiança e seu comprometimento crescentes com a inovação aberta estão fazendo que ela se venda como o parceiro de inovação ideal. Isto atrairá mais oportunidades para a empresa do que ela receberia se tivesse de buscar cada uma delas externamente. Naturalmente, a P&G deve criar processos capazes de lidar com um volume maior de atividade a fim de apoiar o seu novo posicionamento de marca como o parceira de inovação ideal. Mas um rico menu de oportunidades fluindo para a P&G vai ajudá-la a manter seus concorrentes como "felizes seguidores" à medida que a empresa criar novas áreas de negócio fora de sua tecnologia e de seus processos de inovação.

Até o momento, a Air Products não está operando na escala da IBM ou da P&G. Entretanto, o grupo de John Tao construiu cuidadosamente a sua credibilidade dentro da organização, capacitando os membros da equipe a explorarem novas e maiores oportunidades de inovação aberta que antes seriam ambiciosas demais para eles. Eles estão posicionados para levar seu modelo de negócio adiante no futuro.

MODELOS DE NEGÓCIOS ABERTOS: LUCRANDO COM A INOVAÇÃO ABERTA

A IBM e a P&G programaram muito bem sua mudança para um modelo de negócio aberto de alto volume. Como este livro mostrou, existem mercados intermediários de inovação crescentes. Essas oportunidades de inovação estão amplamente distribuídas pelas universidades, países e indústrias. Empresas como a IBM e a P&G estão bem posicionadas para tirar proveito dessa mudança para a inovação aberta. Seus concorrentes devem copiar sua abordagem ou fazer o que a Clorox fez com suas marcas Glad e serem felizes seguidoras.

E a sua organização? Você pode se dar ao luxo de ignorar as oportunidades de inovação bastante distribuídas na sua indústria? Você está tirando proveito dos emergentes mercados intermediários de inovação? Você consegue agregar mais valor para seus clientes se o fizer? Seu modelo de negócio lhe permite fazê-lo ou está ficando no caminho? O que faria se seus concorrentes começassem a abrir seus modelos de negócios antes de você?

A mudança na organização nunca é fácil. Nos Capítulos 1 e 2, discutimos alguns desafios que provavelmente você vai encontrar à medida que abrir seu modelo de negócio. O Capítulo 3 delineou o papel cada vez mais importante da PI na inovação. O Capítulo 4 forneceu um *framework* de como pensar sobre o novo contexto de inovação aberta, o papel cada vez mais importante da PI na inovação e como identificar as áreas de oportunidade, bem como os riscos.

Contudo, algumas mudanças valem os custos, o tempo e as dores de cabeça que envolvem. No Capítulo 5, vimos um modelo que proporciona um *framework* para melhorar seu modelo de negócio. Nos Capítulos 6 e 7, observamos novas companhias que estão pavimentando um caminho para um mundo de mercados mais desenvolvidos para inovações e sua PI associada. Chegamos a ver algumas empresas cujos modelos de negócios se destinam a explorar aquelas que não despertaram para a nova realidade de gerenciar a inovação e a propriedade intelectual em seus modelos de negócios. Neste capítulo, examinamos três empresas distintas em três indústrias diferentes que fizeram a jornada rumo a um modelo de negócio mais aberto e, ainda, a maneira como o fizeram.

Agora é a sua vez de decidir onde seu modelo de negócio está hoje, onde você quer que ele esteja amanhã e o que você vai fazer para passar desse ponto para o outro. Um mundo de oportunidades e riscos aguarda aqueles que se atreverem a fazer a jornada.

Notas

Capítulo 1

1. Para um resumo reflexivo dos problemas enfrentados pelas empresas inovadoras dos EUA, ver Richard Rosenbloom e William Spencer, *Engines of Innovation: U.S. Industrial R&D at the End of an Era* (Boston: Harvard Business School Press, 1996). Preocupações mais recentes têm sido habilmente expressas pelo U.S. Council on Competitivenessem seu relatório, "Innovate America: Thriving in a World of Challenge and Change" (Washington, DC: U.S. Council on Competitiveness, 2005). Na Europa, ver o relatório da conferência Lisbon European Council, convocando os governos europeus para "a principal economia de conhecimento no mundo" em 2010 (European Council, Brussels; ver em http://www.consilium.europa.eu/ueDocs/cms_Data/docs/pressData/en/ec/00100-r1.en0.htm uma versão do relatório em inglês). A despeito das preocupações nos Estados Unidos com o seu sistema de inovação, o sistema americano (e em menor grau, o sistema do Japão) é o parâmetro com o qual a Europa se comparou na conferência de Lisboa.

2. Ver o livro de David Mock sobre a Qualcomm, intitulado *The Qualcomm Equation* (New York: Amacom Books, 2005), para obter um estudo muito útil e aprofundado sobre a empresa. Mock teve um acesso excelente aos principais líderes da empresa, incluindo os que estavam lá no início e desde então se aposentaram.

3. Um livro recente de Gary Pisano, *Science Business* (Boston: Harvard Business School Press, 2006), mostra que a indústria de biotecnologia da qual a Genzyme participa viu muito poucas empresas terem lucro. A Genzyme é uma entre apenas três empresas (as outras são Amgen e Genentech) das mais de cem empresas de biotecnologia que demonstraram capacidade de manter os lucros nesta indústria traiçoeiramente difícil.

4. A história por trás de Chicago surgiu com Maurine Dallas Watkins, uma jornalista de Chicago que cobriu a trilha do crime em Chicago quando ocorreu o assassinato de Walter Law. Watkins relatou o julgamento e depois escreveu uma peça, Chicago, falando sobre es-

ses eventos. A peça foi encenada na Broadway em 1926 e transformada em cinema mudo em 1927. Foi reencenada em 1975 por Bob Fosse e reencenada novamente por Harvey Weinstein em 1997. A versão para o cinema de Chicago feita em 2002 ganhou seis prêmios da Academia de Cinema (Oscar). Fontes: "Chicago", Wikipedia, http://en.wikipedia.org/wiki/Maurine_Dallas_Watkins, e Richard Kromka, entrevistado pelo autor em 16 de março de 2004.

5. As ideias neste parágrafo são inspiradas no trabalho de David Teece, Gary Pisano, e Amy Shuen, "Dynamic Capabilities and Strategic Management", Strategic Management Journal 18, no. 7 (1997): 509–533. Este artigo é tanto uma crítica da estratégia comercial quanto uma apresentação de um conceito chamado "capacidades dinâmicas" que descreve como as empresas adaptam suas estratégias aos mercados e tecnologias em transformação.

6. Ver Ashish Arora, Andrea Fosfuri, e Alfonso Gambardella, *The Economics of Innovation and Corporate Strategy* (Cambridge, MA: MIT Press, 2001), para um relato acadêmico, porém muito acessível sobre os mercados intermediários. Os autores desenvolvem modelos formais para esses mercados e fornecem descrições empíricas de como esses modelos funcionam na prática nos negócios de construção na engenharia de petróleo e produtos químicos.

7. Ver no livro de David Teece, *Managing Intellectual Capital* (Oxford, England: Oxford University Press, 2000), uma descrição prévia das implicações organizacionais de desenvolver o conhecimento separadamente das empresas que o utilizam. Ver também em Joshua Gans, David Hsu, e Scott Stern, "When Does Start-Up Innovation Spur the Gale of Creative Destruction?" RAND Journal of Economics 33, no. 6 (2002): 571–586, um modelo mais formal de fornecedores de tecnologia *upstream* que optaram por abastecer os clientes *downstream* ou se integrarem mais à frente para concorrerem com esses clientes.

8. Este julgamento ignora a possibilidade de que algumas empresas precisem obter algumas patentes como moeda de troca para serem usadas em disputas de violação de patente com outras empresas. Isto pode ser socialmente dispendioso (já que nenhuma das patentes é usada, mas a empresa proprietária da tecnologia pode impedir qualquer outra empresa de usá-la), mas essas moedas de troca têm pelo menos algum valor para os acionistas que financiaram a P&D que as criou em primeiro lugar. Brownyn Hall e Rosemarie Ham Ziedonis fazem uma análise perceptiva desse comportamento na indústria de semicondutores; ver "The Patent Paradox Revisited", RAND Journal of Economics 32, no. 1 (2001): 101–128.

No entanto, não se deve levar esse ponto muito adiante. Embora as empresas possam precisar de algumas moedas de troca para determinadas disputas em determinadas situações, somente este fato tem pouca probabilidade de contribuir para a explicação da ampla maioria das patentes continuarem sem uso. A Procter & Gamble, por exemplo, mudou rapidamente a gestão de suas tecnologias patenteadas quando percebeu como era baixa a sua taxa de utilização (como está documentado em Nabil Sakkab, "Connect & Develop Complements Research & Develop at P&G", Research-Technology Management 45, no. 2 [2002]).

9. As patentes emitidas nos Estados Unidos agora expiram vinte anos depois da data do pedido dessa patente. Isto foi uma modificação de uma política anterior, no final dos anos 1990, onde a expiração se dava dezessete anos depois do pedido. Um fato interessante de muitos negócios de tecnologia hoje em dia é que as patentes continuam valendo mesmo depois da tecnologia coberta se tornar obsoleta.

10. A proteção da PI também proporciona algumas vantagens de afirmação. A proteção da PI confere à empresa a capacidade de excluir outras empresas de usarem sua tecnologia contra ela em produtos concorrentes. Isto proporciona uma folga extra para a empresa em seus mercados. As empresas que fazem mais P&D normalmente se beneficiam mais das patentes e de outras formas de PI que as ajudam a defender seus negócios. Os analistas do mercado de ações

aprenderam a inquirir sobre os investimentos de P&D das empresas e passaram a se preocupar quando os veem diminuir. Entretanto, However, o grau de folga adquirido pela proteção da PI se mostrou significativamente variável pela indústria. Ver Wesley Cohen e Richard Levin, "Empirical Studies of Innovation and Market Structure," no Handbook of Industrial Organization, ed. Richard Schmalensee e Robert Willig (Amsterdam: North-Holland, 1989), ch. 18. Em indústrias como a farmacêutica, a proteção da PI é bem forte, enquanto na maioria das indústrias de tecnologia da informação os concorrentes normalmente podem "inventar em torno" da PI protegida a um custo aceitável. Uma diferença chave na força de proteção da patente entre as indústrias farmacêutica e de tecnologia da informação é o papel da Food and Drug Administration na regulação do desenvolvimento de medicamentos. Se uma empresa rival inventar algo em torno da patente de medicamento de uma empresa, essa rival ainda tem que concluir uma série de ensaios clínicos e exames regulatórios que levam muitos anos e custam muitos milhões de dólares. Os rivais que criem em torno de patentes de tecnologia da informação simplesmente vão para o mercado, sem nenhum exame regulatório. Portanto, a proteção da patente tem um efeito muito mais forte na indústria farmacêutica do que na indústria de tecnologia da informação.

11. Para tratamentos de gestão da PI que se concentram exclusivamente na parcela de captura de valor da equação, ver Kevin Rivette e David Klein, *Rembrandts in the Attic* (Boston: Harvard Business School Press, 2000), e Julie Davis e Suzanne Harrison, *Edison in the Boardroom* (New York: John Wiley, 2001). Ambos os livros realizam um belo trabalho de descrever algumas práticas importantes das empresas que extraem valor dos ativos de PI não utilizados. Entretanto, eles não falam sobre como comprar PI pode ajudar a criar valor para uma empresa. Adam Jaffe e Josh Lerner fazem um excelente trabalho de resumo da pesquisa recente sobre a história do escritório de patentes dos Estados Unidos e da política de metas do sistema de patentes americano; ver *Intellectual Property and Its Discontents* (Princeton, NJ: Princeton University Press, 2004). Os autores relatam que a organização não está conseguindo cumprir sua tarefa de emitir patentes de alta qualidade e de se recusar a emitir patentes fajutas onde nenhuma descoberta real ou valor foram criados. Embora a análise seja excelente, as reformas que eles propõem ao escritório de patentes dos Estados Unidos são surpreendentemente modestas.

12. Meu livro anterior é *Open Innovation: The New Imperative for Creating and Profiting from Technology* (Boston: Harvard Business School Press, 2003).*

13. As fontes específicas desses especialistas são Gordon Petrash, "Dow's Journey to a Knowledge Management Culture", European Journal of Management 14, no. 4 (1996): 365–373; Patrick Sullivan, *Value Driven Intellectual Capital: How to Convert Intangible Assets into Market Value* (New York: John Wiley, 2000); e Rivette e Klein, *Rembrandts in the Attic*.

14. Um exemplo de *site* fracassado sobre patente/licenciamento é o PLX.com, uma empresa que foi retratada em um estudo de caso na Harvard Business School. Ver Henry Chesbrough e Edward Smith, "The Patent & License Exchange: Enabling a Global IP Marketplace", Case 601-019 (Boston: Harvard Business School, 2000). Um outro *site* que se transformou foi o Yet2.com, que ainda está no ar, mas mudou seu foco de transações de patente para identificação e pesquisa de tecnologia.

15. Larry Huston e Nabil Sakkab, "Connect and Develop: Inside Procter & Gamble's New Model for Innovation", Harvard Business Review, March 2006, 58–67. Este artigo fornece um olhar em profundidade no processo de inovação da P&G, com algumas tentadoras evidências dos resultados da empresa. Porém, há poucas evidências de benefícios comerciais

---

* N. de R.: Publicado no Brasil pela Bookman Editora com o título de *Inovação Aberta*.

reais (o quanto as vendas aumentaram, o quanto subiram os lucros, o retorno total sobre o investimento para adotar essa abordagem) neste artigo do que se poderia esperar.

16. A figura 1-3 não mostra uma terceira dimensão chave da economia da inovação: o risco da inovação. Os modelos mais abertos podem abordar não só as questões do custo e do tempo, como foi observado no artigo da P&G na nota de pé de página anterior, mas também a questão do risco. Como veremos no capítulo 6, os intermediários de inovação capacitam as empresas a tratarem o investimento em inovação como um custo variável, em vez de um custo fixo. Em alguns modelos, os clientes só tem que pagar quando uma solução é entregue. Isto passa os riscos de fracasso para outros componentes do sistema e permite às empresas ampliarem seu portfólio de oportunidades de inovação. A gestão do risco, portanto, é melhorada pela inovação aberta, mas esse ponto se encontra suprimido no gráfico para tornar o argumento sobre tempo e custo mais fácil de entender.

17. Rob Hof, "The Power of Us", BusinessWeek, 20 de junho de 2005, http://www.innocentive.com/about/media/20050620_BW_FutureTech.pdf.

18. Embora muitos observadores considerem o comportamento de Lemelson anti-inovador, a questão maior de quando um proprietário de PI está progredindo ou inibindo a inovação é mais difícil de determinar. Os inventores contam com o segredo inicial para estabelecer uma vantagem no mercado. A sociedade concede a um inventor o direito legal de excluir os outros (através de uma patente) por um período de tempo limitado para estimular os inventores a assumirem os riscos necessários para obter uma nova invenção. Mas a sociedade também publica as patentes quando são concedidas, de modo que as outras pessoas possam aprender com elas e criar em cima dessa invenção, talvez para gerar invenções subsequentes. A publicação é fundamental para difundir as novas invenções para o resto da sociedade. As práticas como a de Lemelson, que mantêm a invenção secreta durante décadas, privam a sociedade de qualquer benefício da publicação. Então, equilibrar o sigilo com a difusão é um dilema social desafiador.

Porém, em muitas situações as empresas terão incentivos particulares para publicar ou difundir suas invenções. Estas ações podem ajudar a estabelecer um padrão ou negar a um concorrente a capacidade de reivindicar a PI de uma determinada tecnologia. Essas questões são mais exploradas no meu livro anterior, *Inovação Aberta*, particularmente no capítulo 6.

Capítulo 2

1. Este capítulo faz várias referências ao meu livro anterior, *Open Innovation: The New Imperative for Creating and Profiting from Technology* (Boston: Harvard Business School Press, 2003).

2. Este dado é para os Estados Unidos. O livro de Thomas Friedman, *The World Is Flat: A Brief History of the 21st Century* (New York: Farrar, Strauss, e Giroux, 2005), leva esse argumento a um nível internacional. Embora esses dados sejam em grande parte anedóticos, a afirmação de Friedman de que "o mundo é plano" é uma outra maneira de dizer que existem menos economias de escala em P&D globalmente, bem como nos Estados Unidos, criando um terreno mais nivelado para as empresas de fora dos Estados Unidos concorrerem.

3. Ver o capítulo de Gordon Moore intitulado "Some Personal Perspectives on Research in the Semiconductor Industry", em *Engines of Innovation: U.S. Indus- trial Research at the End of an Era*, eds. Richard S. Rosenbloom e William J. Spencer (Boston: Harvard Business School Press, 1996).

4. Uma discussão mais completa sobre essa transição pode ser encontrada em *Inovação Aberta*, cap. 5. Ver também a excelente história da IBM por Emerson Pugh, *Building*

IBM (Cambridge, MA: MIT Press, 1995), e o relato informativo de Lou Gerstner sobre a liderança da IBM através dessa transição, *Who Says Elephants Can't Dance?* (New York: HarperCollins, 2002).

5. Nabil Sakkab, "Connect & Develop Complements Research & De- velop at P&G", *Research-Technology Management* 45, no. 2 (2002).

6. Ibid.

7. Julie Davis e Suzanne Harrison, *Edison in the Boardroom* (New York: John Wiley, 2001), 146.

8. O Tufts Center for Study of Drug Development realiza estudos periódicos sobre os custos de desenvolvimento de novos medicamentos e as taxas de atrito dos compostos no processo de desenvolvimento e medicamentos. Ver, por exemplo, Antonio DiMasi, "Risks in New Drug Development: Approval Success Rates for Investigational Drugs", *Clinical Pharmacology & Therapeutics* 69, no. 5 (2001): 297-307.

9. Para um exemplo dessa pouca ligação na Microsoft entre a pesquisa e o resto da organização, veja os comentários que Rick Rashid, VP sênior de pesquisa na Microsoft, fez na conferência PC Futures en 1998 ("Speech Transcript, Rick Rashid PC Futures 1998", Microsoft Press Room, 1998, https://www.netscum.dk/presspass/exec/rick/6-11pcfutures.mspx). Rashid afirmou no evento:

[A Microsoft é] realmente como uma universidade. Somos mais parecidos com uma Stanford University, Carnegie Mellon ou MIT em termos de modelo organizacional. É a estrutura que reunimos. É um ambiente muito abertot. Se você acessar nossas páginas na web, verá todas as pesquisas que estamos fazendo, verá os nomes de todos os pesquisadores que trabalham conosco. Ninguém faz a revisão das publicações das pessoas antes de serem divulgadas. Temos centenas de pessoas passando o tempo todo. Em qualquer dado momento, temos em qualquer lugar entre uma dúzia e 80 internos diferentes com nível de PhD do mundo inteiro. Então, isso lhe dá uma noção de como é a organização. Nós realmente desenvolvemos uma forte reputação muito depressa, o que é, mais uma vez, muito incomum nesse tipo de mundo acadêmico de pesquisa básica.

10. Ver nos comentários de Rick Rashid, ibid., um exemplo de avaliação da pesquisa industrial basicamente através de métricas de publicação. O próprio Rashid é um pesquisador acadêmico respeitado, como mostra essa citação.

11. Para detalhes sobre esse trabalho, veja meu artigo, "Graceful Exits and Foregone Opportunities: Xerox's Management of Its Technology Spinoff Organizations", *Business History Review* 76, no. 4 (2002): 803-838.

12. Em dois casos que eu estudei, o intervalo foi bem diferente. No New Ventures Group da Lucent no final dos anos 1990, inicialmente o intervalo era de nove meses e depois foi condensado para três meses, no qual as unidades de negócio tinha o direito da primeira recusa. Na Procter & Gamble, o intervalo é estabelecido em três anos após a patente ser emitida para a P&G. Se até então a tecnologia não estiver em uso em pelo menos um negócio da P&G, ela é disponibilizada para qualquer organização externa (ver Sakkab, "Connect & Develop Complements Research & Develop at P&G"). Em ambos os casos, porém, a unidade de negócio enfrenta concorrência ao usar tecnologia ou ideia interna e corre algum risco se optar por não usar essa tecnologia ou ideia.

13. Uma organização que foi chamariz para o capital de risco corporativo de dentro para fora é o Lucent New Ventures Group (NVG). Este grupo teve o seu perfil traçado no capítulo 7 do meu livro anterior, *Inovação Aberta*. Posteriormente, esse grupo foi separado da Lucent devido às dificuldades financeiras da Lucent, à necessidade de financiar o portfólio de empreendimentos e à crescente compensação recebida pela equipe do NVG, enquanto a Lu-

cent estava demitindo milhares de pessoas. Algumas pessoas concluem com isso que o modelo é completamente falho. Mas, acontecimentos posteriores desmentem essa conclusão. Agora, a equipe do NVG é New Venture Partners e se abastece de oportunidades de risco em três laboratórios – Lucent, British Telecom, e Philips – além de riscos ocasionais em laboratórios de outras empresas. Então, o modelo está realmente indo muito bem, embora em uma propriedade e modelo de governança diferentes.

14. Em "Absorptive Capacity: A New Perspective on Learning and Innovation", *Administrative Science Quarterly* 35, no. 1 (1990), Wesley Cohen e Daniel Levinthal argumentam que a P&D interna aumenta a "capacidade de absorção" de uma empresa. Isto é, a P&D interna aumenta a capacidade das empresas para usarem o conhecimento externo no ambiente que as circunda. Nathan Rosenberg, em seu artigo intitulado "Why Do Firms Do Research (With Their Own Money)?" (*Research Policy*, 19, no. 7 [1990]: 165–174), também concluiu que as empresas devem ter P&D interna para acompanhar os resultados das pesquisas das outras empresas. Historicamente, empresas como IBM e Xerox iniciaram organizações internas de pesquisa e desenvolvimento para ajudá-las a incorporar avanços na base tecnológica subjacente de suas indústrias – uma apólice de seguro da tecnologia, se preferir, para se precaver contra a obsolescência prematura.

15. A descrição seguinte é fortemente baseaada no livro de Jerrold Kaplan, *Startup: A Silicon Valley Adventure* (New York: Houghton Mifflin, 1994). Embora Kaplan mal seja um observador desinteressado, os fatos básicos incluídos aqui foram conferidos em artigos da imprensa comercial daquele período e as afirmações de Kaplan estão razoavelmente de acordo com aqueles artigos. No entanto, o relato de Kaplan não lida com um problema fundamental em seu modelo de negócio: o sucesso de sua empresa exigiu um concorrente potencial chave (Microsoft) para se aliar ao seu negócio concordando em criar aplicativos de *software*. Isto sempre se destinou a ser um desafio difícil.

16. Jerrold Kaplan, entrevista com o autor via telefone, Berkeley, CA, October 17, 2005.

17. Kaplan registra que o pensamento da GO foi bastante influenciado pela ação impetrada pela Apple contra a Microsoft pela alegada violação da aparência do Macintosh pelo Windows NT. Na época, cada lado tinha gastado mais de 5 milhões de dólares na ação, e nenhum dos lados queria parar. Na minha entrevista com o autor (veja nota anterior), Kaplan não foi capaz de discutir as razões pelas quais a empresa não levou a cabo o litígio em qualquer nível, devido a uma matéria pendente que envolve Kaplan, a GO, e o alegado comportamento anticompetitivo da Microsoft.

18. Uma virtude do AC é que ele proporciona um recurso arquivado e objetivo para medir como as empresas protegem segredos comerciais na gestão de sua PI. Como os ACs constituem um meio fundamental para as empresas recém-criadas se protegerem contra a divulgação indesejada, mesmo as pequenas empresas iniciantes mantêm bons registros desses ACs. Essas empresas fornecem documentação de conversas específicas com indivíduos e firmas externas. Reler esses ACs é como ver uma série de instantâneos do crescimento de uma empresa.

19. Esta análise trata todos os ACs assinados pela Collabra como equivalentes. Como apontou um analista autônomo, não é este o caso. Uma diferença é se o AC é "unilateral" (protegendo uma determinada revelação por uma parte e não pela outra) ou "bilateral" (protegendo revelações específicas de ambas as partes). Outra é a extensão do AC. O AC da Collabra tinha uma única página, enquanto os ACs das outras empresas (como o da IBM) tinham quatro páginas. Os ACs mais longos eram mais complexos, com uma diferenciação mais sutil do que era protegido, da duração da proteção e do escopo dessa proteção. Uma distinção mais prática é

que muitos receptores assinavam o AC da Collabra, enquanto outras vezes a Collabra assinava o AC de outra empresa (tais como Microsoft, Novell ou IBM).

20. A Collabra tinha mais de 85 funcionários no momento de sua aquisição pela Netscape em outubro de 1995. A discrepância entre os quatorze ACs nesse conjunto de dados e o número de funcionários parece ser responsável pelos acordos assinados por todos os funcionários da Collabra. Esses acordos empregatícios, porém, não me foram disponibilizados.

21. O compartilhamento de informações pelos CRs também lhes permite validar suas próprias informações sobre a desejabilidade de um potencial investimento em uma nova empresa e discutir a precificação, a a apreciação do valor e os termos do investimento. Tudo isso seria mais complicado se houvessem as restrições dos ACs. Além disso, oferecer parte de um negócio para outro grupo investidor aumenta a probabilidade de ser convidado, como retribuição, a investir em um dos negócios desse outro grupo. Isto ajuda a empresa de CR a desenvolver o seu "fluxo de negócio". Embora isto seja indubitavelmente bom para os CRs, o impacto em suas empresas iniciantes ainda não é tão claro, já que essas empresas não participam dos outros negócios.

22. Ver Eric Raymond, *The Cathedral and the Bazaar*, 2nd ed. (Sebastapol, CA: O'Reilly, 2001). Para uma crítica do livro, ver Nikolai Bezroukov, "A Second Look at the Cathedral and the Bazaar", First Monday, http://firstmonday.org/ issues/issue4_12/bezroukov/.

23. Siobhan O'Mahony, "Guarding the Commons: How Community Managed Software Projects Protect Their Work", *Research Policy* 32, no. 7 (2003): 1179–1198; Josh Lerner e Jean Tirole, "The Simple Economics of Open Source", working paper 7600, National Bureau of Economic Research, Cambridge, MA, 2000, 40; e Joel West, "How Open Is Open Enough? Melding Proprietary and Open Source Platform Strategies" *Research Policy* 32, no. 7 (2003): 1259–1285.

24. Uma listagem útil por Joseph Feller pode ser encontrada em "Bibliography of Research and Analysis", Open Source Resources, http://opensource.ucc.ie/ biblio.htm.

25. Para mais informações sobre essa cadeia de eventos, ver o verbete da Wikipedia sobre a ação judicial da SCO em http://en.wikipedia.org/wiki/SCO_v._IBM_Linux_lawsuit.

26. Ver no blog do próprio Jonathan Schwarz sobre como a Sun coexiste com o código aberto, http://blogs.sun.com/roller/page/jonathan/20040721.

27. Ver o excelente livro de Carl Shapiro e Hal Varian, *Information Rules* (Boston: Harvard Business School Press, 1999), para uma discussão mais completa sobre o fornecimento de diferentes versões de *software* com diferentes níveis de recursos e preços diferentes como uma estratégia para aumentar os lucros com *software*. O livro também discussões excelentes sobre estratégias construídas em torno de padrões patrocinados e abertos, além de efeitos de rede na adoção de novas tecnologias.

28. Ver Lawrence Lessig, *The Future of Ideas* (New York: Vintage, 2002), para uma análise ponderada e apaixonada dos benefícios de um *Creative Commons*. Ao mesmo tempo que a análise de Lessig é incisiva do ponto de vista da sociedade, ele minimiza bastante o papel das estratégias da empresa na formação destes *commons*. Embora os commons sejam uma coisa boa para a sociedade, as empresas os criam para promover os seus próprios objetivos, o que pode ou não ser interessante para a sociedade (particularmente se as empresas cooptarem os *commons* para se concentrar apenas em seus próprios objetivos).

29. Pra um tratamento recente e reflexivo do lado do usuário de tecnologias de código aberto, veja o livro de Eric von Hippel, *Democratizing Innovation* (Cambridge, MA: MIT Press, 2005). Uma questão que diferencia o trabalho de von Hippel deste capítulo é a do modelo de negócio. O termo não é encontrado neste livro e ele acredita que os usuários muitas vezes estão

mais bem servidos ao relevarem suas inovações a outros usuários em suas comunidades. Isso pode ser o precursor de um modelo de negócio, se a parte que revela tiver atividades complementares (onde tem mais proteção) que se beneficiem de mais inovação. Porém, mesmo no código aberto, os modelos de negócio estão se desenvolvendo e são importantes para a posterior adoção das tecnologias na sociedade.

30. Isto será mais discutido no capítulo 8. Joel Cawley, VP de estratégia corporativa da IBM, quantifica assim a economia: "hà muito tempo eu reparo que custa 500 milhões de dólares para criar e manter um SO [sistema operacional] viável. Pegue o nosso laboratório de desenvolvimento do Linux em Beaverton, Oregon. Gastamos cerca de 100 milhões de dólares por ano nesse laboratório. Cerca de 50 milhões desse montante são gastos em melhorias básicas para o Linux, para torná-lo mais confiável. Os outros 50 milhões de dólares são gastos em coisas das quais a IBM necessita, como acionadores especiais para um determinado *hardware* ou o *software* para se conectar com ele. Pedimos ao Open Source Development Lab para estimar o quanto foi gasto em outros investimentos comerciais no Linux. Isto não incluía quaisquer trabalhos universitários ou individuais, mas apenas as empresas como a nossa. Eles nos disseram que esses investimentos eram da ordem de 800 a 900 milhões de dólares por ano e que o *mix* [de necessidades básicas versus específicas] era aproximadamente meio a meio. De modo que agora há também um gasto de 500 milhões de dólares para um SO [sistema operacional] viável [contando apenas a parte básica, não a específica]. Nós pagamos apenas 100 milhões de dólares para isso. Então, você pode ver mesmo a partir de uma perspectiva contábil estreita que é um bom investimento para nós. (Joel Cawley, entrevistado pelo autor, Armonk, NY, 7 de outubro de 2005.)

31. Para mais questões comerciais do *software* de código aberto, veja o artigo do meu colega Joel West, "How Open Is Open Enough? Melding Proprietary and Open Source Platform Strategies", *Research Policy* 32, no. 7 (2003): 1259–1285.

Capítulo 3

1. Esta seção toma emprestado trechos de outras pesquisas sobre a história do sistema de patentes dos EUA. Veja no *site*, "US Patent System", *Great Idea Finder*, http://www.ideafinder.com/history/inventions/story096.htm, um breve panorama geral. Para uma história mais detalhada de 1790 a 1900, ver Kenneth Dobyns, *A History of the Early Patent Office*, reprint ed. (Washington, DC: Sergeant Kirkland's, 1997).

2. U.S. Constitution, article 1, section 8.

3. Veja no perspicaz livro de Adam Jaffe e Josh Lerner, *Innovation and Its Discontents* (Princeton, NJ: Princeton University Press, 2004), uma discussão mais ampla dessas questões de proteção da patente. Nas páginas 98–101, os autores dão provas de que a probabilidade de ganhar uma ação de proteção de patente era de mais de 30% no período de 1953 a 1977, mas variava muito de um distrito da federação para o outro. Esta alta variação (de apenas 8% em Great Plains para até 57% nas Montanhas Rochosas) não tinha uma explicação óbvia e estimulava muito os litigantes a recorrerem ao melhor distrito em interesse próprio. Como mostram Jaffe e Lerner, o Congresso gradualmente ficou preocupado com esta situação e criou um tribunal de apelações do Circuito Federal em 1982 para centralizar os casos de patente, promover uma maior especialização do conhecimento legal sobre patentes e eliminar as grandes disparidades entre os circuitos.

4. Ibid., 106. Como Jaffe e Lerner discutem, comparar a taxa de 68% com a taxa anterior é mais complicado do que olhar os dois números. É bem provável que a taxa mais elevada de defesa das patentes pelo novo tribunal tenha feito com que as pessoas possuam patentes

mais fracas (o que poderia ter evitado inteiramente os litígios no antigo regime, já que tinham uma chance menor de ganhar) para terem agora mais chances no tribunal. Esta "mudança de mix" significa que mais patentes, sendo que mais fracas, estavam sendo disputadas do que no período de 1953-1977. Portanto, a verdadeira diferença entre os regimes de patente antigo e novo é ainda maior do que as porcentagens sugerem.

5. Para saber mais sobre a história de Kilby e a história cheia de altos e baixos de sua patente, veja Fiscal Notes, Texas Controller of Public Accounts, http://www.window.state.tx.us/comptrol/fnotes/fn9810/fn.html, e T. R. Reid, *The Chip: How Two Americans Invented the Microchip and Launched a Revolution* (New York: Simon and Schuster, 1984).

6. Para uma excelente discussão sobre a experiência da TI com o licenciamento, ver David Teece e Peter Grindley, "Managing Intellectual Capital: Licensing and Cross-Licensing in Semiconductors and Electronics", *California Management Review* 39, no. 2 (1997).

7. Ralph Gomory, entrevista com o autor, Yorktown Heights, NY, 7 de outubro de 2005. Gomory agora é o chefe da Alfred P. Sloan Foundation na cidade de New York.

8. A IBM recebeu mais patentes americanas do que qualquer outra empresa no mundo durante oito anos seguidos, de 1998 a 2005. No entanto, a IBM não conseguiu isso apenas requerendo muitas patentes. Seu sucesso começou com o seu antigo comprometimento com a P&D, constituída de mais de 6.000 pessoas em vários laboratórios nos cinco continentes, com gastos acima de 5 bilhões de dólares a partir de 2004. As empresas que usam a IBM como parâmetro para avaliar suas patentes e que procuram imitá-la às vezes negligenciam as pré-condições que apoiaram seu sucesso. Você não consegue se tornar um líder de patentes da noite para o dia. Isso requer anos recrutando e construindo talentos, transferindo conhecimento para o mercado via produtos e serviços. Só então você pode se beneficiar de um esforço legal sistemático para solicitar patentes.

9. Paul Horn, VP sênior de pesquisa e chefe da divisão de pesquisa da IBM, entrevista com o autor, Yorktown Heights, NY, 7 de outubro de 2005.

10. Joel Cawley, VP de estratégia corporativa da IBM, entrevista com o autor, Armonk, NY, 7 de outubro de 2005.

11. Ver Ashish Arora, Andrea Fosfuri, e Alfonso Gambardella, *Markets for Technology* (Cambridge, MA: MIT Press, 2001). A parte principal da pesquisa dos autores considera o desenvolvimento dos mercados para tecnologia na indústria de produtos químicos e petroquímica. Mas, sua opinião mais geral é que existem muitas situações onde os mercados econômicos se desenvolveram nas quais um fornecedor de tecnologia pode vender esse produto para outras empresas que acabam usando-o para desenvolver outros produtos. Um modelo relacionado pode ser encontrado em Joshua Gans, David Hsu, e Scott Stern, "When Does Start-Up Innovation Spur the Gale of Creative Destruction?", *RAND Journal of Economics* 33, no. 6 (2002): 571–586. Este artigo analisa quando um inventor de uma nova tecnologia deveria usá-la para concorrer em um mercado de produto como um novo concorrente e quando o inventor deveria optar por vendê-la para os atuais concorrentes no mercado.

Um artigo mais recente de Ashish Arora e Robert Merges, "Specialized Supply Firms, Property Rights and Firm Boundaries", *Industrial and Corporate Change* 13, no. 3 (2004): 451–475, explora o papel das empresas iniciantes em estimular a inovação e discute as condições sob as quais fortes direitos sobre a propriedade intelectual ajudam a permitir a formação e a entrada de tais empresas. Esta entrada estimula o crescimento dos mercados intermediários de inovação.

12. Ver meu relatório com David Teece para a Alfred P. Sloan Foundation, "The Globalization of R&D in the Chinese Semiconductor Industry", 2 de dezembro de 2005. O relatório completo pode ser acessado em http://web.mit.edu/ipc/sloan05/.

13. Esta seção se inspirou na pesquisa de dissertação de Michael Jacobides sobre a indústria hipotecária que foi iniciada quando ele ainda estava na Wharton. Hoje ele é professor na London Business School e publicou muitos artigos sobre o assunto. Um artigo particularmente interessante para essa seção é "Industry Change Through Vertical Disintegration: How and Why Markets Emerged in Mortgage Banking", *Academy of Management Journal* 48, no. 3 (2005): 465-498.

14. Para mais informações sobre essa análise de ratribuição de patentes, veja o meu trabalho com Alberto Diminin, "Technology Sourcing and the Manage- ment of Intellectual Property Rights: Evidence from Patent Reassignments", working paper, Center for Open Innovation, Institute of Management of Innovation and Organization, Haas School of Business, UC Berkeley, 2005.

15. O banco de dados Dialog nos permitiu pesquisar atributos das transferências de patente com mais facilidade do que diretamente nos dados do USPTO. Corroboramos a precisão dos dados do Dialog com os dados do USPTO. Todos foram feitos corretamente, nos dando confiança para usar os dados do Dialog. Um benefício adicional da fonte de dados do Dialog foi o de ter sido capaz de omitir a transferência inicial de uma patente de um indivíduo dentro de uma empresa para a própria empresa. Essa transferência inicial não nos interessava e o Dialog nos permitiu excluí-la da análise que se segue.

16. John Wolpert era o encarregado da organização Extreme Blue da IBM. Atualmente, ele é o chefe do programa BRIDGE, que faz parte da InnovationXchange na Austrália. Esta organização será discutida posteriormente no capítulo 6.

17. Adrienne Crowther, entrevista por telefone com o autor, 10 de março de 2005.

18. O trabalho clássico de Eric von Hippelsobre esse assunto é *The Sources of Innovation* (New York: Oxford University Press, 1988). Seu livro mais recente, *Democratizing Innovation* (Cambridge, MA: MIT Press, 2005), aprofundou sua compreensão dos processos de inovação orientados para o usuário, com conceitos de usuários líderes, conjunto de ferramentas do usuário e o papel dos usuários nas comunidades de *software* de código aberto.

19. Um exemplo simples de tal combinação que aumenta a eficiência e a produtividade no armazenamento seria um em que o cliente rodou uma série de servidores e usou cerca de 40% de sua capacidade. A IBM poderia combinar os servidores em um pool com outros servidores e agregar as demandas de armazenamento do cliente com as de outros clientes. Isso pode alcançar uma utilização de 70 a 80% dos seus servidores, poupando dinheiro dos clientes e baixando seus custos fixos.

20. Lemley estudou as regras e estatutos de quarenta e três organizações diferentes que estabelecem padrões. Ele descobriu que existem poucos "padrões" sobre como essas regras e estatutos foram desenvolvidos e que as organizações diferiam umas das outras em relação a que revelação de informações elas exigiam entre as empresas participantes. Em seu julgamento, essas diferenças nas regras foram "em grande parte acidentais" e não devido a qualquer atenção consciente da parte dos que organizam a entidade que estabelece padrões. Ver Mark Lemley, "Intellectual Property Rights and Standards Setting Organizations", *California Law Review*, December 2002.

21. Poderiam ser escritos artigos e livros inteiros sobre o papel dos padrões na estratégia de tecnologia e na concorrência. Felizmente, outros fizeram isso. Carl Shapiro e Hal Varian *Information Rules* (Boston: Harvard Business School Press, 1999) é um desses livros. A pesquisa de Michael Katz e Carl Shapiro, e de Carl Shapiro e Joseph Farrell, são outras fontes básicas para essa análise. Mark Lemley fez um importante trabalho sobre o lado legal dos padrões, assim como Robert Merges. Todos os autores mencionados aqui estão na

UC Berkeley, fazendo dessa universidade algo como um agrupamento industrial para esse tipo de análise.

22. Ver o trabalho de Fiona Murray "Innovation as Co-evolution of Scientific and Technological Networks: Exploring Tissue Engineering", *Research Policy* no. 31 (2002): 1389-1403. Os CCTs de Murray exercem um papel importante no desenvolvimento e comercialização da ciência, particularmente na engenharia de tecidos. Ele mostra como a presença do cientistas mais cotados nos CCTs está associada com a introdução de produtos mais avançados no mercado.

23. Kevin Rivette e David Klein, *Rembrandts in the Attic* (Boston: Har- vard Business School Press, 2000).

24. Ver o artigo de Deepak Somaya "Strategic Determinants of Decisions Not to Settle Patent Litigation", *Strategic Management Journal* 224, no. 1 (2003):17-38. Somaya usou registros do tribunal sobre disputas de PI para fazer inferências sobre se e quando as empresas iriam se resolver ou ter uma disputa através de um processo judicial.

25. Entrevista com Jeff Weedman na UC Berkeley, 25 de abril de 2005.

26. Esta seção é inspirada em parte por um artigo de Michael Kayat e Tova Greenberg, "IP-Based Open Innovation Pre-empts Trolls", *Intellectual Asset Management*, February/March 2006, 43-46. (*Intellectual Asset Management* está online em http://www.iam-magazine.com.) Kayat e eu fizemos uma palestra sobre esse assunto para a Licensing Executives Society na cidade de New York em setembro de 2006.

Capítulo 4

1. O livro de Carl Shapiro e Hal Varian, *Information Rules* (Boston: Harvard Business School Press, 1999), e as referências nesse livro, são bons lugares para começar nos apectos economicos e legais da proteção de uma PI. O livro de Kevin Rivette e David Klein, *Rembrandts in the Attic* (Boston: Harvard BusinessSchool Press, 2000), proporciona um relato exuberante de algumas das oportunidades gerenciais na PI subutilizada. Um outro relato mais equilibrado sobre a gestão da PI pode ser encontrado no livro de Julie Davis e Suzanne Harrison, *Edison in the Boardroom* (New York: John Wiley, 2001).

2. Esta análise é oferecida para expor os gestores que comumente não lidam com a PI às questões e oportunidades que a PI oferece. Os leitores devem estar conscientes, porém, de que essa análise é uma simplificação da realidade. Por exemplo, a análise seguinte não considera as complicaçcoes criadas pelo fato de que a maioria das patentes americanas possuem múltiplas reivindicações, não apenas uma. A violação de uma única reivindicação de uma patente válida é insuficiente para ser uma violação legal. Em tudo isso, quaisquer decisões importantes deveriam ser tomadas só depois de consultar o conselho legal porque os muitos detalhes que estou encobrindo aqui podem se provar críticos em uma ação de litígio.

3. Os economistas fazem distinção entre tecnologias "simples" e "complexas" em função de se o fato de possuir uma patente lhe dá uma proteção eficiente de sua tecnologia. As *tecnologias simples* são como as de biotecnologia, onde sua patente em um determinado composto não só exclui qualquer um de usar esse composto, mas também lhe permite ser o único a desenvolvê-lo. As *tecnologias complexas* como as de semicondutores, por outro lado, envolvem centenas ou mesmo milhares de patentes detidas por dúzias de empresas. Nenhuma patente nesse setor permite a uma empresa praticar a tecnologia, a não ser que a empresa embarque em atividades abrangentes de licenciamento múltiplo. Ver B. Douthwaite, D. H. Keatinge, e R. Park, "Why Promising Technologies Fail: The Neglected Role of User Innova- tion During Adoption", *Research Policy* 30, no. 5 (2001): 819-836.

4. Ver Bronwyn Hall e Rosemarie Ham Ziedonis, "The Patent Paradox Revisited", *RAND Journal of Economics* 32, no. 1 (2001): 101–128. Nesse artigo, os autores discutem sua explicação para o crescimento do patenteamento em semicondutores como resultado dos tribunais de patentes reforçados, que por sua vez reforçaram a necessidade de mais patentes por razões defensivas.

5. Michael Kayat e Tova Greenberg creditam Peter Detkin, ex-funcionário da Intel e agora na Intellectual Ventures, por cunhar o termo *troll*. Veja o seu artigo, "IP-Based Open Innovation Preempts Trolls", *Intellectual Asset Management*, February/March 2006, 43.

6. Como um revisor anônimo salientou, os mapas de patente podem ser enganadores porque o *software* que os gera normalmente não leva em consideração as muitas reivindicações individuais de cada patente. Mapear todas as reivindicações é uma tarefa hercúlea e, portanto, tipicamente não é realizada. Em uma ação legal, no entanto, são as reivindicações individuais que controlarão uma disputa, logo, o mapeamento pode encobrir dívidas que podem vir à tona mais tarde no tribunal. Ainda assim, mapear as patentes certamente é melhor do que não fazer nada, mesmo que riscos importantes sejam deixados de fora da análise.

7. Ver em William Abernathy e James Utterback, "Patterns of Industrial Innovation", *Technology Review*, Junho/Julho 1978, o trabalho pioneiro na área. Esses autores mostram que a competição tecnológica passa por um ciclo previsível. Primeiro, tecnologias muito diferentes concorrem no mercado até surgir um projeto dominante no mesmo. Depois, há uma mudança de fase e a concorrência passa a ser dentro do projeto dominante, já que os projetos que não venceram desaparecem do mercado. Nesse ponto, os parâmetros básicos da tecnologia foram estabelecidos e as empresas devem concorrer nas tecnologias de processo para alcançar o sucesso. Um livro de Utterback, *Mastering the Dynamics of Innovation* (Boston: Harvard Business School Press, 1994), documentou esse padrão cíclico em uma ampla gama de indústrias, de veleiros até refrigeração. Embora as tecnologias perdedoras tenham demonstrado quase sempre uma "última arfada" de melhoria, os concorrentes estabelecidos que não conseguiram suportar o novo projeto dominante saíram do negócio.

Posteriormente, foram feitas contribuições importantes por Philip An- derson e Michael Tushman, em "Technological Discontinuities and Dominant Designs: A Cyclical Model of Technological Change", *Administrative Science Quarterly* 35, no. 3 (1990), que mostraram que alguns projetos dominantes foram "reforço de competência" e fizeram com que as empresas incumbentes se tornassem mais entranhadas em suas indústrias. Outros projetos foram "destruidores de competência" e fizeram com que as empresas incumbentes fossem desalojadas do mercado. Steven Klepper, em "Entry, Exit, Growth and Innovation over the Product Life Cycle", *American Economic Review*, 87 no. 7 (1996): 562–583, documentou como o tamanho da empresa foi inicialmente desvantajoso nos estágios iniciais do ciclo de vida, mas bastante vantajoso nos estágios finais. Nesses estágios finais, a capacidade das grandes empresas diluírem os custos ao longo de mais volume foi uma vantagem poderosa no mercado.

Estas são visão amplamente do lado da oferta. Uma visão do lado da demanda do ciclo da tecnologia vem dos padrões de difusão da tecnologia (Everett Rogers, *Diffusion of Innovations* [New York: Simon and Schuster, 1995]), onde os usuários precoces são seguidos por uma maioria precoce, depois por uma maioria atrasada e, finalmente, pelos retardatários. Ron Adner e Daniel Levinthal, em "Demand Heterogeneity and Technology Evolution", *Management Science*, 47 no. 9 (2001): 611–628, propõem um modelo do lado da demanda que explica os ciclos de projeto pré e pós-dominante a partir da perspectiva do consumidor. Em seu modelo, os consumidores estão insatisfeitos com o desempenho da tecnologia no estágio inicial do ciclo. Gradualmente, à medida que os fornecedores fazem progressos na tecnologia, os consumidores se tornam mais satisfeitos até que seja alcançado um limiar de suficiência. Depois desse ponto, (o qual muda o ciclo), a melhoria adicional no desempenho é pouco valorizada, se for, pelos consumidores.

Sejam quais forem as fontes dos ciclos de tecnologia, sua presença é bem aceita nos círculos acadêmicos e empresariais. O que até agora não foi desenvolvido foram as implicações desse ciclo na gestão da propriedade intelectual.

8. Ver em Donald Sull's fascinating research, "The Dynamics of Standing Still: Firestone Tire & Rubber and the Radial Revolution", *Business History Review 73, no. 4 (1999): 430–464*, um relato envolvente, ainda que acadêmico, de como os fabricantes de pneus dos Estados Unidos reagiram à ameaça imposta pela tecnologia noa e superior de pneus radiais oferecida pela Michelin e outras. A pesquisa de Sull considera que, embora os fabricantes americanos tenham tentado várias manobras para afastar a ameaça, eles não conseguiram fazer os investimentos críticos necessários para adotar a tecnologia até que fosse tarde demais.

9. Ver em David Teece, "Profiting from Innovation", *Research Policy* 15, no. 6 (1986), um tratamento embrionário de como os primeiros a fazerem uma oferta lucram ou não com suas inovações. Na análise de Teece, não é o fato da empresa ser a primeira a oferecer a tecnologia que conta. Em vez disso, ele mostra a importância dos ativos complementares (tais como os ativos de fabricação, comercialização ou distribuição) para o sucesso ou fracasso dos primeiros a oferecerem a nova tecnologia na captura de valor a partir de suas inovações ou se os "seguidores rápidos" os ultrapassam e capturam a parte do leão nos lucros.

10. O sucesso da Apple com seu iPod permitiu-lhe criar mais ativos complementares na forma de lojas de varejo com a marca Apple que vendem o iPod, junto com outros produtos da empresa. Esta crescente presença no varejo se tornará um ativo complementar mais forte para a Apple nas tecnologias futuras que ela pode vir a oferecer.

11. Como observou David Teece em "Profiting from Innovation", a proteção da PI pode vir dos ativos comerciais e dos modelos de negócio, bem como dos tribunais. Neste caso, a marca forte, o *marketing*, a distribuição, e as operações da Apple ajudam a capturar valor do iPod e, até agora, resistiu aos esforços dos concorrentes para imitá-la. De modo interessante, porém, a Microsoft realmente requereu uma patente de um dispositivo tipo iPod antes que a Apple o fizesse. Como essa situação de potencial violação de patente será resolvida ainda está por ser vista, pelo menos até o momento em que escrevo este livro.

12. O trabalho de James Utterback, particularmente o seu livro, *Mastering the Dynamics of Innovation*, contém muitos exemplos da futilidade de insistir na tecnologia perdedora.

13. Caso a empresa possua outros pontos de captura de valor em seu modelo de negócio (como uma marca forte, uma fabricação de nível internacional ou uma força de vendas excelente), então ela pode não precisar gerir sua PI a fim de capturar valor.

14. A ascensão e queda da IBM no negócio de PCs é bem contada no livro de Charles Ferguson e Charles Morris, *Computer Wars* (New York: Times Books, 1993). Como salientam os autores, a IBM nunca sequer possuiu o código fonte do sistema operacional DOS que ela comprou da Microsoft. Em "When Is Virtual Virtuous?", Harvard Business Review, January–February 1996, David Teece e eu analisamos os benefícios e riscos da IBM em terceirizar uma tecnologia sistêmica e interdependente como o sistema operacional. Robert Purvy, um ex-funcionário da Xerox que agora trabalha como advogado de patentes, ofereceu essa avaliação da situação da IBM no mercado de PCs: "A IBM teve a infelicidade de desenvolver suas coisas logo antes das patentes de *software* se tornarem aceitáveis (1982 ou algo assim). Atualmente, ela teria patenteado a ideia da ROM BIOS e todas as suas funções!" (entrevista por telefone

do autor com Robert Purvy, 21 de janeiro de 2005). Sua opinião é que o desenvolvimento do mercado de PCs teria seguido um outro rumo num mundo assim.

15. Esta capacidade de extrair algum valor saindo de um negócio também sugere que as empresas deveriam ser cautelosas em suas críticas aos *"trolls"* que lucram com a posse de patentes sem aplicá-las. Nos casos observados anteriormente neste capítulo, a GE e a IBM agiram como esses *trolls* quando saíram de seus negócios. Supostamente, elas gostariam de manter a capacidade de receber uma compensação por outra PI se e quando optassem por sair de negócios futuros.

16. Ver en.wikipedia.org/wiki/Microsoft.

17. O cofundador e presidente da Microsoft, Bill Gates, fez a seguinte observação em um momento de descuido em 1998 para uma audiência na Universidade de Washington: "Apesar de algo em torno de 3 milhões de computadores serem vendidos a cada ano na China, as pessoas não pagam pelo *software*. Porém, um dia elas pagarão. Assim, já que vão roubá-lo, que roubem o nosso. Eles ficarão viciados e depois descobriremos como cobrar em algum momento na próxima década". (Charles Pillar, "How Piracy Opens Doors for Windows", Los Angeles Times, April 9, 2006, C1.) O relato que forneci neste capítulo acrescenta a importância dos efeitos de rede para se tornar o padrão no desktop e, em primeiro lugar, a necessidade de vencer a batalha contra o Linux nesse ambiente, embora esses fatores certamente sejam mais importantes agora do que em 1998.

Capítulo 5

1. Para a maioria das empresas, pode-se dizer que ela tem verdadeiramente um único modelo de negócio. Mesmo as empresas do tamanho da Intel, com negócios diferentes, são dirigidas em grande parte pelo mesmo modelo de negócio através desses negócios. Porém, existem poucas empresas que reúnem negócios diferentes (e modelos diferentes) em um conglomerado. A General Electric e a Berkshire Hathaway são os dois exemplos mais conhecidos. No caso dessas duas empresas, pode ser mais útil analisar os modelos de negócio das unidades de negócio individuais em vez da empresa inteira. No nível corporativo, há uma outra análise necessária de como gerenciar modelos de negócio diferentes dentro de uma única corporação. Sou grato a um revisor anônimo por me estimular a esclarecer este ponto.

2. Para uma discussão sobre os modelos de negócio no contexto da internet, veja Allan Afuah e Christopher Tucci, *Internet Business Models* (New York: McGraw- Hill/Irwin, 2000), e Raffi Amit e Christophe Zott, "Value Creation in e-Business", *Strategic Management Journal* 22, no. 6 (2001). Essas duas fontes definem um *modelo de negócio* em função de como uma empresa pretende ganhar dinheiro na estufa composta por muitas tecnologias de internet disponíveis. Richard Rosenbloom e eu, em "The Role of the Business Model in Capturing Value from Innovation", *Industrial and Corporate Change* 11, no. 3 (2002), discutimos os modelos de negócio no contexto da Xerox e sua história em copiadoras e impressoras, além de sua história menos bem-sucedida em computadores. Embora concordemos que os modelos de negócio envolvem uma intenção de transformar tecnologia em dinheiro, salientamos os antecedentes lógicos de tal intenção (como a escolha do mercado alvo e a proposição de valor oferecida a esse mercado), bem como os meios para alcançar o mercado (como a cadeia de valor e a rede de valor circundante). Mais recentemente, o trabalho de Joel West e Scott Gallagher, "Challenges of Open Innovation: The Paradox of Firm Investment in Open Source *Software*", *R&D Management* 20, no. 5 (2006): 315–328, mostrou uma variedade de modelos de negócio para *software* de código aberto, onde as empresas

que usam esse tipo de *software* estão construindo negócios para ganhar dinheiro a partir de atividades circundantes.

3. Segundo a National Science Foundation (NSF), 16,7 milhões de empregados domésticos trabalharam em empresas americanas de cinco ou mais pessoas conduzindo P&D. (Ver Table A-34. Domestic employment of companies that performed industrial R&D in the U.S., by industry, by size of company: 2001, http://www.nsf.gov/statistics/nsf05305/tables/taba34.xls.) Uma análise diferente da NSF monitorou 14,5 milhões de pessoas trabalhando nos Estados Unidos em empresas que gastam 1.000 dólares ou mais em P&D. (Ver "US Corporate R&D Investments, 1994-2000, Final Estimates", http://www.technology.gov/reports/CorpR&D_Inv/CorpR&D_Inv1994-2000.pdf.) Em comparação, mais de 130 milhões de pessoas compunham a mão-de-obra americana em 2000. (Ver "Total U.S. Employment by Industry 1990-2000", http://www.bizstats.com/employment.htm.) Observe que os inventores individuais não estão incluídos nesses dados, nem os funcionários do governo, educação ou universidade.

4. Veja o artigo em *Strategy and Leadership de* Lotfi Belkhir, Liisa Valakangas, e Paul Merlyn sobre inovação e empresas que têm apenas um produto bem-sucedido. "One CEO's product development motto: care for innovations like newborns", http://www.kirtas-tech.com/uploads/other/StrategyLeadership.pdf. Os autores identificam a Corio e a Palm Computing como dois exemplos de empresa com um único sucesso. Steve Ballmer afirmou que o Google também poderia se tornar uma empresa com um único sucesso. Veja em "Is Google a One Hit Wonder?" *The Motley Fool,* May 23, 2005, http://www.fool.com/News/mft/2005/mft05052301.htm, uma cobertura dos seus comentários na Stanford University. O *framework* do modelo de negócio proporciona um meio de avaliar a capacidade de uma empresa inovar alem do seu produto inicial. Apesar de eu não ter estudado pessoalmente o Google com esse modelo, muitos dos meus alunos o fizeram. Sua avaliação até o momento é que o Google está muito além do tipo 2 e, portanto, susceptível de se manter muito além do cenário de empresa com um único sucesso.

5. Este é um divertido jogo de salão para uma noite chuvosa com os amigos. Veja em http://www.onehitwondercentral.com uma lista dessas músicas por década, começando nos anos 1950.

6. Como foi discutido no capítulo 2, uma parte dessa atividade de P&D interna não se ajusta ao modelo de negócio e é deixada na prateleira. Este desperdício é visto como um custo de fazer negócio nesse estágio do *framework* do modelo de negócio.

7. Discuti essa situação em pormenor no capítulo 1 de *Open Innovation: The New Imperative for Creating and Profiting from Technology* (Boston: Harvard Business School Press, 2003). Um relato histórico mais detalhado pode ser encontrado no meu artigo "Graceful Exits and Foregone Opportunities: Xerox's Management of Its Technology Spinoff Organizations", *Business History Review* 76, no. 4 (2002):803–838.

8. Estes três benefícios – poupar custo e tempo e diminuir o risco – podem parecer bons demais para serem verdade. Certamente, levará tempo e custará habilidade e um pouco de experimentação para realizar esses benefícios a partir de um modelo de negócio mais aberto. Mas, existem cada vez mais evidências de que os modelos de negócios abertos podem ter mesmo esses atributos. Os modelos de negócios abertos ajudam a empresa a acelerar seu tempo para o mercado alavancando projetos externos que aprimoram o roteiro interno e que muitas vezes estiveram em andamento por meses ou até mesmo anos. Isto dá ao projeto usando recursos externos um avanço e custos de desenvolvimento menores, já que esses custos são divididos com outras partes. No capítulo 8, discutiremos os esforços da IBM em *software* de

código aberto e como essa empresa está obtendo um sistema operacional de 500 milhões de dólares por ano gastando apenas 100 milhões de dólares por ano. Isto é uma tremenda economia de custo. Líderes como a Dell e a Wal-Mart dividem os riscos da cadeia de abastecimento com seus fornecedores.

9. A Kraft Foods, por exemplo, criou uma nova posição de liderança chamada "vice presidente sênior para inovação aberta". Mary Kay Haben, uma veterana com vinte e cinco anos de trabalho na Kraft, é a primeira vice presidente sênior de inovação aberta e deixou claro que a Kraft está ansiosa para solicitar oportunidades de *marketing* e desenvolvimento aos parceiros externos. Ver Betsy Spethmann, "Kraft Goes Experiential", *Promo*, January 18, 2006, http://promomagazine.com/news/kraft_innovation_011806/.

10. A IBM criou uma operação de capital de risco a fim de promovê-la para as empresas iniciantes como a parceira ideal. Em vez de investir capital em jovens empresas iniciantes, a IBM tentou convencê-las a usar seus produtos e serviços.

11. Ver em David Teece, Gary Pisano, e Amy Shuen, "Dynamic Capabilities and Strategic Management", *Strategic Management Journal* 18, no. 7 (1997):509–533, o artigo embrionário sobre capacidades dinâmicas.

12. Dois livros excelentes sobre o tópico das plataformas e da construção do ecossistema circundante: Annabelle Gawer e Michael Cusumano, *Platform Leadership* (Boston: Harvard Business School Press, 2002), e Marco Iansiti e Roy Levien, *The Keystone Advantage* (Boston: Harvard Business School Press, 2004).

Capítulo 6

1. Na minha visão, o resultado bem mais provável é que a potencial ideia ou tecnologia simplesmente teria permanecido sem uso e a empresa não receberia qualquer valor dela. Lembre-se das taxas de utilização muito baixas das tecnologias patenteadas internamente que foram discutidas nos capítulos 1 e 2.

2. Bill Breen, "Lilly's R&D Prescription", *Fast Company*, April 2002.

3. Entrevista do autor com Jill Panetta, InnoCentive's corporate offices, Waltham, MA, em 11 de junho de 2003.

4. Este valor foi uma estimativa conservadora, baseada em oito dos doze desafios. Quanto aos os outros quatro, estimou-se um benefício líquido igual a zero devido às dificuldades em atribuir com precisão os custos e as receitas desses últimos projetos. Se algum valor positivo também fosse associado a eles, a proporção custo-benefício teria sido ainda maior. No entanto, isso ignora outro trabalho feito por Lilly após o recebimento da solução. Este trabalho também contribuiu significativamente para os 8,8 milhões de dólares.

5. Pode ser que os clientes da InnoCentive precisem fazer algumas mudanças organizacionais a fim de receberem o benefício integral desses serviços de busca. Isto pode ser uma resposta para o quebra-cabeças. Ver a nota 13.

6. Paul Kaihla, "Building a Better R&D Mousetrap", *Business 2.0*, September 2003, http://www.business2.com/articles/mag/current/0,1639,,00.html. Conversas com a empresa indicam que essa rede de solucionadores aumentou para mais de oitenta mil participantes em meados de 2005.

7. Embora os termos desses acordos tenham variado em relação aos detalhes, as disposições gerais deram aos cientistas em cada país o direito de participarem como solucionadores no processo da InnoCentive e deu aos buscadores os direitos totais sobre as soluções propostas.

Por sua vez, a instituição acadêmica receberia uma parcela do pagamento do prêmio, enquanto o solucionador receberia o restante desse pagamento.

8. Entrevista do auto com Ali Hussein, InnoCentive's corporate offices, Waltham, MA, em 11 de junho de 2003.

9. Mohan Babu, "In the Global Web from Home Ground", http://www.deccanherald.com/deccanherald/july28/eb5.asp.

10. NineSigma homepage, http://www.ninesigma.com

11. Entrevista do autor com Mehran Mehregany, Philadelphia, PA, 14 de maio de 2004. O professor Mehregany detém a cadeira de Goodrich Professor of Engineering Innovation na Case Western Reserve University School of Engineering.

12. John Teresko, "Open Innovation? Rewards and Challenges", *Industry Week*, June 1, 2004, http://www.industryweek.com/CurrentArticles/asp/articles.asp/ArticleId=1627.

13. Ibid. Esta percepção da exigência da mudança organizacional antes que os benefícios reais das tecnologias externas possam se realizar, pode ajudar a explicar o desafio de ampliar as ofertas da InnoCentive. A InnoCentive forneceu muitas soluções aos seus clientes e possui alguma evidência tangível de que o valor dessas soluções ultrapassa em muito o seu custo, ainda que a empresa esteja enfrentando dificuldades para conseguir clientes para usar mais o seu serviço. A InnoCentive pode precisar acrescentar um componente de mudança organizacional à sua oferta de serviço a fim de atingir volumes maiores de negócio com seus clientes.

14. As informações nesta seção a respeito do BIG são provenientes de três fontes básicas. Primeiro, um maravilhoso estudo de caso "What's the BIG Idea? (A)", que foi escrito sobre a empresa por Clay Christensen e Scott Anthony (Case 9-602-105 [Boston: Harvard Business School, 2001]). Segundo, ensinei esse caso em três ocasiões diferentes enquanto estive na Harvard Business School e tive a sorte de conseguir que Michael Collins, o fundador do BIG, e Alex D'Arbeloff, o presidente do BIG, comparecessem às aulas em duas dessas ocasiões. Nossas discussões antes e depois das aulas também foram muito úteis. Finalmente, o *site* do BIG (http://www.bigideagroup.net) foi útil para obter informações atualizadas.

15. Christensen and Anthony, "What's the BIG Idea? (A)", 4.

16. Ibid., 5-6.

17. Esta alta taxa de renovação é, talvez, a medida mais encorajadora do desempenho do modelo até hoje. A taxa elevada é ainda mais impressionante quando se considera que a taxa de adesão inicial foi subsidiada a fim de recrutar algumas empresas pequenas, bem como as grandes. As renovações, porém, não receberam nenhum subsídio. Isto sugere que o modelo da IXC é visto como economicamente justificável a taxas de mercado totais. No entanto, em 2006, Wolpert saiu da IXC para fazer o seu PhD.

18. Entrevista do autor com Keith Cardoza, Ocean Tomo corporate offices, Chicago, IL, 26 de outubro de 2005. Para as pessoas que não são especialistas em finanças, segue o significado de *Alfa*: "Alfa é uma meduda ajustada ao risco do chamado "retorno excessivo" sobre um investimento. É uma medida comum da avaliação do desempenho de um gestor de ativo. A diferença entre as taxas de retorno esperadas justa e real sobre uma ação é chamada alfa da ação. [Fonte: "Alpha", Wikipedia, http://en.wikipedia.org/wiki/Alpha_(Investment).]

19. Isto é totalmente coerente com os dados apresentados no capítulo 3 sobre transferência de patente. Naquele capítulo, vimos que a quarta razão mais frequente para a venda de patentes de semicondutores era obter uma garantia. Aqui, vemos uma empresa especializada em ajudar os tomadores de empréstimo a trabalharem com os emprestadores onde a PI faz parte da garantia do financiamento concedido.

20. Entrevista do autor com Jim Malakowski, Ocean Tomo corporate offices, Chicago, IL, October 26, 2005.

Capítulo 7

1. A maior parte da pesquisa neste livro foi feita pessoalmente por mim, através de entrevistas, debates e interações múltiplas com as organizações. Com a Qualcomm, entretanto, surgiu uma história deDavid Mock chamada *The Qualcomm Equation* (New York: Amacom, 2005). A história de Mock sobre essa empresa impressiona pelos detalhes e pela profundidade. Ele usufruiu de um enorme acesso aos fundadores e principais executivos da empresa e fez um trabalho muito bom de documentação do que aprendeu. Pareceu insípido tentar recriar seus esforços. De um modo verdadeiramente adequado à inovação aberta, optei por tentar criar em cima dos seus esforços e explorar o modelo de negócio da Qualcomm com mais exatidão.

2. A título de comparação, a Intel–uma empresa muito rentável–teve uma receita em torno de 425.000 dólares por funcionário em 2005. A Broadcom, uma empresa de semicondutores bem-sucedida que terceiriza sua fabricação, teve uma receita em torno de 580.000 dólares por funcionário em 2005.

3. No capítulo 2, examinamos a taxa de utilização baixa das tecnologias patenteadas dentro das empresas. Aqui, é observada uma taxa de utilização similarmente baixa das invenções divulgadas nas universidades. Repare, porém, que as divulgações de invenções devem ser patenteadas antes de serem licenciadas, então a comparação entre essas medidas é o mesmo que misturar maças com laranjas. Uma estatística mais diretamente comparável para a medida de utilização no capítulo 2 seria descobrir a porcentagem das invenções patenteadas e depois a porcentagem das invenções posteriormente licenciadas. Na UC Berkeley, por exemplo, a política da universidade é ter uma ou mais patentes corporativas para custear as despesas de patenteamento, logo, poucas invenções patenteadas permanecem não licenciadas, já que a corporação não pagaria pelos custos de patenteamento a menos que pretendesse licenciar a tecnologia depois.

4. A citação de Clifford Gross é de uma entrevista por telefone com o então aluno de doutorado Alberto Diminin em 21 de fevereiro de 2005; Clifford Gross, Uwe Rei- schl, e Paul Abercrombie, *The New Idea Factory* (Columbus, OH: Battelle, 2000).

5. De acordo com o Formulário 10-K 2004 da empresa: "Do capital total investido em nossas empresas de aquisição de propriedade intelectual durante o ano que terminou em 31 de dezembro de 2004, 50.000 dólares foram gastos em pesquisa e desenvolvimento, 753.700 dólares foram gastos em licenciamento e honorários de consultoria e 347.500 permaneceram em nossas empresas de aquisição de propriedade intelectual no momento que foram vendidas a nossas empresas do portfólio. Todos esses itens estão refletidos no Consolidated Statement of Operations como despesas de vendas e *marketing*." (Fonte: UTEK, Form 10-K, 2004, 21.)

6. Intellectual Ventures homepage, http://www.intellectualventures.com.

7. Esta citação de Greg Gorder, e as que seguem, são da entrevista com o autor, Intellectual Venture headquarters, Redmond, WA, 10 de maio de 2005.

8. Entrevista do autor com Laurie Yoler, escritório de advocacia Heller, Ehrman, em Palo Alto, CA, 7 de junho de 2005. Yoler já deixou a empresa.

9. Michael Kanellos, "Patent Firm Woos Big-Name Inventors", CNET, 21 de abril de 2006, http://news.com.com/Patent+firm+woos+big-name+inventors/2100-11746_3-6063457.html.

10. Esta citação de Nathan Myhrvold e as subsequentes–dele e de Clarence Tegreene–são de conversas com o autor após a sessão de invenção, Intellectual Ventures Headquarters, Redmond, WA,10 de maio de 2005.

11. Isto levanta a questão de se a Intellectual Ventures realmente cumpriu as exigências do escritório de patentes para uma invenção "reduzida à prática" nas invenções que reivindicou. Em última análise, esta é uma questão empírica que será decidida pelo U.S. Patent and Trademark Office a cada solicitação de patente. A empresa já recebeu quatro patentes, mas tem centenas de outras patentes em processo que ainda não foram emitidas. A questão pode ser testada novamente no tribunal, se e quando a Intellectual Ventures tentar impor seus direitos de patente contra empresas infratoras recalcitrantes. Em 26 de junho, a empresa anunciou seu cinco centésimo pedido de patente.

12. Em junho de 2006, a Microsoft anunciou um investimento de capital de 36 milhões de dólares na IV e posteriormente concordou em licenciar até 80 milhões de dólares de invenções da IV. É provável que outros investidores venham a se identificar no futuro.

13. Esta definição foi tirada do meu livro anterior, *Open Innovation: The New Imperative for Creating and Profiting from Technology* (Boston: Harvard Business School Press, 2003), 64–65. Veja no artigo que Richard Rosenbloom e eu escrevemos, "The Role of the Business Model in Capturing Value from Innovation", *Industrial and Corporate Change* 11, no. 3 (2002), um tratamento mais acadêmico dessa definição, outras abordagens acadêmicas ao conceito e suas raízes na literatura inicial sobre estratégia de negócios. Trabalhos mais recentes sobre modelos de negócio podem ser encontrados em Raffi Amit e Christophe Zott, "Value Creation in e-Business", *Strategic Management Journal* 22, no. 6 (2001): 493–520, e Michael Rappa, "The Utility Business Model and the Future of Computing Services", *IBM Systems Journal* 41, no. 1 (2004): 32–42. Para uma pesquisa acadêmica sobre o tema, ver Jonas Hedman e Thomas Kallings, "The Business Model Concept: Theoretical Underpinnings and Empirical Examples", *European Journal of Information Systems* 12, no. 1 (2003): 49–59.

Capítulo 8

1. Ver John Burgess, "IBM's $5 billion loss highest in US Corporate History", January 20, 1993, http://wwwtech.mit.edu/V112/N66/ibm.66w.html.

2. O relato do próprio Gerstner sobre seus anos na IBM pode ser encontrado em seu livro *Who Says Elephants Can't Dance?* (New York: HarperCollins, 2002). Inevitavelmente, talvez, este relato seja centrado nas próprias ações de Gerstner e menospreze muitas contribuições de outras pessoas na organização que impulsionaram a IBM para frente. Todavia, uma ampla variedade de executivos da IBM creditam a Gerstner e aos executivos que ele trouxe de fora a importância fundamental no desenvolvimento de um modelo de negócio mais aberto. Veja as citações que se seguem nessa seção. Outros relatos sobre a transformação da IBM podem ser encontrados no capítulo 5 do meu livro anterior, *Open Innovation: The New Imperative for Creating and Profiting from Technology* (Boston: Harvard Business School Press, 2003), e no estudo de caso sobre a IBM de Robert Austin e Richard Nolan, "IBM Corporate Turnaround", Case 600-098 (Boston: Harvard Business School, 2000).

3. Entrevista do autor com Joel Cawley, VP de estratégia corporativa da IBM, Armonk, NY, 7 de outubro de 2005.

4. Entrevista do autor com Jerry Rosenthal, IBM's Yorktown Heights, NY, Research Laboratory, 7 de outubro de 2005.

5. Os comentários feitos por Catherine Lasser, Joel Cawley, Jerry Stallings, Paul Horn, e Jesse Abzug são de entrevistas feitas pelo autor, IBM's Yorktown Heights, NY, Research Laboratory (Horn, Lasser, Abzug, and Stallings) and IBM Global Headquarters (Cawley), 7 de outubro de 2005.

6. Para um relato do discurso de Gerstner na eBusiness Conference and Expo em New York, ver Joe Wilcox, "IBM to Spend $1 billion on Linux in 2001", 12 de dezembro de 2000. http://news.com.com/2100-1001-249750.html.

7. Isto não quer dizer que a IBM parou de tentar ganhar dinheiro com sua PI. A estratégia da IBM combina a busca de receitas e lucros com sua PI, junto com doações estratégicas de outras PIs. Hoje, a IBM pensa mais estrategicamente em sua PI. Em alguns casos, a maximização do valor financeiro da PI poderia fechar as oportunidades de ganhar uma posição mais forte em um novo mercado ou ecossistema, segundo Paul Horn da IBM. A iniciativa do código aberto ilustra isso. A IBM distribui ferramentas de desenvolvimento para baixar o custo de desenvolvimento para o Linux e recruta mais pessoas para essa iniciativa. Ao mesmo tempo, a IBM desenvolve muitas tecnologias proprietárias, como o *middleware*, que se beneficiam diretamente de mais *software* de código aberto. A distribuição de uma coisa ajuda a aumentar as vendas de outra – um modelo de negócio iluminado e muito voltado ao lucro.

8. Kevin Rivette é a mesma pessoa que foi coautora de um livro sobre gestão de PI em 2000 chamado *Rembrandts in the Attic* (Boston: Harvard Business School Press).

9. Os comentários feitos por Gil Cloyd, Steve Baggett, Jeff Henner, Jeff Weedman, Martha Depenbrock, e Mike Hock são e entrevistas feitas pelo autor, P&G Headquarters, Cincinnati, OH, em 20 de outubro de 2005.

10. Os comentários de Larry Huston foram feitos em uma palestra no Mack Technology Center da The Wharton School na University of Pennsylvania, 14 de maio de 2004.

11. Além das entrevistas, as informações adicionais sobre Engenharia de Confiabilidade da P&G são provenientes do livro de Suzanne Harrison e Patrick Sullivan, *Einstein in the Boardroom* (New York: John Wiley, 2006), 126.

12. Através da década de 1980, a Glad pertencia à Union Carbide. Nos anos 1990, porém, a marca se transformou em uma empresa de produtos de consumo, a First Brands. A First Brands foi comprada pela Clorox em 1999. Ao mesmo tempo, as marcas Ziploc e Saran Wrap foram vendidas pela Dow Chemical para a SC Johnson. Então, havia algo como um padrão de empresas de produtos químicos vendendo marcas de consumo para empresas de produtos de consumo. Em 2006, a P&G foi solicitada a se desfazer do seu negócio SpinBrush como parte de sua aquisição da Gillette.

13. Para o anúncio da compra da P&G dos 10% adicionais da *joint venture*, ver http://www.cloroxcompany.com/company/news/pr121604-1.html. Outros elementos desta *joint* venture foram descritos em entrevistas com a equipe da P&G em 20 de outubro de 2005 e em uma visita de Jeff Weedman à minha turma em Berkeley no dia 5 de maio de 2005.

14. A citação de Lafley foi tirada de Suzanne Harrison e Patrick Sullivan, *Einstein in the Boardroom*, 123.

15. Os comentários de Gus Orphanides, John Tao, Jeff Orens, e fontes anônimas são de entrevistas feitas pelo autor na sede da Air Products em Allentown, PA, no dia 11 de outubro de 2005.

16. A citação de Collins e as informações sobre nanotecnologia na Air Products foram tiradas do perfile de John Teresko sobre a Air Products, "From Confusion to Action", *Industry Week*, September 1, 2005. No artigo, Teresko afirma que o processo de mudança da Air Pro-

ductsse inspirou na publicação do meu livro *Inovação Aberta*. Embora lisonjeira, essa atribuição é imerecida. Como mostra este capítulo, o processo de mudança da Air Products começou bem antes da publicação do meu livro.

17. É irônico, porém verdadeiro: as empresas abençoadas com capacidades internas de P&D significativas, que conduzem rotineiramente experimentos tremendamente complexos que podem consumir muitos milhões de dólares, têm pouca ou nenhuma capacidade de conduzir até mesmo os experimentos mais simples no modelo de negócio que apoia essa P&D interna. Uma ótima introdução a essas questões é o livro de Stefan Thomkes *Experimentation Matters* (Boston: Harvard Business School Press, 2003). Se mais empresas adotassem a experimentação em seus modelos de negócio de forma rotineira, haveria menos necessidade de uma crise para disparar os experimentos que empresas como a IBM e a P&G conduziram.

18. Enquanto tanto a Ford quanto a GM têm sido criativas no desenvolvimento de incentivos de vendas (por exemplo, preço de funcionário, financiamento com juro zero etc) e em projetos de pesquisa a longo prazo como os veículos a hidrogênio, nenhuma das duas empresas parece mais forte depois de muitos anos de corte de custos em relação às suas concorrentes. As participações de mercado das empresas diminuíram tremendamente e a Toyota está pronta para se tornar a maior empresa automotiva do mundo em 2007 ou 2008. Houve um alívio durante a década de 1990, graças às inovações do SUV e da minivan, que aumentaram temporariamente as margens e vendas dos fabricantes americanos. Mas, essas inovações logo foram copiadas e as fraquezas subjacentes à indústria automotiva americana foram expostas novamente. Até o momento, é provável que a condição financeira destes núcleos de força industrial americana venha a enfraquecer muito mais antes de qualquer melhoria duradoura ser feita.

19. Outras pessoas na Procter & Gamble que merecem crédito por essa ideia incluem Nabil Sakkab, que precedeu Gil Cloyd como diretor de tecnologia da P&G, e Durk Jager, que precedeu A. G. Lafley como presidente.

20. O comentário de Orphanides vem de uma entrevista feita pelo autor, Air Products Corporate Headquarters, Allentown, PA, em 11 de outubro de 2005.

21. Estes comentários são provenientes de uma entrevista feita pelo autor com os dois homens na IBM Yorktown Heights, NY, research laboratory, 7 de outubro de 2005.

Índice

A

A&D (adquirir e desenvolver), 21–22
Abernathy, William, 78–79
abertura estratégica, 33–37
abordagem aberta para a gestão da PI, 90–91
abordagens, 38–39
Abzug, Jesse, 170–171
acesso ao mercado, 52–53
acesso múltiplo por divisão de tempo (TDMA), 144–145
acionistas, financiamento da P&D pelos, 5–6
acordos de confidencialidade (ACs), 32–37
acordos de licenciamento múltiplo, 46–47, 74–75, 90–91
agregadores, 16–17, 139
Air Liquide, 177–178
Air Products, 21–23, 176–183, 185–186
AIX (IBM), 169–170
alavancando a inovação aberta nas empresas *start-ups*, 30–37, 36–37
Alemanha, sistema de patentes na, 7–8
ambiente para os modelos de negócio, 69
AMD, 109–110
ameaças, dos mercados intermediários, 14–17
apoio corporativo para o *software* de código aberto, 38–40
Apple, 82–87
aquisições, 177–178
ARAMARK, 148–149
ARM, 46–47, 49–50
Arora, Ashish, 48
arquitetura.Net, Microsoft, 40–41
arquiteturas orientadas para serviços (SOAs), 105–106
Arrow, Ken, 59–60
atitude anti-inovadora, 119–120
ativos
    benchmarking, 177–179
    leilão de empresas falidas, 88–89
    PI como, 7–8, 104–106
ativos corporativos, a PI como, 104–106
ativos intelectuais, 177–179
Austrália, 133–134
Australian Industry Group, 130–131
avaliando seu modelo de negócio, 111–115
avaliando tecnologias externas, 117–119

B

Baggott, Steve, 175–176

Ballmer, Steve, 38
barreiras ao uso externo da PI, 26–30
BearingPoint, Inc., 173–174
benchmarking, 12–13, 177–179
Big Idea Group (BIG), 129–131
Bingham, Alpheus, 10–12
Boeing, 178–179
branding, 107–108
British Oxygen, 177–178
buscadores. *Ver* modelo de negócio segmentado da InnoCentive, 94–96, 101–103
buscando tecnologias externas, 117–119

C

cadeia de valor, 12–13, 62–63, 76–78, 94–95, 157–158
caminhando na direção dos modelos de negócio abertos, 112–113
canais de distribuição, 106–107
captura de valor, 93–94
Cardoza, Keith, 137–138
Carroll, Darren, 123
Cathedral and the Bazaar, The (Raymond), 38
Cawley, Joel, 48, 168–170
Chicago, 2–4, 51–53
China, 49–50, 87–91, 126–128, 134–137
choque no sistema, 181–182
ciclos de vida dos produtos, 9–12, 17–18
circuitos integrados específicos da aplicação (ASICs), 145–146
Cisco Systems, 21–22, 87–88
clientes, abertura com, 33–34
clientes internos da unidade de negócio, 25–26
Cloyd, Gil, 171–173, 175, 183–184
Collabra, 36–37, 100
Collins, Michael, 129–130
comercialização das tecnologias, 108–110
comitê executivo corporativo (CEC), 177–178
concorrência
  concorrentes dos concorrentes, 34–37
  estratégia competitiva, 94–95, 158
  implantação da tecnologia, 84–85
  indústria farmacêutica, 10–12
  Japão, 44–45
  serviços *web*, 40–41
  vantagem competitiva, 175–176
Conectar e Desenvolver (P&G), 23–24, 50–51, 172–173, 182
conselhos consultivos técnicos (CCTs), 63–65
contexto das abordagens de inovação aberta, 22–24
copyrights, 6–7
Corolário de Weedman para a Lei de Moore, 175
crescimento
  da Procter & Gamble, 171–173
  fazendo parcerias abertas para o, 174–175
  no modelo de negócio externamente consciente, 103–104
  taxas das despesas e vendas de P&D, 10–12
crescimento da empregabilidade, 19–21
criação de valor, 52–53, 93–94
criando uma versão do modelo de negócio, 39–41
Crowther, Adrienne, 60–62, 65–66
CSIR, 126–127
curva logística (curva S), 78–81
curvas de gastos, 10–12
customização, 39–41, 109–110
custos
  criando/protegendo PI, 104–106
  desenvolvimento de tecnologia, 9–10
  ideias/conhecimento não aproveitados, 29–31
  inovação, 13–15
custos de desenvolvimento da inovação, 13–15
custos humanos, ideias/conhecimentos não utilizados, 29–31

D

dados da National Science Foundation, 19–20
Dell, 21–22, 85–88, 98–100, 109–110
Depenbrock, Martha, 172–174
desconexões orçamentárias, 25–27
desenvolvimento de *software*, 31–34, 38, 169–170
Diminin, Alberto, 53–54
direitos sobre a patente, 73–75, 87–89
disponibilidade para os mercados intermediários, 16–18

Índice 213

divisão do trabalho de inovação, 2–3, 16–18, 48–49
domínio público, 40–41
Douglas, Michael, 52–53
Dow Chemical, 24
Drake, Miles, 177–178, 180–181

E

Eclipse, 40–41
ecossistema (rede de valor), 94–95
Edison, Thomas, 16–17, 151–152
EKMS, 149–150
Elevation Partners, 52–53
Eli Lilly, 107–108, 122–123
Empresas de TI, 38–40, 107–108
empresas sem *fabs*, 48–50
Enterprise Service Architecture, 107–108
entidades de padronização técnica, 63–64
equação de dentro para fora, 29–31
equity joint ventures, 174–175
estrutura de custos, 94–95, 157–158
estudantes de graduação como recursos, 64–65
experimentos, 108–110, 182–185
exploração dos mercados secundários, 66–69

F

fabs (instalações para a fabricação de semicondutores), 9–10, 48–50
Fairchild, 21–22
fase de declínio do modelo CVT, 86–89
fase de maturidade do modelo CVT, 85–87
fase emergente do modelo CVT, 81–85
fases para a abertura do seu modelo de negócio, 180–186
Federal Housing Administration (FHA), 50–52, 65–66
ferramentas para avaliar seus modelos de negócio, 111–115
financiamento, universidade, 15–17
Food and Drug Administration, 49–50
Ford, 182–183
formulário PTO 1595, 53–54
fornecedores/cadeia de abastecimento, 61–62, 106
framework do modelo de negócio (FMD)
    avaliando o seu, 111–115

matriz do *framework*, 96–97
movendo-se na direção do, 112–113
visão geral dos tipos, 94–96
    Tipo 1, não diferenciado, 94–99
    Tipo 2, diferenciado, 94–96101
    Tipo 3, segmentado, 94–96, 101–103
    Tipo 4, externamente consciente, 94–96, 102–106
    Tipo 5, integrado, 94–96, 106–109
    Tipo 6, adaptativo, 94–96, 108–112
funções dos modelos de negócio, 93–96, 157–161

G

garantia de empréstimos, a PI como, 54
Gatto, Andy, 130
GE, 87–88
General Magic, 156–157
Genzyme, 2–3
Gerstner, Lou, 22–24, 165–166, 169–171, 182, 186
gestão. *Ver também* gestão da PI
    através das fases do ciclo de vida da tecnologia (CVT), 88–91
    inovação aberta, 37
    projetos internos de P&D, 20–22
gestão da PI. *Ver também* gestão
    através das fases do ciclo de vida da tecnologia (CVT), 88–91
    benchmarking da, 12–13
    com mercados intermediários, 56–60
    evolução na IBM, 47–48
    modelo de inovação aberta, 37, 58–60, 90–91
    na cadeia de valor, 62–63
    projetos internos de P&D, 20–22, 30–31
gestão fechada da PI, 7–9
GM (General Motors), 182–183
GO Corporation, 31–34, 36–37, 100
governos dos Estados Unidos, 44–45
Groder, Greg, 150–152
Gross, Clifford, 147

H

Hahn, Eric, 33–34
hipotecas, 50–52

Hippel, Eric von, 61–62
história das patentes nos Estados Unidos, 43–46
Hock, Mike, 173–174
Hood, Leroy, 154
Hopkins, Samuel, 43–44
Horn, Paul, 170–171
Hussein, Ali, 126–127
Huston, Larry, 13–15
Hyde, Ron, 154

I

IBM, 22–24, 38–40, 84–85, 87–88, 111–112
    choque no sistema, 181
    evolução da gestão de PI, 47–48
    experimentação, 183–185
    fontes alternativas de receita, 182–183
    gestão da PI na cadeia de valor, 62–63
    metas de P&D, 26–27
    modelo de negócio aberto da, 165–171
    patentes transferidas, 55–56
    reposicionamento, 186–187
IBM Global Services, 107–108, 170–171, 185–186
ideias
    apropriação indébita de, 32–34
    geradas internamente, 118–120
    localizando, 141
    não utilizadas, 24–30
    nos mercados intermediários, 3–5
    taxa de utilização, 7–8
ideias externas, identificando, 59–60
ideias geradas internamente, 118–120
identificação do segmento de mercado, 94–95, 157–158
identificação por radiofrequência (RFID), 98–99
imitadores, 170–171
incentivos, 29–30, 159
Índia, 126–127
indústria automobilística, 79–80, 182–183
indústria bancária, 50–52, 54
indústria da computação, 84–85, 98–99. *Ver também* Apple; Dell; IBM
indústria da fotografia, 46–48, 59–60, 83, 85–86
indústria de brinquedos, 129–131

indústria de computação pessoal, 84–85, 98–99. *Ver também* Apple; Dell; IBM
indústria de *hardware* de TI, 55–56
indústria do cinema, 2–5, 145–147
indústria do entretenimento, 2–4, 51–53
indústria farmacêutica, 7, 9–12
ineficiências nos mercados, 4–6
informação
    acessando informações externas, 118–119, 140
    compartilhada, 4–6
    limitando, 117–118
    nos mercados secundários, 65–66
    Paradoxo Informacional de Arrow, 59–60, 117–118, 120–121
informações externas, desafios para acessar, 118–119, 140
iniciativa Pringles Print, 13–15
iniciativas na direção dos modelos de negócio abertos, 12–13
inimigos/aliados, 34–36
InnoCentive, 15–16, 122–129, 184–185
InnovationXchange (IXC), 130–134
inovação
    alavancando a inovação aberta nas empresas *start-ups*, 30–37
    custos, 13–15
    divisão do trabalho, 2–3, 16–18
    economia da, 8–12
    firmando parcerias para, 178–180
    gestão com os mercados intermediários, 56–60
    impulsionadores da, 98–100
    inovação externa dentro da empresa, 19–24
    investimento em, 98–99
    mercados secundários, 48–57, 64–69
    modelo de inovação fechada, 48–49, 58–60
    multifuncionalidade da, 106
    perspectivas em, 101–103
    pessimismo a respeito da, 1
    processos de abertura, 19
    receitas, 13–15, 165–169
    redes de inovação interna, 17–18
    tendências em, 1–2
Inovação Aberta (Chesbrough), 19–20, 37–38

inovação externa dentro da empresa
  margem de risco 20–22
  tecnologias não utilizadas fora da firma, 23–31
  vencendo a síndrome do "não foi inventado aqui", 21–24
Intel, 9–10, 21–22, 40–41, 45–47, 109–110
Intellectual Ventures (IV), 149–160
interesses de segurança, 53–54
intermediários
  Big Idea Group, 129–131
  desafios/problemas dos, 120–121
  InnovationXchange (IXC), 130–134
  intermediários confiáveis (ICs), 131–134
  NineSigma, 128–129
  Ocean Tomo, 136–139
  Shanghai Silicon Intellectual Property Exchange (SSIPEX), 134–137
  tipos de, 121–129
  valor dos, 139–141
intermediários confiáveis (ICs), 131–134
internet, 60–61
invenções, 6, 151–153
inventores, 15–17, 151–152. *Ver também* capital do investidor em patentes, 124–125
investidores de capital de risco, 35–37
iPods, 82–87
Ishikawa, Muriel, 154
iTunes, 82–83

J
Jager, Durk, 171–172, 184–185
Japão, 45–47
Java, 40–41
Jefferson, Thomas, 43–44
joint ventures, 174–175
Jung, Edward, 149–152

K
Kahn, Edward, 149–150
Kaplan, Jerrold, 31
Kilby, Jack, 45–47
Kleiner Perkins Caufield & Byers, 31
Klotz, Herb, 178–181
Kodak, 46–47, 59–60, 83, 85–86
Korean Electronics and Telecommunications Research Institute, 144–146
KPMG Consulting, 173–174
Kraft, 107–108
Kromka, Richard, 52–53

L
lablets, 40–41
Lafley, A. G., 171–173, 176–177, 182–185
Land, Edward, 46–47
Langer, Robert, 154
leilões, 12–13, 88–89, 155–157
Lemelson, Jerome, 16–17
Lemley, Mark, 63
Leuthardt, Eric, 154
licenciamento da PI, 45–47
licenciamento externo, 182–183
Licensing Executives Society, 12
limitações nos mercados secundários, 64–67
Lincoln, Abraham, 43–44
Linova, 87–88
lista de compras de ideias/tecnologias, 68–69
Lotus Notes, 33–36
lucrando com a inovação aberta, 186–187

M
Malakowski, Jim, 136–138
mapeamento da patente, 75–78, 101–102
mapeando a situação da sua patente, 75–78, 101–102
marcas registradas, 6–7
MasterFoods, 107–108
matriz do *framework* do modelo de negócio, 96–97
McNamee, Roger, 52–53
medidas de produtividade, 24–25
Mehregany, Mehran, 128–129
melhoria de desempenho, 79–81
mercados de tecnologia, ineficiências nos, 4–6
mercados intermediários
  definição, 48
  gestão da inovação com, 56–60
  ideias/tecnologia, 3–5
  oportunidades/ameaças dos, 14–17
  prontidão para, 16–18
mercados secundários
  aprendendo sobre, 67–68
  em produtos, 48–49
  em serviços, 50–53

evidência preliminar sobre, 52–57
evolução dos, 48–53
exploração dos, 66–69
identificando, 68–69
patentes transferidas, 53–57
PI nos, 53–56
surgimento dos, 64–67
trolls de patente, 68–69
Metcalfe, Robert, 119–120
microprocessadores, 45–47
Microsoft, 32–34, 40–41, 88–91, 107–109
Ministry of Industry and Information (MII), 134–136
Mock, Dave, 144
modelo de inovação fechada, 48–49, 57–60
modelo de negócio "barbeador e lâmina de barbear", 102–103
modelo de negócio adaptativo, 94–96, 108–112
modelo de negócio de inovação aberta
    gestão, 37
    gestão da PI, 58–60
    GO Corporation, 31–34
    inovação externa dentro da empresa 19–24
    lógica do, 12–13
    lucrando com, 186–187
    mudança para, 187
    questões abordadas pelo, 13–15
modelo de negócio diferenciado, 94–101
modelo de negócio exclusivo para PI, 74–76, 160–161
modelo de negócio externamente consciente, 94–96, 102–106
modelo de negócio integrado, 94–96, 106–109
modelo de negócio não diferenciado, 94–99
modelo do ciclo de vida da tecnologia (CVT), 101
    dinâmica do, 78–81
    fase de crescimento, 84–85
    fase de declínio, 86–89, 111
    fase de maturidade, 85–87, 89, 106–107
    fase emergente, 81–83
    gerenciando através das fases do, 88–91
    visão geral das fases, 80–82
modelo Large Scale Vortex (LSV), 179–181

modelos de negócio
modelos de negócio. *Ver também* abordagem aberta da gestão de PI; modelos de negócio abertos; modelo de negócio de inovação aberta; modelo do ciclo de vida da tecnologia (CVT)
    "barbeador e lâmina de barbear" 102–103
    baseados em PI, 159–160
    código aberto, 168–170
    criando uma nova versão, 39–41
    custos/receitas da inovação, 13–15
    desconexões orçamentárias em, 25–27
    diferenças entre, 93
    exclusivamente de PI, 74–76, 160–161
    fechados, 165–166
    ferramentas para avaliar o seu, 111–115
    funções dos, 93–96, 157–161
    ideias/tecnologias não utilizadas em conexão com o, 24–25
    matriz do *framework*, 96–97
    modelo Large Scale Vortex (LSV), 179–181
    modelos do ciclo de vida, 78–91
    novo ambiente para, 69
    novos, a partir de experimentos, 184–186
    rumo aos modelos de negócio abertos, 112–113
    tecnologia de código aberto, 38–42
    vieses dos, 27–29
modelos de negócio abertos
    cientes da PI, 160–161
    custos da inovação, 13–15
    descrição dos, 2–3
    fases da abertura, 180–186
    iniciativa rumo aos, 12–13
    para gerenciar a inovação aberta, 37
    razões para, 8–12
    visão da PI, 112–113
modelos de negócio abertos cientes da PI, 160–161
modelos de negócio de código aberto, 168–170
modelos de negócio fechados, IBM, 165–166
modelos do ciclo de vida, 78–91
monetização, 47–48
mudança
    capacidade para, 108–112

estimulando, 93-94
framework para a, 187
multifuncionalidade da inovação, 106
Myhrvold, Nathan, 149-155
MySQL, 39-40

N
nanotecnologia, 178-179
"não é vendido aqui" (NVA), 28-31
negócios OEM, 81-83
Netscape, 33-34, 36-37
New Idea Factory, The (Gross), 147
NineSigma, 128-129, 184-185
Nokia, 169-170
Novell, 38-39
novo ambiente para os modelos de negócio, 69
novos modelos de negócio a partir de experimentos, 183-185
Noyce, Robert, 45-47
NYNEX, 144-145

O
Ocean Tomo, 136-139
oportunidades, a partir dos mercados intermediários, 14-17
Oracle, 165
Orens, Jeff, 179-180
Orphanides, Gus, 176-177, 179-181, 183-184

P
P&D
    fatia da P&D industrial das pequenas e grandes empresas, 19-20
    financiamento pelos acionistas, 5-6
    gasto da empresa em, 97
    gerenciando projetos internos, 20-22
    importância da, 30-31
    indústria farmacêutica, 10-12
    processo descentralizado para, 24
    taxas de crescimento das despesas e vendas, 10-12
P&D interna, 20-22, 30-31
Pacific Bell, 144-145
pacto social subjacente à proteção da PI, 6-7
Palmisano, Sam, 170-171
Panetta, Jill, 123-124
Paradoxo Informacional de Arrow, 59-60, 117-118, 120-121
parcerias, 109-110
    oportunidades para, 175-177
    para a inovação, 178-180
    para o crescimento, 174-175
patentes
    da IBM, 40-41, 169-170
    licenciamento múltiplo, 90-91
    quantidade registrada, 53-54
    reivindicações conflitantes, 73-75
    royalties sobre, 15-17
    sites de leilão para o licenciamento, 12-13
    transferência de, 53-57
    U.S. Patent and Trademark Office (USPTO), 43-47, 53-54
    U.S. *system of*, 6
    valorizando, 136-138
    veículo de retro venda/licenciamento, 138
    vendas de, 136-138
patentes transferidas, 53-57
PenPoint (GO Corporation), 31-34
pensamento de tamanho único, 89
PenWindows, 32-34
Perot, Ross, 138
pesquisa em *software* de código aberto, 37
PI (propriedade intelectual)
    abordagem aberta da gestão, 90-91
    apoio do governo chinês, 134-135
    benchmarking da, 12-13
    como ativo, 7-8
    como garantia de empréstimo, 54
    gestão fechada, 7-9
    lucrando com o licenciamento da PI, 45-47
    mercados secundários, 53-56
    na cadeia de valor, 62
    proteção da, 6-7
    transações afiliadas, 54
    visão do modelo de negócio aberto, 112-113
pirataria de *software*, 89-91
Polaroid, 46-48, 59-60, 85-86
posicionamento para exploração dos mercados secundários, 66-69

potencial de lucro, 94–95, 157–158
pressões econômicas sobre a inovação, 10–12
Procter & Gamble (P&G)
   alavancagem de tecnologias externas,
      13–15
   custos de desenvolvimento, 9–10
   experimentação, 183–184
   fontes alternativas de receita, 182–183
   marcas, 49–51
   mencionada, 2–3, 22–24, 66–67, 107–108,
      111–112, 182
   modelos de negócio internos e externos,
      170–177
   patentes não utilizadas detidas pela, 24
   programa 3/5, 172–174
   reposicionamento, 186–187
   uso das patentes, 7–8
produtos
   ciclos de vida, 9–12, 17–18
   mercados secundários em, 48–51
   roteiros, 101–102
   vida do transporte de, 9–10
programa First-of-a-Kind (IBM), 62–63
projeto de tecnologia dominante, 79–80
projetos de "prateleira", 26–27
proposição de valor, 94–95, 157–158
propriedade intelectual. Ver PI (propriedade
   intelectual); gestão da PI
proteção da patente, 44–47, 57–59, 71–76
proteção da patente não utilizada, 72–73
proteção das patentes prejudicada, 57–59

Q

Qualcomm, 2–3, 46–47, 49–50, 144–147,
   156–160
Qualcomm Equation, The (Mock), 144
questões diagnósticas para avaliar o modelo
   de negócio, 114–115
questões legais
   acordos de solucionador, 123–124
   copyrights, 32–34
   direitos sobre a patente, 73–75
   direitos sobre a PI, 131–132
   exploração, 38–39
   gestão da PI, 7
   IBM/ação antitruste, 165

leilão de ativos de empresas falidas, 88–89
pirataria de software, 90–91
revendas ilegais, 136–137
situação legal das ideias/tecnologias externas, 57–58
software de código aberto, 38–39
solicitando patentes, 16–17
tribunal federal de apelações, 44–46
U.S. patent system, 43–44
violação da PI, 169–170
violação de padrões, 63–64
violação de patente, 47–48

R

Rambus, 46–47, 63–64, 84–85
Raymond, Eric, 38
RealNetworks, 83, 86–87
receitas
   buscando fontes de, 182–183
   caçando novas (IBM), 165–169
   da Qualcomm, 144
   mecanismos de geração, 94–95
   modelos de negócio abertos, 13–15
recrutamento de empregados, 24
Red Hat, 39–40
rede de valor (ecossistema), 94–95, 157–158
redes de inovação interna, 17–18, 113
redes de negócio, 63–64
regiões de proteção da patente, 71–76
relacionamentos, alavancando na universidade, 63–65
relacionamentos com a universidade, 63–65,
   146–150
Rembrandts in the Attic (Rivette and Klein), 12
reprodutores de MP3, 82–83
resolução de problemas, 123–125, 128–129
revelação, demais, 31–32
risco de contaminação, 59–60, 117–118,
   123–124
riscos
   contaminação, 59–60, 117–118, 123–124
   mapeamento, 77
   nos projetos internos de P&D, 20–22
Rivette, Kevin, 12, 170–171
Rosenthal, Jerry, 166–168, 186
roteiros dos produtos/serviços, 101–102
Rússia, 126–128

S

Sakkab, Nabil, 13–15
Salomon Brothers, 50–52, 65–66
Santa Cruz Operation (SCO), 38–39, 170
SAP, 105–109
Satyam, Dr., 126–128
SC Johnson, 174–175
securitização, 54
segredo comercial, 6–7
semicondutores, 45–47, 49–50, 55, 144, 166–167. *Ver também* IBM
serviços
   demonstrando o valor dos, 124–125
   enfatizando (IBM), 170–171
   mercados secundários em, 50–53
serviços de empréstimo, 50–52, 54
Sessões de Invenção (Intellectual Ventures), 152–156
Shanghai Silicon Intellectual Property Exchange (SSIPEX), 134–137
Siemens, 7–8
síndrome do "não foi inventado aqui" (NIA), 20–24, 110–111, 170–177
Sistema 360 (IBM), 22–24
sistema operacional Linux, 39–41, 89, 90, 167–170, 186
sistema operacional Windows, 40–41, 88–91
situações de crise, 181–182
SMIC, 134–135
solicitação de proposta (RFPs), 128–129
solucionadores. *Ver* InnoCentive
Stallings, Jerry, 168–169, 186
Startup (Kaplan), 31
start-ups, alavancando a inovação aberta nas, 30–37
sucesso
   ampliando, 184–186
   curto e longo prazo, 20–22
   ingredientes para o, 3–4
   problemas do, 118–120
sucesso único, 100
Sun Microsystems, 165

T

Taiwan Semiconductor Manufacturing Company (TSMC), 48–50
Tao, John, 177–181, 185–186
tecnologia de acesso múltiplo por divisão de código (CDMA), 144–146, 156–157
tecnologia de Cinema Digital, 145–147, 159
tecnologia de código aberto, 38–42
tecnologia do cinema, 85–86
tecnologia R/3, 105–109
tecnologias
   aumentando o valor das, 58–60
   ideias não utilizadas, 24–25
   licenciamento externo (P&G), 172–175
   nos mercados intermediários, 3–5
   protegendo, 71–76
tecnologias de busca, 60–61
tecnologias de reprodutor de mídia, 82–83
tecnologias externas, buscando/avaliando, 59–65, 106–108, 117–119
tecnologias não utilizadas/subutilizadas
   barreiras externas para o uso interno, 26–30
   mercados para, 27–29
   razões para, 24–27
   taxa de, 7–8
   taxa de utilização das tecnologias patenteadas, 5–6, 24
tecnologias/PI internas
   aumentando o valor, 58–60
   barreiras para o uso externo, 26–30
   da IBM, 170
   da P&G, 173–175
Tegreene, Clarence (Casey), 154–155
telefones celulares, 10–11
tempos de ciclo, 20–21
terceirização, 1–2, 48–50
Texas Instruments (TI), 45–47, 48, 82–83
ThinkFire, 151–153
tipos de modelo de negócio. *Ver framework* do modelo de negócio (FMD)
Toys"R"Us (TRU), 130
transações afiliadas, PI, 54
3Comm, 119–120
trolls de patente, 16–17, 68–70

U

U.S. Patent and Trademark Office (USPTO), 43–47, 53–54. *Ver também* patentes
unidades de negócio, 25–26, 28–30
Unilever, 64–65

United Kingdom (U.K.), consumer debt,
 51–52
University of Alabama, 148–150
UTEK Corporation, 63–64, 146–150,
 158–160
Utterback, James, 78–79

V
valor
 aumentando o valor das tecnologias internas, 58–60
 das patentes, 47–48
 latente, 37–38
valorização das tecnologias, 65–67
veículo de retro venda/licenciamento, 138
vendas de patentes, 136–138
vieses dos modelos de negócio, 27–29
violação da PI, 169–170
von Hippel, Eric, 61–62

W
Wal-Mart, 98–100, 175–176
WebSphere (IBM), 40–41
Weedman, Jeff, 9–10, 66–67, 172–173,
 175–176
Weinstein, Harvey, 52–53
Whitmer, Chuck, 154
Wolpert, John, 60–61, 130–132
Wood, Lowell, 154

X
Xerox, 27–29, 102–103, 119–120

Y
Yoler, Laurie, 152–153

Z
Zeta-Jones, Catherine, 52–53